理解现代经济学

钱颖一 著

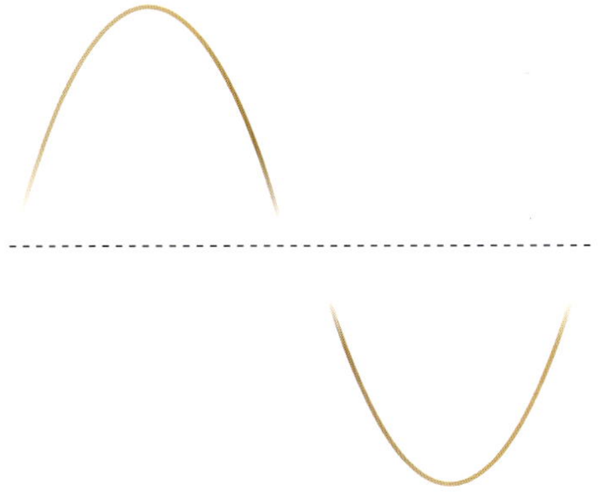

东方出版中心

图书在版编目（CIP）数据

理解现代经济学 / 钱颖一著. —上海：东方出版中心, 2021.4
ISBN 978-7-5473-1665-8

Ⅰ. ①理… Ⅱ. ①钱… Ⅲ. ①现代经济学－研究 Ⅳ. ①F091.3

中国版本图书馆CIP数据核字（2020）第116876号

理解现代经济学

著　　者　钱颖一
策　　划　郑纳新
责任编辑　刘　鑫
封面设计　Lika

出版发行　东方出版中心
地　　址　上海市仙霞路345号
邮政编码　200336
电　　话　021- 62417400
印 刷 者　上海万卷印刷股份有限公司

开　　本　710mm × 1000mm　1/16
印　　张　26
插　　页　2
字　　数　258千字
版　　次　2021年4月第1版
印　　次　2021年4月第1次印刷
定　　价　88.00元

钱颖一

清华大学经济管理学院教授

清华大学文科资深教授

西湖大学校董会主席

生于北京,祖籍浙江。1977 级清华大学数学专业本科毕业。毕业后留学美国,先后获哥伦比亚大学统计学硕士学位、耶鲁大学运筹学/管理科学硕士学位、哈佛大学经济学博士学位。之后任教于斯坦福大学、马里兰大学、伯克利加州大学。2006—2018 年任清华大学经济管理学院院长。2018 年起任西湖大学首届校董会主席。

2012 年当选为世界计量经济学会(The Econometric Society)会士(Fellow),2018 年当选为清华大学首批文科资深教授;获得 2009 年度孙冶方经济科学奖,获得 2016 年度首届中国经济学奖。研究领域包括:比较经济学、制度经济学、转轨经济学、中国经济、中国教育。中文著作包括:《现代经济学与中国经济改革》《现代经济学与中国经济》《大学的改革》(第一卷 · 学校篇、第二卷 · 学院篇、第三卷 · 学府篇)。在《美国经济评论》(*The American Economic Review*)、《政治经济学期刊》(*Journal of Political Economy*)、《经济学季刊》(*The Quarterly Journal of Economics*)、《经济研究评论》(*The Review of Economic Studies*)、《经济研究》等国际国内学术期刊上发表论文多篇。

目录

第三编　现代经济学在美国

第四编　现代经济学在中国

序　言

经济学是社会科学中的一个学科。经济学从古典到现代，经历了二百多年的发展，特别是在第二次世界大战之后，已经形成了一个愈来愈科学、愈来愈严谨的体系。萨缪尔森（Paul A. Samuelson）因此而说过，经济学是社会科学中的皇冠。在中国，经济学科是与理科、工科等并行的十二个学科门类中的一个门类。由于以经济建设为中心，经济学科伴随着中国的改革开放，一度成为显学。

现代经济学是用科学的方法研究经济中资源配置等问题的学问。它既有实证（positive）研究的方面，又有基于实证研究提出经济政策指导的方面。现代经济学在中国的传播与中国的改革开放紧密联系在一起。改革开放是变计划经济为市场经济，它是中国经济在1978年之后发生巨大变化的根本原因。可以说，没有现代经济学的支撑，没有现代经济学在中国的传播，中国经济不可能有今天。"竞争""价格""激励""产权""治理"等现代经济学的术语早已经成为官方文件中的标准词汇，也成为百姓中的日常用语。这在其他社会科学学科中是难以看到的。

作为上个世纪八十年代最早学习现代经济学的一代学者，我们经历过"文革"，受益于改革开放，具有强烈的改革情结、现代化情结。我们那批经济学留学生，不少是从理工科背景转向学习和研究现代经济学的。我们与中国改革同行,尽力把现代经济学应用于中国的改革和开放的实践中去。我们的求学和治学的经历,我们传播现代经济学的努力,都受到我们所处的时代和我们的特殊经历的影响。这是我们这一代人的时代特征。

当编辑完这本书之后,我在过去三十多年间学习、研究和传播现代经济学一路走来留下的足迹变得清晰了。作为一个"文革"后第一届大学生,一个改革开放后最早留学美国学习现代经济学的留学生,一个长期在美国和中国高校任教的经济学教授,一个与中国经济改革开放同行的经济学者,我的现代经济学学术之路的点点滴滴显示在本书收集的文章中。当我一年前在陕西的一个地级市调研民营企业融资问题听到当地银行使用"信息不对称""逆向选择""道德风险""公司治理"等术语并用得恰到好处时,我感受到了现代经济学和我们这一代经济学者的某种影响力。

本书收集了我在过去三十多年间发表的有关现代经济学的五十篇文章。全书分为四编。第一和第二编分别概括现代经济学的学理和介绍经济学家的学说,第三和第四编分别讲述现代经济学在美国和现代经济学在中国的现状。这四编合在一起,勾画出一个现代经济学在中国经济改革开放进程中不断被传播、在中国高校中不断被接受的历程。这是中国经济改革开放本身的一个有意义的侧面。

第一编"现代经济学学理"中的三篇文章是在不同场合下完成的,整合在一起正好是我对现代经济学的"原理""框架"和"研究"三个依次递进方面的一种解读。这三篇合在一起,可以看作是我对现代经济学学理的一个"三位一体"的介绍。

《理解经济学原理》是基于我在过去十几年来在清华、北大讲授

《经济学原理》课程的经验，是针对大学一年级本科生或初次接触现代经济学的入门者。这一篇基于我的一个公益性公开讲座，其内容我也在多种不同场合讲过，包括本科招生，大众普及宣讲，以及中学科普课堂。

《理解经济学框架》这一篇是针对硕士和博士研究生写的，来源于我多年在美国斯坦福、马里兰、伯克利加州大学讲授研究生课程中的体会和感悟。它勾画了我理解中的现代经济学的一个分析框架。这篇文章在 2002 年发表，其内容我在十多所国内高校演讲过。它在经济学界反响热烈，对中国听众和读者的针对性强。

《理解经济学研究》是我获得 2016 年首届中国经济学奖后在其颁奖典礼上的演讲。我的获奖原因是“对在转轨经济中作用于政府和企业激励机制的研究所做出的贡献”。这篇文章以我的部分获奖研究工作为例，来解释经济学学术研究的对象、方法、结果和意义，聚焦在如何用现代经济学做前沿研究，特别是做中国相关问题的研究。

第二编“现代经济学学说”中包括了我在过去三十年期间(1987—2017)陆陆续续写的二十一篇介绍经济学学说的文章。这二十一篇中两篇介绍现代经济学的两个领域，十九篇聚焦十九位经济学家的学说，其中有十八位外国经济学家，一位中国经济学家。这十九位经济学家中有十二位获得诺贝尔经济学奖，其他七位也都是大师级的经济学家。这十九位经济学家中，除了哈耶克一位之外，我都见过，而且除科斯外都与我关系密切。他们中有我的导师，我的师长，我的同事，我的好友。我非常有幸能够与他们结识，近距离向他们学习，并一起做研究，探讨经济学问题。如果说这二十一篇文章有什么共同之处，那就是它们并非抽象介绍经济学学说，而是把这些学说放在中国经济改革开放的大环境之下，具有针对性地介绍和阐述。从这些介绍文章中可以看到，现代经济学在被介绍进中国的时候，就是与中国的改革实践息息相关的。这也是为什么现代经济学能够在中国产生共鸣。

第三编“现代经济学在美国”中的三篇文章成稿于 2001 至 2002 年间。这是国内最早介绍经济学科在美国高校学科建设的文章，这些内容我在国内多所高校演讲过。这几篇之所以引起较大反响，与那个年代相关。1998 年，国家首次提出要建设若干所世界一流大学。那时正是国内高校起步向世界一流大学学习的时期，所以对经济学科在美国的话题极为关注。这三篇文章从经济学的学科设置到经济学的教学项目，再到经济学家市场的运行，这些内容都给国内经济学界，特别是高校经济学院系，带来耳目一新的冲击，让读者看到一个全新的社会科学学科建设的模式。这些文章在国内传播很广，说明了经济学教育者对国际化的渴望，这是中国经济改革开放的必然结果。

第四编“现代经济学在中国”中有二十三篇，写作时间从 2002 年到 2018 年。这一编与第三编相对应，事件发生的场地却从美国换到了中国。它们如实记录了在二十一世纪头二十年中，现代经济学在中国从引入到生根的路径。过去二十年间，现代经济学在中国高校生根，改变了经济学教育的生态，现代经济学逐渐成为经济学教育的主干。这是一代人的努力，是一步一步做出来的，有幸的是我能够在其中贡献一小步。

我从 2002 年起在清华大学经济管理学院担任特聘教授，讲授《经济学原理》课。我从 2006 年起担任学院院长共十二年，全面推动教育改革。在经济学学科建设方面，我推动建设经济社会数据中心，创办经济学学术刊物，设立经济学纪念讲座，把"长安讲坛"落地在清华，邀请和组织国际知名经济学家来清华研讨，等等。在此期间，我也曾在北京大学经济学院兼课讲授《经济学原理》，并参加了北大经济学院的一些活动。此外，通过担任中国经济 50 人论坛成员、中国金融四十人论坛学术委员会主席、《经济研究》编委、"比较译丛"主编等职，我在多个平台上为传播现代经济学尽力。把这二十三篇文章排列起来，展示出这些年来所做的若干点，连接这些点可以看出一个现代经济学在中国落地的一步一步的轨迹。

除了第一编之外，每一编中的文章都是按照写作时间的顺序排列，这便于体现一种真实的时间感。特别是第四编中展示的现代经济学在中国的落地轨迹，从这种按照时间排序可以看到这个演变的真实过程。

编辑这本书，也是对一段历史的回顾。这是中国现代史中一个激动人心的时期，显示了人们对新知识的渴望，对现代经济学的期待，对改革的激情，对现代化的追求。我有幸能够在这个时期尽我的微薄之力，是因为生逢其时，在一个合适的时间，在一个合适的地点，做了一些合适的事情。这本书就是对这个经历的实录。

2020 年 11 月于清华园

第一编

现代经济学学理

理解经济学原理[1]

经济学知识包括经济学思想和经济学分析方法。实际上，经济学知识不仅仅是用来分析经济问题的，经济学思考方法也被用来分析一些经济问题之外的社会问题。我们经常说，像经济学家一样思考，就是指用经济学的视角、分析方法和思维方式来分析社会问题。因此，向非经济学人士普及经济学知识非常重要，具有一般性意义。

我想先说明一点，就是包括经济学在内的任何学科的分析方法都有其局限性。我并不认为经济学的分析方法可以用来分析所有的社会问题，也不认为分析出来的结果就一定都是正确的。不过从现实来看，现在的情况是运用经济学分析的力量不是多了或者过了，而是经济学分析方法的力量还远没有被发掘出来。过去三十多年，中国经济改革开放大大受益于经济学的思想和分析方法，今后也仍然会。所以经济学教育任重道远，同时人文经济学会的使命也任重道远。

我今天的题目是“理解经济学原理”，想强调一个道理，就是经济学最基本的道理是经济学原理。我讲四个方面的内容：第一，为什么经济学原理重要；第二，什么是经济学原理；第三，用经济学原理分析中国经济的过去；第四，用经济学原理思考中国经济的未来。所以，今

[1] 本文系2016年6月26日在人文经济学会举办的人文经济讲座上的演讲。

天我是有针对性地来讲经济学原理的，就是针对中国经济的现实。

一、为什么经济学原理重要？

十四年前的2002年，我受聘为清华大学经济管理学院特聘教授。当时不只我一个人，一共有十五位在海外大学任教的经济学教授受聘为特聘教授，每人在清华经管学院开设一门课程。绝大部分特聘教授开的是博士生课程，而我自告奋勇开设本科一年级两个学期的《经济学原理》。2002年9月20日我在清华第一次教这门课时的情景，至今历历在目。那是在清华大学的主楼后厅，大概有五百个座位。也许是因为第一次开这样的课，所以吸引了很多学生，除了清华经管学院2002级和2001级本科生外，也有清华其他院系和清华外的同学来听课。在过去的十四年间，我一直坚持在清华经管学院开这门课，是同另外一位教师一起讲授。在2004—2005学年和2005—2006学年，我还同时在北京大学经济学院开设并讲授了这门课。现在北京大学经济学院也一直在开这门课。

在我开设这门课之前，两个学期的《经济学原理》在中国的大学中或者不存在，或者只是一个学期的《经济学基础》。中国学生更重视《中级微观经济学》和《中级宏观经济学》，因为通常认为，中国学生的数学基础比较好，可以直接学习中级经济学，而《经济学原理》不用数学，太浅，不需要教。

2002年秋季在清华开这门课的时候，我坚持一定要两个学期。现在回过头来想，这是做对的一件事。尽管我本人在清华本科念的是数学专业，数学对于我学习经济学很有帮助，但是我强烈地感觉到，即使在今天，在国内大学生和研究生的经济学整体水平提高得很快的情况下，《经济学原理》仍是不可或缺的一门课。这门课看上去简单，没有用任何数学，但它是经济学中最重要的基础，因为它传授基本概念、分析思路，特别是培养学生的经济学直觉。关于这一点，我在海外这么多年的学习和教学中深有体会。中国学生在经济学领域里的数学功底应该说整体水平不比外国学生差，但在对经济学基本问题的理解，对原理的掌握，特别是经济学直觉上，还是有相当的距离。

这个问题在十四年前已经有所认识。在我受聘为清华经管学院特聘教授的那天，2002 年 4 月 28 日，我们组织了一次研讨会。吴敬琏老师在那次研讨会上对中国的经济学科建设提出了三条建议，其中第一条建议就是要重视基础训练，不要片面追求前沿。我觉得这个话到今天仍然是对的。什么是基础？在我看来这个基础就是经济学原理。经济学原理的教科书中没有数学公式，只是一些图表。但恰恰是这些内容，不仅仅是在普及经济学时，即使是在思考艰深问题时，也仍然非常重要。在当前经济学研究分析严谨、严密、数学化程度比较高的时候，我们更要去注重其中的基本思想。我并不是反对使用数学，实际上在做研究时，数学是非常重要的工具。但是相比较而言，经济学原理更容易被忽视。

所谓“理解经济学原理”——今天讲座的主题，就是理解经济学中最简单、最根本的思想。我认为经济学原理也是经济学者之间最大的共识。经济学者之间有很多争论，观点也不一致。特别是经过媒体的放大和扭曲，就给读者很大的误解，以为经济学者之间的分歧是水火不相容的。其实这不对。经济学者之间有很多共识，而这些共识的基础就是一些经济学的基本原理。我今天想传递一个信息，就是很多经济学基本原理是经济学者的共识;有时候我们过度地注意到了分歧,却忘了其中的共识。

1. 经济学思想是简单的

这个简单怎么理解?它有双向含义。一个方向的含义是说复杂的现象可以用简单的逻辑来说明。中国有句古话叫作“大道至简”,就是这个意思。学过物理学的人都知道,爱因斯坦是“大道至简”的突出代表,他一直认为,假如你不能用简单的公式来描述世界,你就一定没有抓住本质。他说的是物理世界。物理世界非常复杂,但最后一定要用非常简单的公式来说明。这适用于所有科学,包括社会科学。不然就不叫科学。

另一个方向的含义是,简单的逻辑能够说明很多不同的现象。简单的道理能够说明很多不同的现象,这才叫好的理论。如果说第一个方向是说简单才能深刻,那么第二个方向就是说简单才具有一般性。英文说“A little knowledge goes a long way”,就是说一点点知识,能走得很远很远。非科学家会认为简单是缺点。但是科学家都知道,简单是优点。为什么不少人说经济学比其他社会科学发展得更成熟、更精致?无非是说经济学用的假设更少,推理更简单,但推导出的结论更丰富。

当我们做数学、物理、化学的时候,我们的思维方式是西方的思维方式,因为我们的数学、物理、化学全都是从西方学来的。但是我们在讨论社会问题的时候,我们的思维方式受中国传统文化影响就较大,比如,我们容易追求全面,我们也很崇尚折中。这在操作问题、工程问题上是对的,因为这类问题必须要考虑全面,不能走极端,一定要想办法找到一个折中方案。但是在挖掘科学道理上,你要想挖得深,往往就不能全面。当外国学者听完你的发言,给你的评论是你讲得很全面,这通常意味着你的发言没有什么新意,或者说你讲得不够深刻。

我们还有一种思维方式,就是喜欢用批评假定不符合现实来否定结论。批评假定不符合现实很容易。但是所有科学都要有假定。假定都不等于现实,这是千真万确的。仅仅说假定不符合现实就否定分析是不对的。我喜欢举一个极端的例子,就是弗里德曼(Milton Friedman)的方法论。他说,在自然科学中假定是否符合现实不重要,重要的是推论的结果必须与现实相符合。假定树叶像人一样能使收益最大化,比如,树叶长的形状就是使光合作用最大化。这个假定显然是不符合现实的,树叶又不是人,怎么能做最大化?但是在这个假定下,我能够推断出在不同环境中树叶的形状,在干燥的环境中,在日光短的环境中,等等,这些推断与在现实中观察到的现象是一致的。所以他说,假定是否符合现实不重要。

当然,多数经济学家包括我在内并不认为这个方法论完全适用于经济学,原因是经济学与自然科学有很大的不同,就是我们很难做可控实验。自然科学可以通过可控实验来检验理论,以至于假定是否符合现实并不那么重要。经济学研究的社会问题中有些能做实验,但很少。当你没有办法做可控实验时,当一个假定更贴近现实时,你会更相信由它推导出来的结论。但是,仅仅批评假定不符合现实就否定结论是不够的,还需要进一步分析。

举一个例子来说明简单的理论是好理论。经济增长是我们都关心的问题。经济增长与太多的因素相关。有经济因素、政治因素、历史因素、文化因素、地理因素、资源因素等等。但是在过去几十年中对我们理解经济增长最有帮助的理论是什么呢？是索洛(Robert Solow)增长模型。非常简单的几个变量，可以简单到三个变量：资本的增加，劳动力的增加，以及创新和技术进步。恰恰是这样一个简单的模型，能够用来分析一百多个国家，上百年的经济发展历史，并且从中对未来经济增长做出有用的预测。

非常复杂的现象要用非常简单的道理来解释，它的好处就是可以抓住本质性的东西。比如说文化很重要。如果体现中国人热衷储蓄，这可以体现在资本积累；如果体现中国人重视教育，也可以体现在劳动力的质量；如果体现改革开放，也可以体现在新的生产方式。正因为它简单，它就具有一般性，不仅可以解释美国的经济增长，也可以解释日本的经济增长；不仅可以解释新加坡的经济增长，也可以解释中国的经济增长，甚至还可以预测印度的经济增长。如果把所有的历史细节、文化细节都放在里面，看上去很全面，实际上对理解经济增长没有太大帮助。

2. 经济学原理是根本的

追求最根本的原因很重要。经济学原理就是追根溯源，寻找根本。马斯克(Elon Musk)是当代非常富有创造力的企业家，同时涉足航天、电动汽车、新能源等多个领域，有全球影响力。他只念过本科，在宾州大学，读了两个本科专业，一个是商业管理，一个是物理学。去年我有机会同他在清华经管学院对话。我特别想知道，他的思维方式是怎么形成的。他跟我说，物理学对他影响非常大，但不是任何一个物理学公式，而是他所称为的“物理学第一性原理”，就是去追究最原始的假设和根本的道理。我也问他哪门经济学课程最重要。他回答说最重要的是经济学原理。原理课重要的原因就是追溯本源。他说，人类有一个比较懒惰的思维方法，就是用类比去思考。类比也可以创新，但是那个创新通常是边际性的，真正要有革命性的创新必须要追溯本源。这就是他说的物理学第一性原理非常重要的原因。

我们经常被问到：你是什么观点。但观点都是结论。大众关注结论，而学者则更关注得出结论的分析过程。我们也经常被问到：你是哪个学派的。就我所了解的经济学界，除了专门研究经济思想史的学者以外，几乎听不到这个问题。为什么？因为它太容易以贴标签的形式结束对话，因为你不再需要追究道理。在今天，即使不同“学派”的经济学者，他们共同认同的基本原理也是很多的。

现在正好是大学的毕业季，有很多毕业典礼演讲。我觉得上一任美联储主席、经济学家伯南克于2013年在普林斯顿大学本科毕业典礼上的演讲非常有意思。他把社会科学各个领域都历数一遍，讲到经济学的时候，他显得很谦虚。他说，经济学并没有太大的预测未来的能力，只是对过去犯过的错误有很好的解释。但是他说，经济学有一个优势，就是认真仔细的经济学分析可以帮助抵御错误观点和政策建议，它们或者是逻辑上完全不通，或者是与经验数据完全不一致。听上去这是一个非常小的优势，但是不要小看它，因为他后面还有这么一句话：在现实中，至少90%的政策建议都是上面两种情况之一。

在我看来，抵御错误观点和政策建议的最重要的出发点就是要把经济学原理理解对。这就是为什么经济学家可以抵御很多错误的观点和政策建议，而非经济学者很难做到。这里的区别很简单，就是要理解经济学原理。

二、什么是经济学原理

经济学在中国成为显学有两个基本原因。第一个原因是以经济建设为中心的基本国策,并将经济学运用于中国的环境,使得中国经济发展到今天。第二个原因是经济学的思维方法和分析方法非常强大。因为它的主题是经济,是社会,是人,但同时又有科学的冷静。一旦这个方法被抽象出来,便可以用来分析经济问题之外的其他问题,那么它的力量就超出了经济问题本身。

在讲什么是经济学原理的时候,我想讲三个内容:两个出发点,一个落脚点,以及三个相关的基本原理。

1. 两个出发点

出发点就是假定。经济学的基本假定非常简单,通常有两个假定。第一个假定是资源的稀缺性(scarcity)。对这个假定没有任何争议。但是对资源稀缺性的理解,其实很丰富。资源稀缺才会有价格,价格才为正;资源不稀缺,价格等于零。所以价格就是衡量稀缺性的。而正因为资源是稀缺的,我们就可以推出边际收益递减。如果所有资源都可以等比增加,就不存在边际收益递减。当有某一个资源不能等比增加时,就会出现边际收益递减。我们容易想到的是看得见的资源,比如土地、水。但是经济学原理第一堂课都会提到重要的稀缺资源是时间。还有很重要的、不可复制或很难复制的资源——企业家精神,这也是非常稀缺的。一些成功不能复制,也是因为中间含有稀缺的资源。

第二个假定是个人理性(rationality)。这个假定不是指群体理性,因为即使个人都是理性的,群体也未必是理性的。个人理性,在经济学家中基本没有争议,但是在经济学家之外就很有争议。这里有两类原因。一类原因是对经济学家关于个人理性的定义在理解上有偏差。我们说个人理性,并不是说个人永远做正确的决定,个人永远能够神奇般地预测,不犯错误。我们只是说一个人做决策的时候有一致性:在权衡利弊的时候,在所掌握的信息范围内,在所控制的资源范围内,他试图使他的利益最大化。在很大程度上,人们说经济学家的个人理性假定不对,是因为理解的偏差。

当然还有第二类原因,就是个人并不是在任何时候,任何情况下都是"理性"地去做选择。经济学家完全知道这种情况。事实上,经济学和心理学的交叉分支行为经济学和行为金融学,就是根据心理学家的发现,来研究一些系统性偏离经济学家理性假定的经济或金融行为。丹尼尔・卡尼曼(Daniel Kahneman)为此获得了诺贝尔经济学奖。人们的非理性行为并不是胡乱做决策,也有一定规律。

经济学以这两个假定为出发点:一个是资源稀缺性,一个是个人理性,进而研究社会对稀缺资源的管理。其中一类问题是人们如何做决策,一类问题是人们的决策如何相互作用。这样非常简单的假定的最大好处是,当你增加一个其他假定时,马上就能看出你的结论是取决于这个假定的。假定越少,结论就更具一般性,也更牢固。

2. 一个落脚点

经济学最重要的价值判断标准是效率(efficiency)。这里说的效率,简单地说就是没有浪费,或者说把饼做大。效率不是人类的唯一价值。比如跟它对应的一个价值叫作公平或公正,就是饼如何分配。这两个价值都很重要。但是我下面想讲的是我们对效率的重要性的理解往往是非常不够的。

为什么效率重要?有三个原因。首先,公平问题通常显而易见,但效率问题通常不显而易见,因此很容易被忽视。我们讲《经济学原理》的时候举小偷偷窃的例子。所有人都认为偷窃不好。为什么不好?因为偷窃是不劳而获,是不道德的。偷窃也不公平,因为财富无缘无故地从一个人手里转移到了另一个人手里。经济学家怎么看待这个问题?经济学认为除了道德问题和公平问题之外,还有效率问题。一般人看这个问题,无非是原来我有2,你有3,现在变成了你有5,我只有0。经济学家推理说,需要再往下想一步。因为我知道你要来偷窃,所以我就要买锁,就要雇保镖,这些都占了资源,饼就在无形中变小了。这就是效率问题。

同样,腐败是件坏事情。我们容易看到的是财产转移,从公有财产变成了个人资产。但是不容易看到的是经济学家所谓的“寻租”现象。如果不反腐,就会有人受贿。但是,一般人们不会自动给你钱,所以你就必须把门槛设高,必须制定出很多规章制度,这个时候才有人来贿赂你,为的是通过这些门槛。这就叫“寻租”。结果无形中增加了企业的成本,这是效率的损失。一般人看不到这一层。腐败如果只是指财富的转移,如果饼的大小没有变,那只是有关公平和道德的问题。但是如果由此引出“寻租”现象,带来的成本就大了。如果设立了很高的门槛,本来一个很好的项目,但不能上这个项目,造成的损失就会很大。所以反腐不仅仅是公平正义道德问题,同时也是个效率问题。从中我们看到,公平问题通常比较显而易见,但效率问题则不显而易见,这就是为什么效率这个落脚点会给经济学家的分析带来一般人看不到的结果。

效率问题重要的第二个原因是效率问题和公平问题是有联系的。公平问题通常是零和游戏，但是效率问题不是零和游戏，而是正和游戏。从效率角度分析，很多改革就能推动，因为效率提高了，饼做大了，赢者就可能补偿输者，虽然并不是总能做到。如果仅仅看作是一个公平问题，改革就没有共赢的解，因为你多了，别人就少了。我们有句话，叫作发展中解决问题，是很有道理的。这就是经济学家的思路，在提高效率时，中间就多出一块，这一块再去分，就有共赢的解。

为什么经济学家会有这种思路，而别人没有呢？因为经济问题、商业问题，与政治问题、外交问题、军事问题的一个非常不同之处就是，后者往往是零和游戏，甚至是负和游戏，而经济问题、商业问题往往都是正和游戏，因为效率是可以提高的，所以大家是可以共赢的。经济学落脚于效率的思维模式强调基于效率提高共赢的可能。当然并不是说在任何情况下都一定会实现，但是如果你想办法，是有可能的。

共赢一定是效率的提高，但是反过来未必，就是说，效率提高未必一定共赢。即使是这样，也已经扩大了社会改革的巨大空间。而这个思路只有以效率为落脚点才有可能。

效率为什么重要的第三个原因就是在所有社会科学中，经济学重视效率，也只有经济学重视效率。如果我们经济学家再不谈效率，社会上就很少有人考虑效率了。正是这种稀缺性，是经济学家讨论效率问题的价值所在。这也就是为什么当经济学的视角和原理应用于其他社会科学时，比如研究犯罪、家庭等，分析可能被批评过于简单了，但不可否认的是，这个逻辑确实是其他学科的思维没有考虑到的。其他社会科学学者不考虑这个问题是因为学科的侧重点不一样。而经济学家的侧重点是效率，这在其他学科中往往是不存在的，因此是稀缺的。所以经济学的分析力量是很有价值的。稀缺性导致价值。

3. 三个经济学原理

经济学原理很多。我今天讲三个原理，它们既是基本的，也有一定的针对性，就是跟理解中国经济的过去与未来直接相关。

第一个经济学原理：人对激励做出反应。它的内容极其丰富。激励俗话说就是积极性。当然这只是一部分激励，是我们讲的正激励。还有负激励，就是惩罚，这是人们试图避免的。

人对激励做出反应至少有三种渠道。第一，人们对价格做出反应：价格上升，愿意多卖东西；价格下降，愿意多买东西。这就是通常的供给曲线随价格上升而上升，通常的需求曲线随价格上升而下降。基于对价格的激励反应，就有了供给曲线的分析框架。第二，人们对竞争的反应。著名经济学家希克斯（John Hicks）说过，垄断的最大好处是安逸的生活。而竞争给人压力。在有竞争同没有竞争的环境中，一个人或企业做的事情是不一样的，这就是竞争带来的激励。市场经济的一大好处就是竞争。竞争改变人的激励，没有竞争，人就没有激励做事情。第三，除了价格因素、竞争因素之外，人们对产权、契约、制度规则做出反应。这就是制度经济学经常强调的非价格因素，这在中国的经济改革中非常突显。

经济学研究人的激励问题，就显示了经济学与其他学科，比如工程，很不一样的地方。在清华经管学院，我们也对工科、理科以及其他文科学生开设经济学第二学位。比如来自环境学院的学生，在学经济学之前，他首先想的是节能减排等工程技术问题。学了经济学之后，他知道环境保护还有人的激励问题，包括价格、产权等。这就是非常不一样的思路。

我在《经济学原理》的第一堂课上总喜欢讲一个笑话。有一次我遇到一位毕业多年的校友，她对我讲的《经济学原理》课的许多内容都不记得了，但印象深刻的就是我讲的这个笑话。笑话是这样的：目标是要去南非抓一头大象。找了三个人，一个是学数学的，一个是学计算机的，一个是学经济学的。学数学的人做的第一件事是要证明南非至少存在一头大象。当然，如果南非没有大象，为什么要去抓呢？这就是数学的严谨性。学计算机工程的人非常实在，立马就去了南非。他编制了一个非常好的程序，从好望角开始，往北走五十米停下来，画一个半径为五十米的半圆，抓住这里面所有四条腿的动物，与他电脑里的大象图做比较，误差在一定范围之内就把它叫作大象。没有的话继续前行。这就是工程的实干性。轮到经济学家了，他用什么办法去抓大象呢？经济学家说，我既不去证明存在大象，也不去南非，因为我相信，只要我把价格定得足够高，大象自己就来了。我觉得这位学生能够记住这个笑话也不错，因为她至少明白了“人对激励做出反应”这个经济学的基本原理。当然，这里不是讲人，是讲大象，所以才是一个笑话。比如，当你想到环保问题的时候，除了技术问题之外，你也要想一想价格在里面是起什么作用，这是很重要的思路。

举几个人们对激励做出反应的稍微复杂点的例子。汽车安全带能减少交通事故吗？你的第一反应可能是汽车安全带当然能减少伤亡。但是未必。因为驾驶员系了安全带，会觉得很安全，所以就有激励开车时更随意一点,事故反而可能增加。但这种行为对伤亡的影响比较复杂,因为对系安全带的人来说伤亡会减少,但是如果出事故的概率增加了,车里没有系安全带的人和路上行人的伤亡可能就会增加。真有经济学家做过这方面的研究,最后发现,事故并没有减少,车里的人(如果都系安全带的话)伤亡减少了,但路上行人的伤亡增加了。类似地,人们也发现越是制造坚固的汽车,越是被发现在十字路口容易闯红灯。这也是人们对激励做出反应。这个道理与2008年的金融危机有关。金融危机产生的原因之一恰恰是金融创新中增加了很多保险工具。这看上去很好,增加了保险工具,就应该降低金融风险。但是就同汽车安全带是一个道理,这反而使人们更加冒险了,因为他们觉得反正买了保险产品。这几个例子稍微绕了一个弯,实际中经济学的分析可以绕很多个弯。但道理都是一样的,那就是人们会对激励做出反应。高考也同样如此。如果高考改革从考多门课改为只考两门课,那你就会发现学生把所有精力都放在这两门课上,而对其他课都不在意了。这也是人们对激励做出反应。

第二个经济学原理:市场通常是配置资源的有效方式。现在我们都说市场要在资源配置中起决定性作用。但是在相当长的时间内人们可不是这样认为的。最早把这个道理说清楚的是哈耶克(1899—1992)。哈耶克对二十世纪来说可能是最重要的经济学家,因为计划与市场是二十世纪的争论主题。

在计划与市场的争论中,想从理论上证明市场比计划更有效率,是一件非常难的事。市场能做的事情,计划为什么不能做,而且还能做得更好?有计划按比例,听上去是非常有道理的。而市场中每一个人根据自己的利益做决策,怎么就会更有效率呢?事实上,越是有知识的人，越是相信科学的人，就越有一种潜在的意识去相信计划经济。在二十世纪上半叶，很多知识分子，包括西方市场经济中的和计划经济中的，都或多或少地相信计划经济。

怎么能说明市场会比计划更有效率呢？在西方，这个问题在二十世纪三十年代有过非常激烈的学术争论，其中一方就是奥地利人哈耶克。1945 年他在《美国经济评论》上发表一篇文章，这篇文章在 2011 年被选为《美国经济评论》第一个一百年中发表的所有文章中最有影响的二十篇论文之一。这篇文章的题目叫作"社会中知识的使用"（The Use of Knowledge in Society）。这篇文章讨论的问题是，一个经济中什么样的资源配置方式最有效率。哈耶克的洞见是，这取决于分散知识、分散信息的有效率的使用，而不是专家信息、专家知识的使用。这是他的重要贡献。当我们想到知识的时候，当我们想到信息的时候，往往都是专家的专门知识。如果从这个角度入手，那就永远证明不出市场经济会更有效率，而只能证明计划经济更有效率。但是哈耶克的洞见在于，在经济活动之中，分散的知识和分散的信息通过人的分散决策、自由选择，并且通过一个公共信号，就可以达到资源的有效配置。这个公共信号就是价格。没有价格信号的话，每个人只按照自己的利益去做决策，无法达到有效率的资源配置。在市场经济中，每一个企业，每一个个人，根据本时本地的信息——这个信息是分散的，决策也是分散的——以及观察市场价格来做决策。市场通过价格的调节，就可以达到有效率的资源配置。

这个思路，对于越有知识的人，越想用科学方法改变社会的人而言，越不容易理解，因为他们会容易进入社会工程（social engineering）的思路。社会工程的动机是好的，但是如果忽视了分散知识和分散信息的有效使用,就容易陷入计划经济思路。市场通常是资源配置的有效方式,其根本原因是市场对分散知识、分散信息的使用是有效率的。

第三个经济学原理:创新是推动经济持续增长的最终力量。这就要提到第二个奥地利人熊彼特(1883—1950)。与哈耶克不同,熊彼特研究的是经济长周期和经济史。所以在他那里不是供给与需求在当今的平衡,甚至都不是现有资源的有效利用。熊彼特关心的是创新,是创造性毁灭,是企业家精神。熊彼特可能是二十一世纪最重要的经济学家,因为创新是二十一世纪世界各国的向往。

创新的含义有很多。狭义的有我们通常理解的科技创新、技术创新。广义些的包括改变产品、改变生产方式、生产组织,就是改变生产函数。再广义的包括制度、规则的改变等。创新体现在经济增长模型中,就是在相同投入品(即资本、资源、劳动等)的情况下,还能带来产出的提高。这个多出来的部分,经济学家称之为全要素生产率(Total Factor Productivity,简称 TFP)。这个效率的提高是动态的效率,不是静态的效率。静态的效率是在给定生产函数和技术的情况下,把现有的资源利用到极致。而在长期,生产函数可以改变,生产方式可以改变,产品可以改变,制度规则也可以改变。从长期来看,熊彼特说的创新是推动经济持续增长的最终的、唯一的力量。

这三个经济学原理:一是人对激励做出反应,二是市场通常是资源配置的有效方式,三是创新是经济持续增长的最终力量,我想在经济学者中没有太大争议。

总结一下这部分,我把经济学原理的核心概括为两个出发点,这里的关键词是“稀缺”“理性”;一个落脚点,这里的关键词是“效率”;

以及三个基本原理，这里的关键词是"激励""市场""创新"。这六个关键词就是我所理解的经济学原理中的核心部分。

三、用经济学原理分析中国经济的过去

我这里说的"过去"是指改革开放以来的三十七年。在二十世纪七十年代末，中国经济的起点非常低，是封闭的计划经济，经济结构严重扭曲。三十多年来，中国从低收入迈入中等收入，取得了了不起的成就。有类似变化的国家和地区在中国之前也有，比如东亚的若干经济体。但是，由于中国是人口大国，所以中国的变化对整个世界的影响是之前这些国家和地区完全不可比的。

我 1981 年离开清华出国，1981 年中国的 GDP 是美国的 6%。2015 年，也就是三十四年之后，中国的 GDP 已经是美国的 60%。与世界第一大经济体美国相比，从 6%到 60%，对世界经济来说是一个巨大的变化。虽然中国经济总量现在占全球 13%，但是在全球的经济增长部分中中国占到 30%左右，这更说明中国的增长问题现在是全球的增长问题。

中国改革开放后的经济发展成就举世瞩目。是什么原因导致的？经济学家有很多种说法，都有一定道理。但是我提出的问题是：究竟哪些因素是改革开放前后最大的不同？在我看来，从经济学原理看，有两类原因：一类叫作"开放"，一类叫作"放开"。

1. 开放

中国是世界上最早拥抱全球化的发展中国家。在二十世纪八九

十年代,我们就非常积极地推动国际化、全球化,表现在要积极"入关""入世"。那时候是发达国家积极推动全球化,而发展中国家普遍比较抵制全球化,而中国是唯一的例外,原因是之前中国深受封闭之害。

开放的含义非常之广,绝对不是简单的贸易。资本的流动、技术的流动、想法的流动,都是开放的结果。首先,开放改变了激励。中国开放后首先发现的是周边的日本和亚洲四小龙,与我们有类似的文化,类似的历史,但发展得这么快。这样的潜在竞争压力,改变了所有人的激励。第二,开放改变了市场的边界。初期的来料加工,后来的加入世贸组织,都扩大了市场的边界。第三,开放改变了生产方式。这点对中国特别重要,因为我们有两个特点,是其他发展中国家不完全具备的。一是我们的赚钱动机特别强,二是我们的学习能力特别强。什么东西别让我们看见,一旦看见,我们一定能做得比别人都要快,还要便宜,还要好。所以我们从开放中受益的程度最大,也就不奇怪了。激励的作用、市场边界的扩大以及生产方式的改变,都是开放带来的。我们还谈不到直接的创新,先把别人的创新拿过来用,同样有巨大作用。我前面说的三条经济学原理,在开放里面都体现了出来。

2. 放开:把激励搞对

放开是指国内改革,有两个基本要素,对应我前面讲的两个经济学原理:第一是把激励搞对,第二是让市场起作用。这也是与改革前相比的最大不同。当然改革前后也有很多相同的部分,但是我更关心区别。

把激励搞对,最典型的例子就是农村改革。从经济学角度看,这是一个最清晰、最简单的社会实验。在几年的时间内，同样的土地，同样的人，粮食产量大增。这里面有两个激励：一个是价格激励。大家可能不一定知道，当时国家把农产品价格提高了，现在容易忽视这个原因，但是不要忽视价格激励。第二是制度激励，就是家庭联产承包制，即“交够国家的，留足集体的，剩下全是自己的”，这就是经济学家所说的作为“剩余索取者”带来的激励。另一个激励的例子是区域间竞争带来的激励。虽然有争议，但是仍然有不少经济学家认为这是中国非常重要的特色。这在小国是不可能发生的，因为小国只有国际竞争。只有在大国里面才有众多地区，有地区之间的竞争。在中国，区域间竞争突出体现在地方政府之间的竞争，这种竞争就产生了发展地区经济的激励。

但是并不是说改革中所有的激励都搞对了，或者一次就搞对了。比如，农村家庭联产承包制成功之后，曾经出现过把承包制引入城里，引入国有企业。后来发现企业承包不像农村家庭承包那么简单，出现了“包赢不包亏”的现象，带来了企业管理者行为的扭曲。这时候就提出了产权、股权激励、公司治理等问题，直到今天也都没有完全解决。同样，地区间竞争也带来地方保护主义等扭曲。所以，把激励搞对不是一件容易的事。

3. 放开：让市场起作用

我记得我上大学的时候，讨论短缺的原因，答案是生产太少了。学习了经济学原理之后，我们就知道短缺的第一原因是价格控制。当你放开价格之后，短缺就消失了。反过来，当价格被限制上涨的时候，就一定会出现短缺。比如，当你看到医院排长队的时候，你就知道这里面的价格是有问题的。我们现在对一些农产品有补贴,而这种补贴就造成了扭曲,带来了效率的损失。所以让市场起作用,我们既要看到市场起作用时带来的好处,同时也要看到市场扭曲时会带来一系列问题。

市场分为产品市场、劳动力市场和资本市场。总体来说,我国的产品市场和劳动力市场的放开先于资本市场。在资本市场,过去几年的重大进展是利率市场化,它消除了一个重大的价格扭曲。但是,资本市场的放开不仅是利率的市场化,还取决于一系列监管制度。在这方面,发挥市场在资本配置方面的作用还有很长的路要走。

总结一下这一部分:回顾中国过去三十多年的增长,经济学家看到有三个因素是改革前后最大的不同——开放,把激励搞对,让市场起作用。由此我们看到,可以用简单的经济学原理来解释非常复杂的经济现象,在这里就是中国的经济发展。当然,这还不能解释全部细节,但是确实能够解释相当多的部分,特别是核心部分。

四、用经济学原理思考中国经济的未来

1. 经济增速新常态

中国经济进入新常态,最明显的标志是增速有所下降,2015 年降到了 7%以下。关于中国潜在增长率的争论有很多细节,经济学者观点不一致,中间相差一个百分点,两个百分点,甚至三个百分点。我今天不对这中间的差别做解释,而是想说,基于经济学原理,大家有不少共识。

这个共识就是资源的稀缺性与报酬递减的一般规律。由此推出，一个国家的潜在增长率与该国的人均 GDP 水平呈负相关关系。所有的国家都一样，没有例外。正是因为穷国的潜在增长率高于富国，所以就会出现追赶效应。如果我们把人均 GDP 的水平分为低收入、低中等收入、中等收入、高中等收入、高收入，就可以大致对应潜在增长率为高增长、中高增长、中增长、低中增长、低增长。当然这是潜在的增长率，并不意味着一定可以实现，实现是需要有条件的，比如改革开放就是重要条件，和平环境也是重要条件。

不过，从这里我们马上就可以推导出，拿中国的增长率与美国的增长率去比较毫无意义，因为不是在同一个发展阶段。同样，拿今天中国的增长率与今天印度的增长率去比较，意义也不大，因为印度的人均 GDP 相当于二十年前的中国，即二十世纪九十年代的中国。类似地，拿今天中国的增长率与二十年前中国的增长率比较也没有什么意义。

2015 年中国的人均 GDP 为 8 000 美元，是美国的 1/7。如果按照购买力平价（PPP），中国的人均 GDP 是美国的 1/4。但是，无论是用汇率衡量，还是用 PPP 衡量，中国在今天的人均 GDP 仍然略低于世界平均水平。因此，说中国是中等收入国家，是恰如其分的。这也说明，中国的潜在增长率，虽然不如印度了，但是比发达国家要高得多。

这背后的原因是报酬递减规律，是资源的稀缺性。人口结构是明显的因素。劳动力是一个稀缺资源。中国从 2011 年起劳动力占人口比例开始下降，从 2012 年开始劳动力绝对数开始下降。所以，仅仅看人均收入与美国的差距还不够，还得看其他资源的限制，比如人口结构就是一个重要的限制。中国今天与日本在二十世纪五六十年代的人口结构是不同的。这从可观察到的数据，比如工资水平增长上，就可以看到。过去几年中国的工资增速超过 GDP 增速，使得劳动收入占 GDP 的比重持续上升，当然是从很低的水平开始上升的。这在全球是非常独特的，因为在其他几乎所有国家，近年来劳动收入占 GDP 比重都在下降，资本收入占比则在上升。为什么中国与众不同？很重要的原因是人口结构的变化。

再看整体的投资回报率。在 2007 年之前，我们的投资回报率比较正常，但是自此以后就一直在下降。这背后的原因包括市场中的扭曲严重，比如过剩产能等。当然，根本原因还在于体制改革没有到位。这些都是造成报酬递减的因素。最后反映在整体效率的下降，就是全要素生产率的下降。

用最基本的经济学原理来看增长：短期是刺激政策，它直接影响消费、投资和净出口；中期是结构性改革，它影响供给侧，影响市场效率；长期是创新，它改变生产方式。下面我着重讲中期和长期这两个方面。

2. 供给侧结构性改革

现在讨论供给侧结构性改革很多，但是有一个非常值得注意的问题，就是我们容易把结构性改革等同于结构调整。结构性改革不等于结构调整。结构调整的主语是什么？如果是政府，是通过政府的行政手段来调整，那就是计划经济的思路。计划经济下叫有计划、按比例，比例就是指结构比例，如果结构比例不对，就要按比例来调整。结构调整的主语如果是市场，那么结构调整就应该是市场竞争的结果，而不是政府调控的工具。这里的关键是要区分机制与结果。结构性改革的关键，运用刚才讲的经济学原理，就是继续开放，把激励搞对，让市场起作用，就是要纠正激励扭曲，纠正市场扭曲。究竟什么是合适的结构比例？这要根据经济发展阶段，根据国内经济情况，还要根据全球经济情况共同决定。这不是我们看比例能看出来的。

这个话题因为时间关系不能具体展开。但是我想说，哪怕运用一点点经济学原理的基本知识，我们就能分辨出正确的思路与不正确的思路。这里既有理论问题，也有政策问题。认识到供给侧结构性改革与结构调整之间的重要差别，是理解供给侧结构性改革精髓的起点。

3. 经济发展新动力：创新

创新被上升到国家战略，特别是“双创”的提出，即“大众创业、万众创新”，把创新从过去的从上到下，扩展到从下到上。这两类创新在世界各国都存在。从上到下是利用国家的力量，在美国也有，比如造原子弹，比如登月。但要是从数量和影响范围来讲，历史证明，还是从下到上的创新更为根本。诺贝尔经济学奖得主费尔普斯（Edmund Phelps）的书《大繁荣》，就专门记录了西方国家中草根创新的历史。其实，“双创”也是基于哈耶克关于分散信息和分散知识的使用。

我们所在的这个地方，北京海淀中关村清华科技园，就是一个在创新领域非常令人瞩目的地方。清华经管学院在2013年4月创办的“清华x-空间”（清华x-lab）就在这栋楼隔壁的B座。创新是增长模型中唯一的变量，具有如此大的潜力，也具有如此大的不确定性。它让你对很多问题的回答都充满了多种可能。比如我们经常问，世界上的资源能支持中国这样的大国崛起吗？能像美国那样每家都拥有汽车吗？我们的思路是在给定现有技术下的思路。给定这些技术，你可以说中国这么多人，每个人能源消费这么多，是不可能承受的。但是这里最大的不确定因素就是创新。创新可以节省能源，创新可以使得今后不使用传统能源。再比如我们问，经济增长对公平的影响是什么？创新到底是使穷人受益多，还是使富人受益多？在过去这一百年间，我想创新使得穷人生命的延长远远大于富人生命的延长。创新也使得智能手机这一在几年前还很贵的产品变得如此便宜，不仅中国的一般百姓，而且包括非洲的穷人，都能使用。感谢我们的创业者、创新者，能用1/10的价格，或者1/6的价格（人家是用美元标价，我们可以按同样的数字用人民币标价）生产出来。所有这些都使得创新的成果不仅仅由少数人享受，而是更多人可以享受。

关于创新，我讲两个看法。第一，如果相信经济学原理的话，就要相信创新在不同发展阶段的经济体中有不同的意义。我们可以把经济体分成三类：第一类是发达国家，它们处在技术前沿，唯一的增长模式就是只有靠创新才能维持经济增长。第二类是穷国，它们远离技术前沿，但可以靠模仿，靠资源动员来获得高增长。中国在过去的30年，印度在今天，都是这种情况。我想强调的是，还有第三类，即中等收入国家，也就是中国目前的发展阶段。中等收入国家既不同于发达国家，也不同于穷国，它们处在中间状态。一方面，相比发达国家，资源动员还有空间；另一方面，相比穷国，创新变得更加重要。中国目前就是处在这一中间阶段。这是一个非常简单的判断，但是会帮助我们找准自己的方位。

第二，创新在中国有一个特殊的优势。创新通常强调从0到1，但最近我在几次讲话中都强调从1到N。这里有两个原因：一是N在中国是个巨大的力量，N是近14亿。二是从1到N并不只是简单模仿，中间有很多学习中的创新。中国很多成功的新经济中的企业，就是从1到N过程中创新的典范。

这就是我用基本的经济学原理来思考中国经济的未来。经济增速下降的基本原因是正常的，由于资源的稀缺性和报酬递减规律。供给侧结构性改革的重要性是要继续开放，把激励搞对，让市场起作用，而结构调整是结果。经济发展的新动力是创新，熊彼特对创新的定义就是改变生产方式，产生新产品，它是经济可持续增长的最终力量。

最后我想借用凯恩斯的这段话来结束我今天的讲座。

> 经济学研究似乎并不需要任何极高的特殊天赋。与更高深的哲学或纯科学相比，经济学不是……一门极其容易的学科吗？它是一门极其容易的学科，但这个学科中很少有人能出类拔萃。这个悖论的解释也许在于杰出的经济学家应该具有各种罕见天赋的组合。他应该同时是数学家、历史学家、政治家和哲学家，但是在某种程度上。他必须懂得符号，并用文字将其表达出来。他必须用一般性来深入思考特殊性，并同时触及抽象与具体。他必须根据过去、研究现在、为了未来。没有人的本性和人的制度会超出他的考虑的范围。他必须既是有目的的同时又是超脱的，要像艺术家一样超然而不流俗，但有时又要

像政治家一样务实。[1]

这段话概括了凯恩斯对经济学和经济学家的期望。理解经济学原理，就是让我们能够用非常根本的、简单的原理来理解那些非常高深的学问，并且解释看上去非常复杂的现象。它既是容易的，但是也需要各种天赋的组合。

---

[1] 英文原文为："The study of economics does not seem to require any specialized gifts of an unusually high order. Is it not a very easy subject compared with the higher branches of philosophy or pure science? An easy subject, at which very few excel? The paradox finds its explanation, perhaps, in that the master-economist must possess a rare combination of gifts. He must be mathematician, historian, statesman, philosopher — in some degree. He must understand symbols and speak in words. He must contemplate the particular in terms of the general, and touch abstract and concrete in the same flight of thought. He must study the present in the light of the past for the purpose of the future. No part of man's nature or his institutions must lie entirely outside his regard. He must be purposeful and disinterested in a simultaneous mood; as aloof and incorruptible as an artist, yet sometimes as near the earth as a politician."

理解经济学框架[1]

以市场为导向的经济改革和开放,是二十多年来推动经济学作为一门社会科学在我国发生根本性变化的直接力量。二十多年来,我国的改革和发展取得了重大成就,市场经济体系正在全面建立。伴随这一过程,现代经济学科的各个分支领域逐步被介绍到我国,并在高校讲授。随着我国加入世贸组织,中国经济必然要全方位地与国际接轨并融入经济全球化的浪潮,经济改革和开放也将上一个新的台阶。这一大趋势呼唤着我们的经济学学科要适应经济发展的需要,与现代经济学接轨。为此,比较完整和准确地理解什么是现代经济学恰逢其时。

一、现代经济学的分析框架

我们把最近半个世纪以来发展起来的、在当今世界上被认可为主流的经济学称为现代经济学。本文中所指的经济学是按照国际惯例定义的经济学学科,即国内所说的理论经济学和应用经济学这两个"一级学科"名下的全部"二级学科",包括宏观经济学、微观经济学、

[1] 本文原载于《经济社会体制比较》2002 年第 2 期,原名为"理解现代经济学"。

计量经济学、金融学、财政学、产业经济学、劳动经济学、环境经济学、国际(世界)经济学、发展经济学、比较经济学、经济史、政治经济学等。经济学是一门研究人类经济行为和现象的社会科学。现代经济学以研究市场经济中的行为和现象为核心内容,而市场经济已被证明是目前唯一可持续的经济体制。越来越多的经济学家认识到,经济学的基本原理和分析方法是无地域和国家之分的。“某国经济学”并不是一门独立学科,也不存在“西方经济学”与“东方经济学”或“美国经济学”与“中国经济学”的概念。然而,这样说并不排斥运用经济学的基本原理和分析方法来研究特定地区在特定时间内的经济行为和经济现象;实际上,做研究时必须考虑某地某时具体的经济、政治和社会的环境条件。

现代经济学代表了一种研究经济行为和经济现象的分析方法或框架。作为理论分析框架,它由三个主要部分组成:视角(perspective),参照系(reference)或基准点(benchmark),分析工具(analytical tools)。接受现代经济学理论的训练,是从这三方面入手的。理解现代经济学的理论,也需要懂得这三个部分。

第一,现代经济学提供了从实际出发看问题的角度或曰“视角”。这些视角指导我们避开细枝末节,把注意力引向关键的核心问题。经济学家看问题的出发点通常基于三项基本假设:经济人的偏好,生产技术和制度约束,以及可供使用的资源禀赋。不论是消费者、经营者还是工人、农民,在做经济决策时出发点基本上是自利的,即在所能支配的资源限度内及现有的技术和制度条件下,他们希望自身利益越大越好。用现代经济学的视角看问题,消费者想买到物美价廉的商品,企业家想赚取利润,都是很自然的。值得指出的是,“自利”动机并不排除经济人（如父母）将他人（如子女）的福利作为本人效用的一部分所表现出的“利他”动机。基于这样的出发点，经济学的分析往往集中在各种间接机制（比如价格、激励）对经济人行为的影响，并以“均衡”“效率”作为分析的着眼点。经济学家探讨在个人自利动机的驱动下，人们如何在给定的机制下互相作用，达到某种均衡状态，并且评估在此状态下是否有可能在没有参与者受损的前提下让一部分人有改善（即是否可以提高效率）。以这种视角分析问题不仅具有方法的一致性，而且常常会得出出人意料实际上却合乎情理和逻辑的结论，所以我们会听到人们惊叹：“我怎么没有想到？”经济学的这些视角起初是研究纯粹的经济行为的，后来被延伸到政治学、社会学等学科，研究诸如选举、政体、家庭、婚姻等问题。

第二，现代经济学提供了多个“参照系”或“基准点”。这些参照系本身的重要性并不在于它们是否准确无误地描述了现实，而在于建立了一些让人们更好地理解现实的标尺。比如一般均衡理论中的阿罗-德布鲁定理（Arrow and Hahn, 1971; Debreu, 1972），产权理论中的科斯定理（Coase, 1960），以及公司金融理论中的莫迪利安尼-米勒定理（Modigliani and Miller, 1958），都被经济学家用作他们分析的基准点。一般均衡理论的奠基人之一阿罗（Kenneth Arrow）曾经说过：一般均衡理论中有五个假定，每一个假定可能都有五种不同的原因与现实不符，但是这一理论提供了最有用的经济学理论之一。他的意思是这一理论提供了有用的参照系，就像无摩擦状态中的力学定理一样，尽管无摩擦假定显然是不现实的。把这些基本定理定位成参照系有助于澄清两种常见的误解：一种是以为这些定理描述的就是现实世界，因此将它们到处套用，却不知在通常情况下它们是用来做进一步分析的参照系,与现实的距离因地而异。另一种是因为观察到这些定理与现实的差距而认为它们都是胡言乱语,因此认为毫无用处,却不知它们本身的价值并非直接解释现实,而是为解释现实的进一步理论提供参照系。

参照系的建立对任何学科的建立和发展都极为重要,经济学也不例外。我在哈佛大学做博士生的时候,魏茨曼(Martin Weitzman)教授问我,受过现代经济学系统训练的经济学家和没有受过这种训练的经济学家究竟有什么区别?他研究比较经济制度,经常去苏联访问,问这个问题是从与苏联经济学家的交往中有感而发。魏茨曼的回答是,受过现代经济学系统训练的经济学家的头脑中总有几个参照系,这样,分析经济问题时就有一致性,不会零敲碎打,就事论事。比如讨论资源配置和价格问题时,充分竞争下的一般均衡理论就是一个参照系;讨论产权和法的作用时,科斯定理就是一个参照系。我们常见到,一些记者洞察力很强,有经济头脑,写的文章又非常有感染力。然而,他们与受过现代经济学训练的经济学家的不同之处往往是因为没有参照系而使自己的分析显得缺乏主线和深度。

第三,现代经济学提供了一系列强有力的"分析工具",它们多是各种图像模型和数学模型。这种工具的力量在于用较为简明的图像和数学结构帮助我们深入分析错综复杂的经济行为和经济现象。试举几例说明。第一例是供需曲线图像模型,它以数量和价格分别为横轴和纵轴,提供了一个非常方便和多样化的分析工具。起初,经济学家用这一工具来分析局部均衡下的市场资源配置问题,后来又用它来分析政府干预市场的政策效果。不仅可以用它来研究市场扭曲问题,也可以用它来研究市场失灵问题和收入分配的福利分析等问题。第二例是萨缪尔森的迭代模型(overlapping generation model)(Samuelson, 1958)。这一模型考虑到人的生命的有限性和代际市场的不完备性,因此成为研究经济增长、政府财政政策、社会保障等方面的有用的分析工具。第三例是S·格罗斯曼、哈特和穆尔的所有权-控制权模型(Grossman and Hart, 1986; Hart and Moore, 1990)。它是分析控制权配置对激励和信息获得的影响,以及对公司治理结构的作用非常有效的工具。第四例是拉丰和梯若尔的非对称信息模型(Laffont and Tirole, 1986)。它用来分析在信息不对称的情况下,"配置效率"和"信息租金"之间存在的利弊得失交换。这一工具被用来分析组织内部的合谋问题、政府的行业规制(比如电信业)问题,以及集权和分权的利弊问题。第五例是戴蒙德和迪布维格的银行挤兑模型(Diamond and Dybvig, 1983)。这一模型的主要特征是多重均衡点,除了好的均衡以外,还有类似于"自我实现的预言"(self-fulfilling prophecy)的坏均衡点:因为别人去挤兑,所以我也要挤兑。这一模型对研究金融危机和金融体制的脆弱性这类问题很有用。以上五个例子中的模型都被后来的经济学家广泛用作分析工具,并被证明是极其有用的。

这三部分合在一起便构成了现代经济学的理论分析框架。这是一个人受现代经济学理论训练时所接受的核心内容,也是理解现代经济学的关键所在。现代经济学提供的这种由视角、参照系和分析工具构成的分析框架是一种科学的研究方法。现代经济学并不是一些新鲜的经济学名词和概念的汇集,经济学家的工作也不是任意套用这些名词和概念,而是运用这些概念所代表的分析框架解释和理解经济行为与经济现象。

上述经济学分析框架是当代在世界范围内唯一被经济学家广泛接受的经济学范式。在这方面,经济学与其他社会科学不同。比如,社会学没有一个主导性的范式。多元化虽然可贵,但由于缺乏一致的分析框架,学科的发展会大受局限。政治学的现状则介于经济学和社会学之间。虽然目前政治学有明显的朝经济学方向发展的趋势,比如,“理性选择”(rational choice)学派运用经济学的分析方法研究政治学的问题,其影响正在迅速上升,但它在政治学中还不是唯一的范式。现代经济学趋同于一种范式,有利亦有弊,但到目前为止,经济学从中的受益远远大于损失:正是由于这一被广泛认同和使用的分析框架,经济学才相对于社会学和政治学发展得更快,应用范围更广,影响力更大。

二、现代经济学中数学的作用

现代经济学的一个明显特点是越来越多地使用数学(包括统计学)。现在几乎每一个经济学领域都用到数学,有的领域多些,有的领域少些,而绝大多数经济学前沿论文包含数学或计量模型。从现代经济学作为一种分析框架来看,这并不难理解,因为参照系的建立和分析工具的发展通常都要借助数学。下面我们分别从理论研究和实证(empirical,又译作经验)研究两方面来具体看一下数学在现代经济学研究中的作用。

从理论研究角度看,借助数学模型至少有三个优势:其一是前提假定用数学语言描述得一清二楚。其二是逻辑推理严密精确,可以防止漏洞和谬误。其三是可以应用已有的数学模型或数学定理推导新的结果,得到仅凭直觉无法或不易得出的结论。运用数学模型讨论经济问题,学术争议便可以建立在这样的基础上: 或不同意对方的前提假设;或找出对方的论证错误;或发现修改原模型假设会得出不同的结论。因此,运用数学模型做经济学的理论研究可以减少无谓争论,并且让后人较容易在已有的研究工作基础上继续开拓,也使得在深层次上发现似乎不相关的结构之间的关联变成可能。

从实证研究角度看,使用数学和统计方法的优势也至少有三: 其一是以经济学理论的数学模型为基础发展出可用于定性和定量分析的计量经济模型。其二是证据的数量化使得实证研究具有一般性和系统性。其三是运用精致复杂的统计方法让研究者从已有数据中最大限度地汲取有用信息。因此,运用数学和统计方法做经济学的实证研究可以把实证分析建立在理论基础上,并从系统的数据中定量地检验理论假说和估计参数的数值。这就可以减少经验性分析中的表面化和偶然性,得出定量化的结论,并分别确定它在统计和经济意义下的显著程度。

讲到现代经济学中数学的重要作用时需要澄清两点。一是确有不少好的经济学的初步想法或猜想一时还难以用精确的数学模型表示,因此用非数学语言写出。但值得注意的是,这些应视作"前期产品"。初步的原创思想往往需要后继者用数学模型表述,在此基础上做深入细致的分析,并取得明确的、可预测的理论结果后,才会影响深远。试举两例说明。第一例是张五常在二十世纪六十年代末有关佃农制(农民与地主用固定比例分成)的研究,他针对交易成本对不同合同形式的选择作用提出了开创性论识(Cheung, 1969)。后来,斯蒂格利茨 1974 年的数学模型精确地分析了激励与风险分担的交换对农民与地主在土地租赁合同选择上的影响(Stiglitz, 1974)。一方面,张五常的想法是开创性的,后来的数学模型中相当多的成分都与那些想法有关。另一方面,如果没有后来的数学模型,人们的认识不仅只局限在农业土地问题上,而且对“交易成本”的论说也只是一种不大精确的概念。正是后来的数学抽象使得激励理论与合同理论迅速发展到其他领域。比如,詹森和梅克林于1976年发表的论文从公司经理的激励问题出发,研究公司债权和股权的分配问题(Jensen and Meckling, 1976),成为现代公司治理结构理论的开创之作,公司金融中对激励的研究从此起飞。地主把土地出租给农民和投资人雇用经理看上去不相关,一旦上升到数学模型,便都是激励、信息和风险分担的问题,它们原来是相通的。第二例是法玛在二十世纪七十年代末提出经理市场竞争作为激励机制的开创性想法。法玛认为,即使没有企业内部的激励,经理出于今后职业前途考虑以及迫于外部市场压力也会同样努力工作(Fama, 1980)。后来霍姆斯特罗姆等人用数学模型精确地分析了经理的职业生涯考虑(career concern)对其激励的影响,发现法玛的猜想有一部分是正确的,但是不完全(Holmstrom, 1999)。这才导致了经理的职业生涯考虑和经理市场竞争这一课题成为目前公司金融学中的热门研究课题。以上例子说明,将经济问题转化为具体的数学模型,可以使分析变得具体,知道利弊得失所在,而且还可以把貌似不同但实质相近的问题连接在一起,从而把研究从初步的想法推向深入的探索。

二是经济学家经常在用数学模型推导或用统计方法估计理论或实证结果后,再用非数学语言来概括。这可视作“后期产品”,比如综述性、介绍性的论文和政策性的文章,特别是后者必须用非数学语言表述并落到实处才有受众，才可能有政策影响。但是需要指出的是，虽然这些文章是用非数学语言写成的，但是其中的视角、逻辑推理过程以及对经济现象和政策含义的解释，都是与作者受过的现代经济学训练，特别是数学模型的训练分不开的。美国经济学会主办的《美国经济评论》(*The American Economic Review*)上发表的是原创论文，而该学会的《经济文献期刊》(*Journal of Economic Literature*)和《经济展望期刊》(*The Journal of Economic Perspectives*)上发表的文章则都是综述性和介绍性的论文。后者虽然用非数学语言写成，但都基于已发表的有数学模型的论文，而且通常还是由在这一领域资深的权威经济学家撰写。受过经济学系统训练的读者可以将这样的论文“还原”成数学模型。

在肯定数学在经济学中的重要作用的同时，更需要指出：经济学不是数学。这里有两层含义。第一层含义是，在绝大部分论文中，经济学想法(idea)是最重要的，数学和计量方法只是体现和执行经济学想法的工具。经济学的主要领域是靠经济学知识而不是数学取胜，最终是经济学想法决定一篇文章的贡献，而不是数学推导。我们不能将经济学家与数学家混同，就像我们不能把物理学家与数学家混同起来一样。经济学家的工作毕竟不是为了开拓数学理论前沿，那是数学家的事情。因此，我们不能以数学水平的高低来衡量经济学家的水平，也不能以运用数学的多少和它的难易程度作为评判经济学论文质量高低的标准。

更深的一层含义是，经济学是一门以现实中的经济行为和经济现象为研究对象的社会科学，因此，一方面，所有的经济学理论最终都要接受现实的检验；另一方面，新理论的创立和旧理论的发展也要受现实的启发。现代经济学非常重视实证分析。现代经济学的实证分析，或对已有理论的检验，或发现已有理论尚不可解释的新的经验证据，都是以现代经济学理论为出发点和导向来进行的。这与其他一些社会科学中的实证分析不尽相同。比如，在社会学中，许多实证分析并没有一致的理论基础。又比如，其他社会科学也只是通过估计变量间的相关系数了解事实。而现代经济学的实证分析大多基于经济学理论。经济学家应用统计回归方法，不仅关心变量的估计值和变量间的相关性，更关心变量间的因果关系、模型假定对预测的影响以及计量结果背后的经济含义，这是计量经济学不同于统计学的最重要方面。

因此，在本质上经济学不应同数学相类比。经济学同物理学相类比则更为恰当，因为物理学是研究自然界中的物质世界的自然科学，而经济学研究的是社会中的经济世界，两者都是科学，其理论都必须经过经验数据的检验。而数学理论是不需要用数据检验的。当然，经济学与物理学很不同的一点是，除极少数情况外，经济学无法像物理学那样做可控实验。因此，相对于物理学而言，经济学不得不更多地依靠假定和数学推理做推断。这可以解释经济学方法论上的两个特点。其一，经济学对假定的现实性非常关注。弗里德曼著名的有关“假定不重要、只要预测正确”的经济学研究方法论之所以不可取，就在于它没有考虑到经济学研究不同于自然科学研究的基本困难，是多数情况下可控实验的不可行性和用经验数据直接检验结论的有限性。其二，这也说明为什么经济学中超越现实的数学推理有相当大的空间。但是最终而论，由于经济学是社会科学，经济学作为整体必须瞄准事实，与经济现实相关。

以上讲的经济学与数学的关系是一般而论，但特例总是存在的，两个极端的例子便是两位诺贝尔经济学奖获得者科斯(Ronald Coase)和纳什(John Nash)。在一个极端,科斯定理是一个被称作定理但是并无数学模型的原理。虽然它没有借助任何数学模型,但是逻辑推理步步严密、丝丝入扣。科斯定理改变了观察问题的通行视角,建立了分析产权和政府干预的新参照系。在另一个极端,纳什是一位数学家,"纳什均衡存在性"(Nash, 1951)和"纳什谈判解"(Nash, 1950)都是数学定理。但是它们在经济问题上应用广泛,成为博弈论的基本分析工具。有趣的是,科斯一直在法学院任教,而纳什从未离开过数学系。值得注意的是,这是两个极端的特例,不能任意推广,事实上,绝大多数经济学家的情况并非如此。在本文的三十多篇参考文献中,不少是半个世纪以来现代经济学中的经典论著。我们从中不难发现,第一,除个别外,这些论著都运用数学(或基于运用数学的论文);第二,除个别外,它们都论述经济学而非数学问题。

三、现代经济学在发展

除了抱怨它的数学化,常见的对现代经济学的批评还有以下两种。第一种批评认为它的研究领域狭窄,并由此把它归为一种或一类观点。比如,认为现代经济学只研究市场运作,不研究非市场组织(如企业和政府)的行为;只研究资源配置问题,不研究政治经济学问题;只探讨效率,不注重研究平等。现代经济学起源于新古典经济学,侧重的是市场中的资源配置问题。资源配置问题当然是市场经济中的一个核心问题,但其本身的研究范围并不包含经济学的其他许多领域。现代经济学经过这几十年的发展,已经扩展到经济问题的几乎所有领域。我们从当前国际经济学界的一些热门研究课题便可见一斑，比如，公司内部组织结构的设计、经济政策的形成与政治利益集团的关系、经济发展与政治制度演变的关系、社会资本对经济行为的作用、收入分配如何影响效率等等。下面举两个例子来具体说明现代经济学的研究范围正在迅速扩展。

第一个例子是有关公司金融学(corporate finance)内容的大幅扩展。在二十世纪五十年代的莫迪利安尼-米勒定理之后的二十多年里，公司金融学中的主要内容——公司融资结构的确定——不外乎取决于公司和个人的不同税率以及公司破产(包括濒临破产)成本。直到七十年代中期，詹森和梅克林从公司经理的激励问题出发研究公司股权和债权的结构问题，才使公司金融学理论有了新的发展方向。这一方向性转变的核心是经济学超越传统上只研究市场的局限，把公司作为一种非市场组织加以研究。由此便引出一系列新的问题，比如委托代理问题、激励机制问题、公司治理结构问题等等。在研究这些问题时，信息与合同理论就成为强有力的分析工具。到了八十年代中期，S・格罗斯曼、哈特和穆尔又进一步运用不完备合同理论这一新的分析工具研究公司融资和治理结构问题，取得了理论上的新突破。在经验实证方面，施莱弗和维什尼在八九十年代对公司的融资结构、经理行为和公司业绩之间的关系做了大量研究，对实际中的公司治理结构提供了不少经验实证论据(Shleifer and Vishny, 1997)。比如，他们发现，现实中重要的委托代理问题并不是简单地发生在股东和经理之间，而是在于大股东伙同经理一起侵犯小股东的利益。九十年代末，他们及其合作者又进一步从经验数据中比较世界各国的法律体系，研究各国公司法和证券法在保护小股东方面的差别，并由此确定法律对公司融资的影响(La Porta et al., 2000)。最近,他们正在比较法庭裁决和行政监管这两种执行规则的方式在维护金融市场有效运作中的利弊。由此可见,近二十年来,公司金融学深受微观经济学发展的影响,其内容已经发生根本性的变化。

第二个例子是现代政治经济学(political economics)作为经济学中一个独立的研究领域正在兴起。新古典经济学为了集中探讨市场的资源配置问题,撇开了一切对政治因素的考虑。但是人们在实际中发现,脱离政治因素是无法解释许多经济行为和经济现象的,特别是那些明显低效率的经济政策和经济制度。比如,经济学理论早已论证了关税保护的低效率,但是许多国家仍然高筑关税壁垒。经济学家很清楚通货膨胀对宏观经济造成不稳定的危害性,但是不少国家的宏观稳定政策却不断被拖延。经济体制改革、向市场经济转轨和经济结构调整经常出现放慢、停滞甚至倒退,都很难从经济效率角度来理解。于是,经济学家把政治因素引入他们的经济模型。值得注意的是,新政治经济学或称现代政治经济学至少在两点上不同于以往的政治经济学。第一,它的出发点不是“规范的”(normative),即研究“应该怎样”,而是“实证的”(positive),即先研究“是怎样”。具体地说,它的研究目的是为了先理解在现实社会中政治对经济的影响,特别是政府的经济政策和经济改革决定的形成与实施。第二,它的分析方法就是现代经济学的分析方法。具体地说,它是在现代经济学的分析框架内引入政治因素。

现代政治经济学有两大类分析工具。一类是基于“选举”(voting)的、以少数服从多数来决定经济政策的模型。在这类模型中,政治家的利益是为了赢得选票,经济人根据自身利益投票,而经济政策的制定由多数人的利益决定。另一类是基于“利益集团”(interest group)竞争从而影响经济政策制定的模型。在这类模型中,不同利益集团动用可支配的资源游说、影响甚至贿赂政治家,而政治家的决策确定经济政策。

这两类模型以不同方式引入政治运作机制,目的是为了更好地理解在不同政治背景下经济决策制定的原因。布莱克早在二十世纪五十年代末证明的“中位选举人定理”(median voter theorem)为选举模型做出了奠基性贡献(Black, 1958)。而奥尔森在六十年代中期出版的《集体行动的逻辑》一书可称为利益集团模型的开山之作(Olson, 1965)。但是直到八九十年代,现代政治经济学的发展才突飞猛进,并在经济学科中逐渐形成一个独立领域。刚刚出版的两本新书:一本由佩尔松和塔贝里尼合著(Persson and Tabellini, 2000),另一本由G·格罗斯曼和赫尔普曼合著(Grossman and Helpman, 2001),集中体现了现代政治经济学在这期间的新进展。

第二种对现代经济学的批评是关于其模型中的假定。任何理论都要做假定,因此任何理论的成立也都会有约束条件。自然科学(如物理学)如此,社会科学(如经济学)也是如此。历史表明,任何科学都是在对现有理论的批评中发展的,但历史还表明,建设性的批评最有价值。仅仅指出和批评已有研究中的某些假定与现实的差距是不够的,关键是看能否提出新的体系,不仅它的假定与现实更相符,还能解释更多现象,并能够包含已有理论。举一个物理学的例子。当年人们之所以接受爱因斯坦的相对论,是因为它既能比牛顿力学解释更多现象,还能把牛顿力学作为它的特例。现代经济学的分析框架在不断发展和扩充。下面我举两例说明,在过去三十年的历史中,现代经济学如何不断修改基本假定使之与现实更接近,同时修改后的理论不但能更好地解释现实,而且能够包含已有理论。

第一个例子是二十世纪七十年代信息经济学的崛起。新古典经济学理论原本都假定信息是对称的。1970 年伯克利加州大学的阿克洛夫发表了关于“次品市场”的论文,开创性地把不对称信息引入对市场的研究(Akerlof, 1970),带来七十年代信息经济学突飞猛进的发展。有趣的是,阿克洛夫在完成该文后向经济学期刊投稿,连续被四五家杂志拒绝,包括美国经济学会的《美国经济评论》、芝加哥大学的《政治经济学期刊》、欧洲的《经济研究评论》等一流经济学杂志。几经周折,终于在哈佛大学的《经济学季刊》上发表,立刻引起巨大反响,成为主流经济学的一部分。值得注意的是,虽然引入不对称信息改变了不少已有的结论,但是阿克洛夫的模型是在现代经济学的基本分析框架下发展的,并将对称信息作为一种特例。而且,它的结论可以用实证方法检验。事实上,在不同市场,信息不对称的程度不同,它对人的行为的影响也不同。在对称信息假设下的理论并不是被推翻,而是被扩展和补充了。因此,不对称信息理论被主流经济学接受并成为其一部分,为信息经济学做出奠基性贡献的阿克洛夫、斯宾塞(Spence, 1973)和斯蒂格利茨(Rothschild and Stiglitz, 1976; Stiglitz, 1974)一起荣获 2001 年的诺贝尔经济学奖便是明证。

第二个例子是二十世纪九十年代行为经济学(behavioral economics)的起步。心理学的经验结果发现,在一些情况下人的决策与经济学的理性假定有系统性偏差。行为经济学,包括行为金融学(behavioral finance),结合了经济学和心理学,吸收了现代心理学中的经验证据,修改了经济学中有关人的理性的某些基本假定。它研究在这种修改后的理性的条件下市场中人的经济行为，由此得出很多与已有理论不同的结论，并能够解释一些令人困惑的经济现象。行为经济学之所以正在逐渐被主流经济学接受，也正是因为它运用现代经济学的基本分析方法，并且将通常的理性假设包含其中。通常的理性假设在某些情况下是合适的，而在另一些情况下，修改后的理性假设下的理论更能解释现实。二十世纪九十年代，行为经济学（包括行为金融学）在理论和实证方面的研究都取得了重大进展。在行为金融学方面，塞勒（Thaler, 1993, 1994）和施莱弗（Shleifer, 2000）针对人的有限理性行为对金融市场的影响做了很多重要研究。在行为经济学方面，阿克洛夫又有新贡献（Akerlof, 1991）。但最有意义的事件是2001年美国经济学会将该学会的最高奖——每两年一次、授予对经济学发展影响最大的四十岁以下的美国经济学家的克拉克奖（Clark Medal）——颁发给为行为经济学的基础理论做出开创性贡献的伯克利加州大学的拉宾（Rabin, 1998）。这是该奖在过去十二年来首次授予一位研究基础理论的经济学家，它说明了经济学界对行为经济学的一种认可。同时它也表明，行为经济学的兴起恐怕是二十世纪九十年代经济学基础理论发展历程中最有意义的事件。

四、用现代经济学分析中国的经济改革

中国由计划经济向市场经济的转轨以及在世界经济中的崛起是一个历史性事件。然而，中国的改革开放和发展并不是孤立的，它是当今世界范围内经济体制向市场转轨、经济全球化和经济发展之中的一部分。因此，中国与其他转轨国家和发展中国家一样，面临很多相

似的问题。当然,由于历史、经济、政治和社会背景不同,各国的具体经历和路径会表现出不同。这些年来,各国在转轨和改革中面临的共同问题以及采取的类似的和不同的解决办法,对经济学提出了一系列新的课题。我们不难发现,虽然不少已有的经济学理论适用于改革时期的中国,但不能一概而论。一些在成熟和常规市场经济中的经济学"常识"在转轨过程中并不成立,有些改革时期的经济行为和经济现象甚至与已有理论的预测背道而驰,比如东欧国家在市场自由化后出现的生产大衰退,和中国在产权尚未规范化前的经济持续增长,便是已有经济理论事先没有预料到的突出例子。因此,直接套用现代经济学已有理论的结论很难或不能完全解释由计划向市场转轨过程中的一些重大问题。这并不奇怪,一来现代经济学以往的研究对象偏重于成熟经济和规范市场中的经济问题,二来由计划向市场的大规模制度转型在历史上尚属首次。

什么是研究中国经济改革的可取方法呢?首先,研究要瞄准中国的现实,经济学家要懂得中国国情。如果不懂得中国的经济、政治和社会环境的历史和现状,研究就很容易遇到困难:第一,很难识别并确定改革和发展中的主要问题及症结;第二,不易做出与现实相符或相近的假定;第三,更难提出既遵照经济学的基本原理又适合中国国情的政策建议。因此,懂得中国国情是研究中国改革问题的必要条件。但是,仅仅懂得中国国情是不够的。为了研究中国经济改革过程中的经济行为和经济现象并提出适合中国国情的政策建议,还需要运用现代经济学的基本原理和分析方法,它们是研究人类经济行为和经济现象的知识的结晶。方兴未艾的转轨经济学正是如此来研究包括中国在内的转轨经济中的新现象的。伯克利加州大学罗兰教授的新书《转型与经济学》概括了在这一领域中到目前为止的主要理论和实证研究成果(Roland, 2000)。事实上,现代经济学正是在探索新的经济问题中发展的。前面论及的公司金融学、政治经济学、信息经济学和行为经济学是这样,转轨经济学也是这样。

运用现代经济学分析中国经济改革过程中的经济行为和经济现象为什么有用且必要呢?最根本的原因是中国经济改革的方向是建立与国际经济接轨的现代市场经济体制。而现代经济学的核心内容正是研究现代市场经济的运行。因此,它给我们提供了一个有关现代市场经济的参照系,使我们在分析中国向市场经济转轨问题时能够站在这一参照系的高度来观察貌似纷乱无序的现象。有了现代经济学提供的这一参照系,我们就可以把中国的情况放在国际比较中的合适位置上,以便准确地识别中国的情况中哪些具有一般性,哪些具有特殊性。否则,无论是对现实的分析还是对政策的建议,我们在研究中国改革时都会缺乏方向感,丧失大视野。

进一步说,现代经济学的理论分析方法和框架适用于研究中国的改革。这可以分别从它的三个组成部分来看。第一,中国的消费者、企业家、经理和政府官员同其他国家的经济人一样,在资源、技术和制度的约束条件下受利益驱动。用现代经济学的这一视角看问题,我们可以在分析中国正在经历的复杂转轨问题时,对人的行为做出一致的和近乎实际的假定。第二,由于中国的改革大趋势是纳入国际通行的市场经济体系,所以,把现代经济学研究市场经济的理论参照系作为研究中国改革问题的理论参照系不仅合适而且必要。第三,在研究的初级阶段,引用现代经济学的一些名词、概念和结论的确能帮助研究人员拓展思路。但是,由于改革是错综复杂的过程,任何比较系统、深入、精细和经得起推敲的研究都必须超越概念的解释和措辞争论的层次。深入的分析需要借助前人制作的工具，而现代经济学发展出来的各种数学模型提供了这样的分析工具。虽然它们本身并不是为研究中国改革而发明的，但是其中一些模型经过适当的修改，纳入中国的历史和制度因素，是可以被用来分析中国改革中的经济行为和经济现象的。

下面从市场、企业和政府这三个不断深入的改革层面具体说明运用现代经济学分析中国改革的有用性和必要性。第一个例子是市场作为资源配置机制的问题，它是改革中“计划”与“市场”之争的基本问题。现代经济学的一般均衡理论是关于市场价格作为资源配置机制的最基本的理论参照系。这一理论让我们理解为什么不受管制的价格能反映商品的稀缺程度并在市场经济中起到调节供需的作用，以及在什么情况下个人的自利经济行为通过没有政府干预的市场可以达到社会的经济效率。它对于以市场取代计划，让市场在资源配置中起作用具有根本的理论意义。无论是评估以往改革的路径和目前的改革措施，还是提出新的政策建议，凡是探讨资源配置问题，这一理论都是讨论的基础。我国在二十世纪五十年代中期的改革尝试，由于缺乏对市场在资源配置上的作用的认知，单纯强调行政性放权，结果导致改革尝试的失败。到了八十年代，一般均衡理论被介绍到中国，市场价格和市场机制在资源配置中的核心作用逐渐成为中国经济改革者关注的焦点。但是，即使在市场经济的改革方向已经确立之后的今天，各种扭曲价格、限制竞争、抑制市场在资源配置中起作用的政府政策仍然层出不穷。诊断这些政策的后果、提出改进的方法，都离不开基于一般均衡理论的分析。这一例子说明了现代经济学中那些看上去很抽象和不现实的理论参照系，在研究中国改革时却具有重要的实用价值。

第二个例子是二十世纪九十年代成为中国深层次改革热点问题的企业问题。一般均衡理论是关于价格的理论，不是关于企业的理论。七十年代以来，特别是八十年代和九十年代，随着博弈论、信息经济学、合同理论的发展，现代经济学对企业的产权、所有权和治理结构问题的研究有了突破。现代企业理论以激励问题为出发点展开对企业内部经理层、大小股东和其他利益相关者之间的利益冲突和调节机制的分析，而基于这一理论的实证研究发现了很多现实中的公司治理结构的规律。这些现代经济学中正在蓬勃发展的理论和实证结果以及分析方法在八十年代末至九十年代被及时地介绍到中国，对于研究中国的企业改革非常有用，至少表现在两方面：一方面，中国的企业改革方向同发达经济中的现代公司模式接轨，所以现代经济学对发达经济中公司的研究有助于通过比较发现中国企业改革中的问题，并提出具有远见的政策建议。另一方面，考虑到转轨中的企业与成熟市场经济中的企业在自身特性和所处环境上的重大差别，而这些差别又不易在短期内消除，已有企业理论中的现成结论便不可直接套用。但是其中的分析工具仍然有用，因为它们抓住了具有一般性的企业问题的本质。运用这些工具，对已有的模型做出修改，加入特殊的历史和制度因素（比如企业所有者不全是私人，产权的安全性得不到保障，合同和法律无法被有效率地和公正地执行），就会得出既符合中国现实又有分析深度的结果。这样就可把对转轨中的企业的研究提升到一个新高度，并对症提出符合中国国情的政策建议。这一例子说明了现代经济学中那些关于成熟市场经济的研究结果，在研究中国的改革时或可被直接应用,或可被修改和发展后运用。

第三个例子是转轨过程中政府的行为及其对经济影响的问题。这是较前两例——市场和企业——更为深层次的问题,因为政府的行为对市场功能的发挥和企业活力的展现都有着基本的(正面或负面的)影响。不同于前两例的是,现代经济学对政府经济行为的研究相对有限,远不如对市场的资源配置和企业问题的研究那样深入和成熟。根本原因是发达的市场经济以法治为基础,政府的任意行为受到法律约束,使得政府不易侵犯产权和限制企业的自由组建与发展,而政府的主要经济职责是提供公共品,如基础教育和公共卫生服务。而转轨经济和发展中经济的情况非常不同:通过建立法治约束政府行为往往需要较长时间才能实现。在完善法治之前,政府的行为,特别是地方政府的行为,对经济影响最大和最突出的方面还不在于提供传统的公共品,而在于政府对待本地新兴非国有企业的行为是“养鸡生蛋”还是“杀鸡取卵”,这往往决定了某地的经济活力。哪些因素决定地方政府的行为并进而决定地方经济的盛衰无疑是转轨经济提出的新问题,而现代经济学并没有现成的答案。但是,现代经济学提供了有用的视角,即地方政府官员同其他经济人一样,其行为与所提供的激励紧密相关。同时,现代经济学在研究其他问题时发展出来的分析工具可以被借用,比如,研究企业组织内部管理中的集权、分权利弊的模型可以被用来研究政府组织内部中央与地方政府的权力配置关系,以及它如何影响地方政府的激励和行为这一问题。因此,我们可以运用现代经济学的分析框架评估地方政府行为的变化,进而解释在转轨过程中各地甚至各国经济表现的不同。

用这样的方法可以深入研究中国在二十世纪八十年代实行的中

央向地方放权和财政包干制对地方政府行为和它们所管辖的地方经济的影响。一方面,众所周知,财政包干制加剧地方保护主义,伴随中央财政收入下降等问题。但另一方面,它给予地方政府很高的边际财政留成率。实证研究发现,在实行财政包干制期间,地方政府的边际财政留成率越高,其财政激励就越高,它们的自身利益与本地的经济繁荣就越紧密地结合在一起,它们表现出更愿意帮助和支持而不是阻止和扼杀本地有活力的非国有经济,结果本地的非国有经济发展越快。这与二十世纪九十年代俄罗斯的情况形成鲜明对比。由于俄罗斯地方政府的财税收入与本地经济发展几乎不挂钩,地方政府没有财政激励发展本地经济,相反却不断骚扰、掠夺新兴的私有经济。俄罗斯地方政府的这一行为被认为是阻碍新兴私有经济发展的重要原因。有趣的是,与当前中国政府的财政收权、税收不断提高的情况相对照,最近俄罗斯的财税改革取得重大突破,实行了在成熟的市场经济都因政治原因无法实行的单一税率的个人所得税制。中国的财政收权是否加速了中国近年来经济增长的减缓,俄罗斯的财税改革对个人的激励是否有助于它当前的经济复苏,都有待进一步的研究。

这一例子说明即使研究中国改革中特有的那些问题,也可以借用现代经济学中为研究其他问题而发展出来的分析工具。反过来,不仅转轨经济和中国改革的现状为现代经济学研究提供了有意思的素材和经验数据,而且运用现代经济学的方法研究转轨和中国改革还丰富和发展了现代经济学。由于政府行为及其对经济的影响是转轨经济中最突出的和最受关注的问题,也是经济发展中带有普遍性的深层次问题,对这一问题的研究自然而然地成为近年来转轨经济学的一个核心内容。而转轨经济学的这一研究也影响和刺激了经济学其他领域的研究。它对发展经济学有直接影响——毕竟在制度环境方面发展中经济与转轨经济有相似之处——比如推动了研究政府行为与民营经济发展的关系。它还引发了二十世纪九十年代形成的一些新的经济学(包括金融学)研究热点,比如比较世界范围内(包括发达国家)的财政体制、法律体系和金融监管体制并分析它们对政府行为、企业融资和经济表现的影响,而这些都不是以往研究的焦点。由此可见,对转轨经济和对中国改革的研究确实也会为现代经济学的发展做出贡献。

参考文献

Akerlof, George, "The Market for Lemons: Quality Uncertainty and the Market Mechanism," *Quarterly Journal of Economics*, 84(3), pp. 488 - 500, August 1970.

Akerlof, George, "Procrastination and Obedience," *American Economic Review Papers and Proceedings,* Richard T. Ely Lecture, 81(1), pp.1 - 19, May 1991.

Arrow, Kenneth, and Frank Hahn, *General Competitive Analysis*, Amsterdam: North-Holland, 1971.

Black, Duncan, *The Theory of Committees and Elections*, Cambridge: Cambridge University Press, 1958.

Cheung, Steven N. S., *The Theory of Share Tenancy*, Chicago: University of Chicago Press, 1969.

Coase, Ronald, "The Problem of Social Cost," *Journal of Law and Economics*, 3, pp.1 - 44, October 1960.

Debreu, Gerald, *Theory of Value*, New Haven: Yale University Press, 1972.

Diamond, Douglas, and Philip Dybvig, "Bank Runs, Deposit Insurance, and Liquidity," *Journal of Political Economy*, 91(3), pp.401 - 419, June 1983.

Fama, Eugene, "Agency Problems and the Theory of the Firm," *Journal of Political Economy*, 88(2), pp.288 - 307, April 1980.

Grossman, Gene, and Elhanan Helpman, *Special Interest Politics*, Cambridge, MA: MIT Press, 2001.

Grossman, Sanford, and Oliver Hart, "The Costs and Benefits of Ownership: A Theory of Vertical and Lateral Integration," *Journal of Political Economy*, 94(4), pp.691 – 719, August 1986.

Hart, Oliver, and John Moore, "Property Rights and the Nature of the Firm," *Journal of Political Economy*, 98(6), pp.1119 – 1158, December 1990.

Holmstrom, Bengt, "Managerial Incentive Problems — A Dynamic Perspective," *Review of Economic Studies*, 66(1), pp.169 – 182, January 1999.

Jensen, Michael, and William H. Meckling, "Theory of the Firm: Managerial Behavior, Agency Costs and Ownership Structure," *Journal of Financial Economics*, 3(4), pp.305 – 360, October 1976.

Laffont, Jean-Jacques, and Jean Tirole, "Using Cost Observations to Regulate Firms," *Journal of Political Economy*, 94(3), pp.614 – 641, June 1986.

La Porta, Rafael, Florencio Lopez-de-Silanes, Andrei Shleifer, and Robert Vishny, "Investor Protection and Corporate Governance," *Journal of Financial Economics*, 58(1), pp.1 – 25, October 2000.

Modigliani, Franco, and Merton Miller, "The Cost of Capital, Corporation Finance and the Theory of Investment," *The American Economic Review*, 48(3), pp. 261 – 297, June 1958.

Nash, John, "The Bargaining Problem," *Econmnetrica*, 18(2), pp.155 – 162, April 1950.

Nash, John, "Non-Cooperative Games," *The Annals of Mathematics*, 54(2), pp. 286 – 295, September 1951.

Olson, Mancur, *The Logic of Collective Action: Public Goods and the Theory of Groups*, Cambridge, MA: Harvard University Press, 1965.

Persson, Torsten, and Guido Tabellini, *Political Economics: Explaining Economic Policy*, Cambridge, MA: MIT Press, 2000.

Rabin, Matthew, "Psychology and Economics," *Journal of Economics Literature*, 36(1), pp.11 – 46, March 1998.

Roland, Gérard, *Transition and Economics: Politics, Markets and Firms*, Cambridge, MA: MIT Press, 2000.

Rothschild, Michael, and Joseph Stiglitz, "Equilibrium in Competitive Insurance Markets: An Essay on the Economics of Imperfect Information," *Quarterly Journal of Economics*, 90(4), pp.629-649, November 1976.

Samuelson, Paul, "An Exact Consumption-Loan Model of Interest with or without the Social Contrivance of Money," *Journal of Political Economy*, 66(6), pp. 467-482, December 1958.

Shleifer, Andrei, and Robert Vishny, "A Survey of Corporate Governance," *Journal of Finance*, 52(2), pp.737-783, June 1997.

Shleifer, Andrei, *Inefficient Markets: An Introduction to Behavioral Finance. Clarendon Lectures in Economics*, New York: Oxford University Press, 2000.

Spence, Michael, "Job Market Signaling," *Quarterly Journal of Economics*, 87(3), pp.355-374, August 1973.

Stiglitz, Joseph, "Incentives and Risk Sharing in Sharecropping," *Review of Economic Studies*, 41(2), pp.219-255, April 1974.

Thaler, Richard (editor), *Advances in Behavioral Finance*, New York: Russell Sage Foundation, 1993.

Thaler, Richard, *The Winner's Curse: Paradoxes and Anomalies of Economic Life*, Princeton: Princeton University Press, 1994.

理解经济学研究[1]

我由衷感谢北京当代经济学基金会中国经济学奖评选委员会对我和许成钢多年研究工作的认可。今年首次颁发的这个奖授予将现代经济学前沿应用于中国向市场经济转轨的研究领域,这让我深受鼓舞。

我首先想说,颁奖词中提到的研究贡献是我和许成钢以及更多经济学者共同做出的。所以我要感谢在获奖理由中引述的我的研究工作的合作者们,除了许成钢之外,还有车嘉华、金和辉、刘遵义、马斯金(Eric Maskin)、罗兰(Gérard Roland)、温加斯特(Barry Weingast)等。他们之中有我的老师、我的同学、我的同事、我的学生。在我的学术生涯中,我感到最为幸运的是能够同这些优秀的学者一起愉快地合作,共同对转轨经济中作用于政府和企业激励机制进行研究,并且看到这些研究获得经济学界同行们的认可。

三十五年前我从清华大学数学专业本科毕业到美国留学的时候,对经济学一窍不通。不仅那时的我没有听说过“供给”和“需求”,而且在那时的中国,“市场”和“激励”(incentives)这两个词也还没有进入经济学的常用词汇。我深感幸运的是我身边的大师们把我带入经济学的殿堂。我的博士论文导师科尔奈(János Kornai)、马斯金(2007

---

[1] 本文系2016年12月4日在2016年中国经济学奖首次颁奖仪式上的获奖讲话。

年诺贝尔经济学奖获得者)和马斯-克莱尔(Andreu Mas-Colell)极为深刻地影响了我对经济学的理解。当年除了在哈佛上课,我还去麻省理工学院听课,包括当时在那里任教的哈特(Oliver Hart, 2016年诺贝尔经济学奖获得者)和梯若尔(Jean Tirole, 2014年诺贝尔经济学奖获得者)的两门课。我在斯坦福大学和伯克利加州大学任教期间接触较多的诺思(Douglass North, 1993年诺贝尔经济学奖获得者)和威廉姆森(Oliver Williamson, 2009年诺贝尔经济学奖获得者)等教授都对我的研究有直接影响。在中国经济学家中,我要特别提到吴敬琏。1983年,我与他在耶鲁大学结识。正是他向我介绍了科尔奈的《短缺经济学》,后来也是在耶鲁我第一次见到来做学术报告的科尔奈。

刚才致辞的四位经济学家对我都有特殊意义,我从他们每一个人那里都学到很多。我从科尔奈那里学到什么是体制(system),什么是价值,什么是思想的力量。我从马斯金那里学到什么是"无用"知识的有用性。我从吴敬琏那里学到中国的改革历程是中国和人类现代化进程中的一部分。我从哈特那里学到经济学理论的简单性和现实相关性。这些大师不仅给了我研究的灵感和工具,而且给了我研究的意义。我的研究工作是站在他们的肩膀上进行的。

评选委员会宣布我们的获奖理由是"对在转轨经济中作用于政府和企业激励机制的研究所做出的贡献"。下面我想以部分获奖研究工作为例从四个方面来谈经济学学术研究的对象、方法、结果和意义。

一、研究对象中的问题(Issue)

20世纪全球经济中的重大事件之一是人类尝试用计划经济替代

市场经济,希望创造效率更高同时分配更加公平的经济运行机制。几十年的实践表明,计划经济无法达到这个目标,不仅与发达市场经济距离越来越大,而且也无法与新兴的市场经济竞争。到了二十世纪的最后二十年,几乎所有的计划经济都在向市场经济转轨。中国是这个历史大趋势中的一个例子,而且是突出的例子。

计划经济遇到两大突出问题:一是资源配置问题,二是激励问题。前一个问题是因为计划经济中的价格不是由市场供求决定,而是由计划者决定,由此造成巨大的资源配置扭曲。后一个问题是由于在公有制和政府主导经济下的“大锅饭”和“软预算约束”(soft budget constraint)等原因造成的激励扭曲,表现在个人、企业、政府没有提高效率的积极性。

当然,资源配置问题与激励问题不是独立的,而是相关联的。比如,科尔奈最早提出的软预算约束问题,它首先是由激励问题引发的,但是它又进一步影响了资源配置,比如造成短缺这种资源配置的扭曲。但是,要认识软预算约束的本质,就必须看到它背后的激励问题,不然认识就不会深刻。

从计划经济向市场经济转轨的实质,就是要以市场的资源配置方式和基于市场的激励奖惩机制,来替代计划经济的一整套制度。在我看来,对所有转轨经济,包括中国经济改革问题的经济学研究,也都有两条主线:一条线是资源配置问题,一条线是激励问题,当然还有两者的结合。与资源配置问题相关的是关于市场的基础性和决定性作用,以及政府的帮助性作用。价格,包括产品市场价格和要素市场价格,是其中的核心问题。与激励问题相关的是产权、合同、所有制、治理等问题。当然,激励与价格也密切相关,但是它不仅与价格相关,更同政府与个人、政府与企业、政府层级部门之间的权力配置关系密切。

事实上，三十多年来中国经济改革的实践正是沿着这两条线展开的。市场取向的中国经济学家的研究和政策推动在不同时期各有侧重，这是很自然的。二十世纪七十年代末和八十年代初的农业改革，极为明显地突出了激励问题的重要性。其实在农业改革中，既有激励改革，也有资源配置改革。农业改革中既提高了农产品价格，又引入了家庭联产承包制，前者既针对资源配置问题又针对激励问题，而后者则主要针对激励问题。九十年代中期的价格、财税、汇率、利率等改革，主要解决资源配置问题，也对改变激励起到了重大作用。而贯穿于整个改革历程的企业改革、所有制改革、产权改革、治理体系现代化、法治建设等，都是力图从根本上改变激励，不仅是个人激励，也有企业激励，还有政府激励。当然这些改革对资源配置也起到了重大作用。

以上是我们从事研究的大的现实背景。在这个背景之下，我们的研究重心放在激励问题上，并由此去深入探讨计划经济的体制性错误，转轨经济中新出现的现象，包括成就与缺陷。这就引导我们去探究制度变化导致的激励变化，激励变化导致的经济行为和经济表现的变化。通过研究，就会发现前者对后者的影响远远超出我们的直观观察。这就是我们所要研究的问题的起点。

二、研究的框架和方法

谈到研究的框架和方法就必须要谈现代经济学学理的演变。现代经济学对成熟市场经济中资源配置和激励问题这两方面都有很多理论。先是在资源配置问题上的理论,从十九世纪马歇尔的边际分析为框架的理论,经过第二次世界大战后的不断发展,形成最为重要的“一般均衡理论”分析框架。1971 年阿罗(Kenneth Arrow)和哈恩(Frank Hahn)出版的《一般竞争分析》(*General Competitive Analysis*)一书,就是在完全信息、完全竞争之下的一般均衡理论的集大成之作。

激励理论的发展在后,是因为它要基于不完全信息理论。这是在二十世纪六十年代起步的。同样也是阿罗,正是他在二十世纪六十年代就引入了不完全信息的基本概念,比如“道德风险”(moral hazard)和“逆向选择”(adverse selection),是他从保险业的术语中引入经济学的。信息经济学和激励理论在七十年代和八十年代获得突飞猛进的发展,重要贡献者包括 1996 年诺贝尔经济学奖获得者莫里斯(James Mirrlees)和维克利(William Vickery), 2001 年诺贝尔经济学奖获得者阿克洛夫(George Akerlof)、斯宾塞(Michael Spence)和斯蒂格利茨(Joseph Stiglitz), 2007 年诺贝尔经济学奖获得者赫维茨(Leonid Hurwicz)、马斯金和迈尔森(Roger Myerson),2016 年诺贝尔经济学奖获得者哈特和霍姆斯特罗姆(Bengt Holmstrom)等。这些经济学家的研究侧重于不同方面,有的是公共财政问题,有的是劳动力市场问题,有的是拍卖问题,有的是机制设计的基础理论问题,但是他们的研究都与不完全信息和在此情况之下的激励问题相关。

需要专门提及的是 2014 年梯若尔获得诺贝尔经济学奖。他的获奖理由是成功地将不完全信息理论应用于产业组织(industrial organization)和政府规制(regulation)等方面。正如梯若尔在诺贝尔奖演讲中所说,在二十世纪七十年代后期和八十年代初期,作为研究必备的两种工具,博弈论和信息经济学取得了一系列突破,这就为研究产业组织和规制问题提供了机会。正是使用这些分析工具,现代产业组织理论诞生了,由此也为政府政策的制定提供了理论基础。可以说梯若尔的研究是建立在第一代开创者诸如科斯和威廉姆森的工作之上,是以现代博弈论和信息经济学为基础和工具的第二代产业组织理论。

当我和许成钢等学者自二十世纪八十年代中期开始研究中国经济改革和向市场经济转轨时,我们正在学习当时处于研究前沿的这两种工具——博弈论和信息经济学。当然我们的注意力是在中国经济和转轨经济中的激励问题。我们试图用现代经济学的激励理论研究中国经济转轨过程中的激励问题。也就是说,我们要用最前沿的理论、方法和工具研究转轨经济,特别是中国经济改革中最为基本的问题。

因此,一方面是有中国经济改革提供的问题,另一方面是有现代经济学前沿的理论和工具。我们从事的在转轨经济中作用于政府和企业激励机制的研究,就是要在两者的结合中创新。

三、研究创新和结果

在具体研究方向上,我们把注意力放在政府——特别是地方政府——和企业这两个主体上。这是因为从中国的现实经济中我们观察到,中国是一个大国,地方政府在经济发展中起很大作用,而改革中很突出的变化是地方政府激励的改变,它既有正面作用,也有负面作用,这是值得分析和研究的。这与苏联和东欧的情况很不同,在那里,地方政府在经济发展中的作用非常有限。在企业方面,由于受意识形态和政治体制的约束,企业改革中既有国有企业改革问题,又有民营企业发展问题,还有各种形态的“混合”所有制企业的问题,其中的激励问题远比在规范的市场经济中的要复杂,也比多数发展中经济的情况要丰富,因为体制不同。下面我聚焦获奖工作的三个方面。

第一个方面是作用于政府的激励问题。中国经济改革和向市场经济转轨过程中的一个突出现象是地方政府的深度参与。这就提出了一个基本问题:作用于地方政府的激励是什么?这里至少有三个方面:财政税收提供重要激励,干部任免机制提供重要激励,地区间的竞争也是重要激励。这些激励可以产生多重效果,既有促进经济发展的一面,也有扭曲经济行为的一面,这取决于激励的形式、权力配置的方式等。

我们有两个理论框架。一个是我和许成钢提出的“M 型”(M-form)和“U 型”(U-form)组织形式(organizational form)的理论框架(Qian and Xu, 1993)。“M 型”是按照产品或地区的组织形式,“U 型”是按照职能或产业的组织形式。这个理论框架最初是用来分析大企业内部组织的,由钱德勒(Alfred Chandler)和威廉姆森提出。我们的工作是把这个框架扩展到计划经济和转轨经济中的整个经济体。

在 M 型组织形式下,企业更多地归属地方政府控制,加上地方分权的财政激励,地方政府对发展本地经济,特别是发展新企业有很大动力。相比而言,在 U 型组织形式下,企业是按照行业归属不同部委控制。虽然后者在规模效益上有优势(这是传统的计划经济理论推崇的),但是在激励上有劣势。

另一个框架是我和温加斯特、罗兰使用的“财政联邦制”(fiscal federalism)理论框架(Montinola, Qian and Weingast, 1995; Qian and

Roland, 1998)。“联邦制”起源于政治学,“财政联邦制”最初是公共财政学中用来分析中央和地方政府的公共品提供问题。我们的工作是把它扩展到政府在经济发展和改革中的作用,特别是在经济转轨中政府与促进市场成长的关系。

建立理论框架的一个好处是可以做跨国的定量实证比较。比如,在我同合作者做的与俄罗斯的比较中发现,在中国,地方政府的收入与本地经济发展呈较强的正相关关系,也就是本地经济越发展,该地方政府的收入越高。但是在俄罗斯,两者是完全不相关的。原因是,地方经济发展越好,中央政府拿走的钱就越多,多到正好全部抵消给地方政府带来的好处。这种比较很能说明问题。它是激励理论的应用,但应用到了新的领域,就是转轨经济中的政府行为,并且把地方政府的激励与地方经济的发展联系在一起(Jin, Qian and Weingast, 2005)。

第二个方面是作用于企业的激励问题。这个问题在概念上是产权问题、所有制问题。但是,仅仅限于基本概念上的讨论是不够的。到底激励在不同产权制度中、在不同的所有制形态下是如何作用的?如果我们把科斯、诺思、威廉姆森的理论看作第一代产权理论的话,那么第二代产权理论是建立在激励理论、博弈论、信息经济学的基础之上的。后者为我们深入研究转轨经济中的产权问题提供了新的框架和有力的工具。

中国在向市场经济转轨过程中的制度环境与建立在法治基础上的规范市场经济的制度环境显然是很不同的。比如,我们不能假定在转轨经济的环境中,产权有法律保护下的安全性。这就使得现有的模型和结论不能直接适用。但是,这并不是说合同理论、产权理论的分析工具不能用。它们不仅能用,而且非常有用。在我与合作者的研究中,我们就是使用了“不完备合同”的理论分析框架,这正是由2016年获得诺贝尔经济学奖的哈特在二十世纪八十年代发展出来的。

在我们的理论分析中,我们假定产权在根本上是不安全的,这现实地反映了中国转轨经济的制度特点。“不完备合同”分析框架的核心是控制权配置问题。我们的核心想法是,在中国,在缺乏产权的法律保护情况下,产权安全性的实际程度取决于企业产权控制权的配置方式。因此,企业的最终收入索取权的安全性是由控制权的配置而内生确定的。这就导致不同所有制形态下企业行为的不同以及在不完善的制度环境中的表现不同。我们刻画了三类所有制形态:国有、私有以及有地方政府参与的非国有非私有。特别是第三类企业所有制形态在中国非常普遍,尽管其具体形态随时间的变化而变化。在早期是集体所有制,是乡镇企业,后来是混合所有制等等。即便是今天的私有企业,在所有制上也不像发达经济体中的私有企业那样纯粹。

理论就是要从最简单、最少的假设出发,推导出可以检验的具有一般性的结论。同时,经济学的理论结论必须要有证据的支持。我和我的合作者在上述问题的理论推导,和为推导出的结论提供经验证据这两个方面,都做了研究(Che and Qian, 1998; Jin and Qian, 1998)。我们的理论模型和经验证据,不仅与我们的一些直觉相一致,而且又深化了我们的直觉。比如,在对二十世纪八十至九十年代乡镇企业的研究中,我们发现在这些企业中,集体所有制和私有制企业的比例并非随机分布的,而是有规律的:它们与当地的若干环境变量相关,包括市场环境、国有企业份额、地方政府财政激励、地方政府力量等。反过来,这个比例与地方政府的财税收入呈直接显著的正相关。因此,作用于企业的激励和作用于政府的激励是相互关联、互为因果的。严谨的理论与细致的证据相结合往往是一个学术研究令人信服的关键。

第三个方面是作用于政府和作用于企业的激励问题中的一个共同问题——“软预算约束”。“软预算约束”的概念最早是由科尔奈在比较计划经济与市场经济时提出的,对应于市场经济中的“硬预算约束”。他由此解释两种体制中的其他各种差别。这个概念非常重要,因为它不仅解释了计划经济中的特有现象,比如短缺,而且也为比较这两种体制的其他方面打开了新的思路。

二十世纪八十年代发展起来的博弈论和激励理论为理解软预算约束及其对经济的影响提供了分析工具。德瓦特里庞(Mathias Dewatripont)和马斯金最先用博弈论的方法为软预算约束问题建立了理论模型,揭示了软预算约束现象在本质上是博弈中的可信承诺(credible commitment)问题(Dewatripont and Maskin, 1995)。比如,当贷款方发现借贷人不能还款的时候,仍然会有激励去提供再贷款,因为他事后理性地推断前面的损失是沉没成本,再贷款可以有利可图。所以贷款人事先做出的不给再贷款的承诺是不可信的。由于借贷人事先能够预计到此情况的发生,所以会非常理性地做出扭曲的决策,比如过度投资。这类不可信承诺问题的深层次原因,又在于政府垄断权力过大而陷入困境的“悖论”。从这里可以看到激励背后的制度根源。

运用这个分析框架,我们可以系统性地分析计划经济和转轨经济中的政府和企业在软预算约束下的激励扭曲,进而推断出许多在硬预算约束下不会发生和出现的结果。比如,我在用软预算约束解释短缺现象的研究中发现，在软预算约束对企业激励产生扭曲的情况下，用价格机制无法纠正资源配置中的扭曲，造成短缺是必然的。因此，在软预算约束下的价格无法起到在硬预算约束下能够起到的有效率的资源配置作用。而这个结论即使对于以公共福利为目标的政府而言也同样成立(Qian, 1994)。

在我与许成钢的合作研究中，我们比较了软预算约束和硬预算约束条件下经济中创新的不同特点(Qian and Xu, 1998)。创新是一种结果具有高度不确定性的经济活动。计划经济(或政府主导经济)并非完全不能创新，在某些领域(比如核能、航天)中，甚至可以领先，但是在其他多数领域(比如计算机、个人电脑)则很低效，尽管投入巨大。我们的理论是建立在软预算约束条件和硬预算约束条件下内生的对创新项目的筛选淘汰机制，推导出具有小概率成功的创新在硬预算约束下更有可能实现，因为不成功的项目会很快被筛选掉；而在软预算约束下却很难实现，因为不成功的项目很难被淘汰，使得事先不能进行更大规模的平行项目。

我与罗兰合作建立的模型研究了中央政府、地方政府和企业的三层关系中，不同权力配置导致的三方的激励问题(Qian and Roland, 1998)。在有软预算约束的环境中，由于地方政府之间的竞争会增加政府支出的机会成本，所以可以减少软预算约束带来的后果，进而可以部分解决承诺的可信性问题。此外，中央政府对货币权力的集权与地方政府的财政权力分权这一权力配置形式可以在减少通货膨胀的同时硬化企业的预算约束。这就在一个模型中同时推导出前者的“竞争效果”和后者的“制衡效果”，而这两者是市场治理和组织治理中的两个根本机制。

四、学术研究的深层意义

对作用于政府和企业激励的这些具体研究说明了怎样的一般性道理呢？它们说明了我们对制度、产权、所有制的研究，要放在具体的制度环境中，放在具体的权力配置框架下，来探讨不同的具体制度安排对人的激励的影响。这些研究在理论创新层面有一个共同点，就是认识到在转轨经济中的制度环境所导致的激励扭曲下，许多理论分析需要遵从“次优原理”（second-best principle）。“次优原理”为分析转轨经济和中国经济中的很多问题打开了丰富的空间。

什么是“次优原理”？这要从“最优原理”（first-best principle）说起。它是指，在只有一个扭曲的情况下，减少这个扭曲就一定会提高效率，即是好事。同样，在没有扭曲的情况下，增加一个扭曲一定会降低效率，即是坏事。这就是我们通常的直觉，也是我们通常分析问题的路径。我们在各种论坛上对改革问题的推断，基本上都是沿着这个逻辑讲的。我们会先说某个扭曲不好，然后推论说减少这个扭曲的改革是必要的。这在很多情况下是有道理的。但并不是在所有情况下都是对的，特别是在多个扭曲并存的情况下。

所谓“次优原理”，是指在存在多个扭曲的情况下，减少一个扭曲未必提高效率，即未必是好事；相应地，在存在至少一个扭曲的情况下，增加另一个扭曲也未必降低效率，即未必是坏事。这里说的是可能性，具体结论要依据具体情况而定。由于我们通常的直觉都是在没有扭曲或只有一个扭曲的情况下形成的，所以我们最初不会有“次优原理”的直觉，从而就容易推导出错误的结论。

比如上面讲到的企业激励问题。在产权安全的情况下,私有企业的效率是高的,而其他所有制形式的企业因更为复杂的代理人问题会造成更多扭曲。然而,如果在现实经济中存在其他扭曲,譬如没有法治而导致产权不安全,那么纯粹的私有企业就会支付额外成本,以寻求对产权的保护。在完善的制度下,这是浪费的,但是在非完善的制度下,就有它的道理。因此,改革就有可能选择用一种扭曲去减少另一种扭曲,比如利用地方政府的权力来保护产权免受上一级政府的侵害,这就有可能提高效率。这是运用"次优原理"的一个具体例子。

进而言之,"次优原理"导致"次优制度"(second-best institution),我也称之为"过渡性制度"(transitional institution)。这里面有一个重要的新结论,是前人没有讲过的。"次优制度"不是"最优制度",也不如"最优制度",这是显然的,因为其中有扭曲带来的成本。但是,不那么显而易见的是,在给定其他制度扭曲的情况下,"次优制度"可以改进效率,起到作为过渡性制度的积极作用。不过这个"过渡性制度"的出现是有条件的:它既要能提高效率(即把饼做大),同时又要"激励相容",也就是让利益相关者都受益(即饼的分配可接受)。这在中国的改革中有很多例子。从长远来看,"过渡性制度"既有可能为过渡到更好的制度创造条件,也有可能阻碍未来的改革,这需要具体分析。

这样细致的分析在概念层面有重要的意义,就是它可以让我们超越经常听到的"中国模式论"与"简单化市场论"的争论。"中国模式论"倾向于认为凡是具有中国特色的,就都是好的。而"简单化市场论"倾向于认为凡是不是最优的市场制度,就都是不好的。而在现代经济学前沿分析框架基础上的理论创新,就可以既指出中国特色的原因和过渡性制度的意义,又明确它们的成本和局限性。

理论研究和学术研究并不是为了直接产生政策影响,但是它会帮助我们理清思路,建立框架,聚焦问题。这对我们想清楚问题,避免陷入误区,十分关键。经济问题是复杂的。经济理论就是通过简单的假设、严谨的逻辑推理,推导出可以用经验证据检验的结论。我们今天面对的中国经济的情况,与二十世纪八十年代、九十年代的情况不完全相同。但是,这种分析方法仍然是有效的。比如反腐是最近的一个重大事件,腐败与反腐败都对政府和企业的激励有重大影响,其各自的结果无论在理论上还是经验上都非显而易见,需要细致的研究。

激励问题并非只是转轨经济和中国经济的特殊问题,而是一般性问题。比如发展中国家的经济增长问题是一个关注度高的重要问题。伊斯特利(William Easterly)《在增长的迷雾中求索》(*The Elusive Quest for the Growth*)一书批评了一个又一个启动经济增长的"灵丹妙药",包括增加外国对穷国的援助、增加国内投资、提高教育水平、减少人口、与改革挂钩的外国援助、外债减免等等,但事实证明它们大多在现实中是无效的。伊斯特利在分析了大量经验事实之后,得出的结论是,没有"把激励搞对"才是发展中国家经济增长的最大障碍。那么"把激励搞对"是不是又一剂灵丹妙药呢?他认为,它只是一个经济学原理,而不是一剂处方;把这一原理付诸实践,必须根据具体情况加以实施。而我们的研究正是聚焦于具体制度环境中的激励问题,因此对其他发展中国家也有启发。

再回到计划与市场的问题。这个争论结束了吗?可能没有。不仅一些转轨国家出现了停滞甚至倒退,而且随着技术的变化,新的争论也会出现。比如,随着大数据、云计算、人工智能的发展,人们会下意识地又想到计划经济。不过,机器不会代替人,因为机器没有想象力，没有激情，没有理想。但是，既然人有激情、有理想、有想象力，那么人就同时也会有激励问题。所以，激励问题是经济学中不能回避的问题，无论技术如何发达。

其实这个问题在二十世纪三十年代关于计划与市场的大辩论中就已经体现出来。哈耶克在这个大辩论中最先提出了社会中信息使用的问题，特别是“本地信息”（local information）的使用（Hayek，1945）。在此之后，几代经济学家研究信息问题，并深化到不完全信息、不对称信息以及在这些情况下的人的激励问题。机制设计理论、合同理论、产权理论等一系列理论都是沿着这个方向发展的，而且还在继续发展。如果计划经济的问题仅仅就是信息收集和计算的问题，那么随着计算机的进步，随着大数据、人工智能的发展，计划经济似乎又有了希望。然而，只要人的决策仍然起决定性作用，人的激励问题就是不能被忽视的。而上面提到的这些理论，就为我们思考计划与市场的问题提供了思想的力量和分析的工具。

五、三点感悟

最后我想谈三点感悟，希望对大家做学术研究、做有意义的学术研究、做有影响的学术研究，有所启发。

第一，经济学学术研究的定位。社会科学的学术研究，不同于政策研究，有点类似于自然科学中科学与工程的区别。学术研究是为了揭示基本道理，而政策研究是为了解决实际问题。我们中国人对解决问题非常热衷，也很急切。但是，在基本道理没有搞清楚的情况下，忙于解决问题往往就会出错。急功近利会因小失大，取近失远。所以，在这种环境中，我们要更加重视学术研究。

另一方面，经济学是社会科学，不是数学。既然是科学，理论就必须要有现实的相关性，必须要经过事实的检验。但是，现实相关性并不等于"立即有用性"，即立竿见影式的有用性。马斯金的机制设计理论后来被应用于无线电频谱拍卖，是非常有用的，但是，这并非他从事这项研究时的初始动机。即便是哈特的合同理论，与现实如此相关，也不是能够马上应用于具体的改革之中。但是，这并不降低他们的学术贡献的重要性。

社会科学，包括经济学的学术研究，必须遵循科学方法。科学方法就是在理论框架中使用分析工具进行严密的理论和经验论证。博弈论、信息经济学、合同理论、激励理论都是重要的框架和工具。创新是站在巨人的肩膀上，充分利用已有的文献，做出前人没有做出的工作。

第二，经济学学术研究中问题的重要性。从二十世纪八十年代、九十年代开始，中国经济改革问题和转轨问题成为越来越受关注的问题。但是，中国问题本身并非重要经济学问题的充分条件，当然也非必要条件。中国的经济搞得好与中国的经济学搞得好并不是一回事。要选择中国经济中的重要问题做研究，是做有影响的研究的前提。有关计划与市场的争论；计划经济与市场经济的竞争；占人类 1/3 人口国家从计划经济向市场经济的转轨；中国经济的崛起，在总量上已经成为世界第二，并会成为世界第一——在这些历史性事件中蕴含着不少重要问题，有待我们从中选出，并去研究，去探索。

现在中国高校中的经济学的知识性和技术性训练比二十年前、十年前都大大提高了，如何做研究的技能也相应提高了。但是，"做什么”研究不同于“如何做”研究，前者是更难获得的。选择有意义的、重要的问题，远比学好知识性和技术性的内容更难实现。2016 年 10 月我参加求是自然科学奖颁奖，杨振宁在讲到物理学在中国的发展现状时说，物理学中要做出伟大的工作，不在于技术训练，而在于选择重要的问题。他举了海森堡的例子：尽管他的论文中计算有误，但是他抓住了重大的问题。杨振宁认为目前中国物理学家做出突破性研究的主要障碍不是技术能力，而是对研究问题的选择，而后者需要“科学传统”。物理学尚且如此，那么作为社会科学的经济学更是如此。选择重要问题的能力比技术能力更为重要，而科学传统则需要长时间的积累和传承。

第三，科学探索中动机的意义。我记得在 2010 年底在北京举办的庆祝科斯一百岁生日研讨会上，许成钢引用了《爱因斯坦文集》中《探索的动机》一文（爱因斯坦，1918/2009）。这是爱因斯坦在 1918 年 4 月在柏林物理学会举办的普朗克六十岁生日庆祝会上的讲话。爱因斯坦在讲话中说道，在科学的殿堂里有各式各样的人，他们探索科学的动机各不相同。有的是为了智力上的快感，有的是为了纯粹功利的目的，他们对建设科学殿堂有过很大的甚至是主要的贡献。但是科学殿堂的根基是靠另一种人而存在的。他们总想以最适当的方式来画出一幅简化的和易领悟的世界图像，他们每天的努力并非来自深思熟虑的意向或计划，而是直接来自激情。

在我看来，科学探索的动机有三个层次，分别基于三种价值观：短期功利主义、长期功利主义、内在价值的非功利主义。对短期功利主义者而言，做研究是为了发论文、出成果、评职称；对长期功利主义者而言，做研究是为了创国内一流、争世界一流、拿诺贝尔奖；对内在价值的非功利主义者而言，做研究是为了探索世界的奥秘，追求真理。

在今天的中国，具备第一类动机的研究者很多，具备第二类动机的研究者也有，而具备第三类动机的研究者就寥寥无几了。第一类研究者，虽然也能出成果，但是不一定有太多创造性，因为太急功近利。第二类研究者比第一类具有更加长远的目标，可以做出创造性贡献，甚至开创性贡献。但是，这不是科学探索动机的最高境界。诸如爱因斯坦、普朗克、科斯这样的自然科学家和社会科学家，他们具备最高的境界。自然科学和社会科学的殿堂中如果没有他们，就不成其为殿堂。

在经济学学术探寻的道路上，我们应有更高的境界。

部分参考文献

爱因斯坦，《探索的动机》，《爱因斯坦文集（增补本）》第一卷，许良英等编译，第170—174页，商务印书馆，2009年。

Che, Jiahua, and Yingyi Qian, "Insecure Property Rights and Government Ownership of Firms," *Quarterly Journal of Economics*, May 1998, 113(2), pp.467 - 496.

Dewatripont, Mathias, and Eric Maskin, "Credit and Efficiency in Centralized and Decentralized Economies," *Review of Economic Studies*, October 1995, 62(4), pp.541 - 555.

Hayek, Friedrich A., "The Use of Knowledge in Society," *American Economic Review*, 1945, 35, pp.519 - 530.

Jin, Hehui, and Yingyi Qian, "Public versus Private Ownership of Firms: Evidence from Rural China," *Quarterly Journal of Economics*, August 1998, 113(3), pp.773 - 808.

Jin, Hehui, Yingyi Qian, and Barry R. Weingast, "Regional Decentralization and Fiscal Incentives: Federalism, Chinese Style," *Journal of Public Economics*,

September 2005, 89(9 - 10), pp.1719 - 1742.

Montinola, Gabriella, Yingyi Qian, and Barry Weingast, "Federalism, Chinese Style: The Political Basis for Economic Success in China," *World Politics*, October 1995, 48(1), pp.50 - 81.

Qian, Yingyi, "A Theory of Shortage in Socialist Economies Based on the 'Soft Budget Constraint'," *American Economic Review*, March 1994, 84(1), pp. 145 - 156.

Qian, Yingyi, and Gérard Roland, "Federalism and the Soft Budget Constraint," *American Economic Review*, December 1998, 88(5), pp.1143 - 1162.

Qian, Yingyi, and Chenggang Xu, "Why China's Economic Reforms Differ: The M-Form Hierarchy and Entry/Expansion of the Non-State Sector," *Economics of Transition*, June 1993, 1(2), pp.135 - 170.

Qian, Yingyi, and Chenggang Xu, "Innovation and Bureaucracy under Soft and Hard Budget Constraints," *Review of Economic Studies*, January 1998, 65(1), pp.151 - 164.

第二编

现代经济学学说

科尔奈的经济理论与社会主义国家的经济改革[1]

科尔奈的经济理论在近年内被介绍到中国,时间虽短,但在中国经济学界的影响并不小。这不是没有原因的。中国的城市经济改革,如果自 1984 年算起,已有两年了。其间的进与退,成功与失败,使经济学家越来越意识到,正确的改革方案的提出与实施,应基于对现行社会主义经济运行机制的正确分析。经典的马克思主义经济理论和现代经济学都未系统地讨论这一问题。自然,以此问题为研究中心的科尔奈经济理论便受到格外重视。

雅诺什·科尔奈(János Kornai),匈牙利人,1928 年出生于匈牙利布达佩斯。科尔奈曾任世界经济计量学会理事和会长,联合国发展计划委员会副主席。他现在是匈牙利科学院院士,经济研究所教授,兼任美国哈佛大学经济系教授。

早在科尔奈的理论被介绍到中国之前,他已经是一位世界知名的经济学家了。在西方经济学界,他被认为是当今研究社会主义经济的最重要的经济学家之一。科尔奈的成名作是他的博士论文《经济管理

[1] 本文原载于《知识分子》1987 年冬季号。原名为"科尔奈的经济理论与社会主义经济改革"。

中的过度集中》(1958)。此书随即被英国牛津大学出版社译成英文出版,表明了西方经济学界对这位不满三十岁的年轻经济学家研究工作的极大兴趣和重视。科尔奈的这本书,一反流行的教条主义说教,客观地描述和分析了现实社会主义经济的运行和存在的问题。他的这种实证研究方法贯穿了他后来的全部研究工作。他的每一本重要著作都被译成英文出版,其中包括:《结构决策中的数学规划》(1967),《反均衡论》(1971),《突进与和谐增长》(1972),《短缺经济学》(1980),以及《矛盾与两难困境:关于社会主义经济与社会的研究》(1986)。

在研究社会主义经济的学者中,科尔奈的学术背景是独特的。这里可以用美国著名经济学家索洛的评论来概括:科尔奈"懂得西方经济学;生活在社会主义国家中,并对其有着清楚的观察"。[1] 的确,科尔奈生活在匈牙利,亲身经历了匈牙利社会主义经济的建立、巩固、发展和改革的全过程。这种体验是西方经济学家不可能有的。另一方面,与绝大多数生活在社会主义国家的经济学家不同,他系统地研究过西方主流经济学理论,近二十年来又不间断地访问西方国家,担任客座教授。这就为他与西方经济学家的交流提供了难得的机会。比如,《反均衡论》一书是科尔奈在美国的斯坦福大学和耶鲁大学访问时完成的;《突进与和谐增长》一书是他在挪威讲学的讲义;《短缺经济学》一书是他根据他在瑞典斯德哥尔摩大学的讲义整理而成;《增长、短缺和效率》一书则是芬兰杨松讲座(Jahnsson Lecture)的内容。科尔奈正在准备写一本新书,内容将基于他目前在哈佛大学开设的一门研

[1] 见 Kornai, *Contradictions and Dilemmas*,扉页。

究生课程的讲义。

科尔奈的经济理论，按其研究对象划分，大致有三个部分。(1) 关于社会主义经济的运行理论，这是他的主要工作；(2) 经济学的一般方法论和对于一般经济机制的研究；(3) 对于资本主义经济运行的评论。本文并不准备介绍科尔奈经济理论的全部，而只限于介绍科尔奈关于社会主义经济运行的理论。我所遵循的原则是，尽可能客观地向读者展现科尔奈本人的经济思想。当然，内容的取舍、组织和对其理论的解释将不免受限于笔者的水平。

一、澄清几个基本概念

科尔奈在他的研究工作中，明确区分了一些常被混淆的范畴。例如社会主义的理想模式与社会主义的现行模式；改革前的社会主义经济与改革中的社会主义经济；描述或实证的社会主义经济理论与规范的社会主义经济理论；等等。

科尔奈认为，世界上现存的几十个社会主义国家[1]——有像中国、苏联这样的大国，也有像贝宁、古巴这样的小国；有像民主德国这样的富国，也有像埃塞俄比亚这样的穷国——尽管国情千差万别，但它们具备一些共同特征，使经济学家可以从中抽象出一个"社会主义经济"，并以之为对象研究其规则。科尔奈研究的不是社会主义经济如何比资本主义经济优越，或是理想的社会主义经济应该如何运行这

[1] 根据科尔奈的定义，世界在 1984 年共有 27 个社会主义国家，共计 17 亿人口，约占全世界总人口的 35%。见 Kornai, *Contradictions and Dilemmas*,"美国版序言"。

类规范性问题，而是社会主义经济在现实中是如何运行的，以及其内在因果联系这类实证性问题。科尔奈理论研究的原则是尽可能地坦率和客观。他说过，他是一个证人，而不是一个法官。

首先，对于社会主义经济，科尔奈区别开“理想模式”（vision）和“现实形态”（reality）。他列举了三种不同的社会主义理想模式，各自代表着一种不同的意识形态。[1]（1）理性的中央计划经济模式（rational centrally planned economy）：这种模式认为市场调节是盲目的，因而是混乱的，并相信只有依靠计划调节才能克服这种盲目性。这种理想模式是社会主义国家经济学教科书的基本内容，其历史可以追溯到马克思，其现代形式就是中央计划加数学与计算机，如苏联的康托罗维奇（Kantorovich）学派。（2）市场社会主义模式（market socialism）：这种模式主张在维持生产资料国有制不变的条件下，依靠市场调节分配资源和安排经济活动。这种模式起源于波兰经济学家兰格（Oskar Langer），同时也是南斯拉夫、匈牙利和中国大多数经济改革者心中的理想。（3）“社团”社会主义模式（association socialism）：这种模式既反对理性的中央计划经济模式，又反对市场社会主义模式。它认为前者太官僚主义，后者太资本主义。这种模式强调人们的自觉、合作、协调和自治精神。它的代表人物有蒲鲁东、卡斯特罗和西方的所谓“新左派”。科尔奈认为，上述三种模式都只是理想，从来都没有实现过。比如，即使改革走在前面的匈牙利，离市场社会主义的理想也还差得很远。至于“社团”社会主义，在中国曾尝试过，但也以失败告终。尽管如此，这三种理想对于人们的思维和行动有着重要

[1] 见 *Comments on Papers Prepared in the World Bank about Socialist Countries*，第三节。

影响。

根据科尔奈的观点，现实的社会主义有过三种不同形态(phase)。[1] 第一种叫作英雄主义-热情形态(the heroic-enthusiastic phase)。在社会主义国家初建时，曾有过这种形态，比如二十世纪五十年代初期的中国。观察表明，这种形态总是短暂的。第二种是指令式的官僚等级形态(bureaucratic-hierarchical phase)，比如过去半个世纪的苏联。历史表明，这种形态并不是暂时的，有其内在稳定性。第三种形态是朝市场社会主义方向的改革形态，比如今日的匈牙利。科尔奈强调，这三种形态之间并没有时间顺序上的必然关系，因此不宜称之为阶段。那种认为第二种形态必然会发展为第三种形态，进而通向市场社会主义理想的观点缺乏依据。

科尔奈关于现实社会主义经济的分析，是从对指令式官僚经济的分析入手。他称之为"传统的社会主义经济"，以区别于"改革中的社会主义经济"，后者专指正在朝市场化方向改革中的社会主义经济，它不同于人们想象中的"成熟的市场社会主义"，这种形态还从未出现过。

社会主义的各种不同形态或理想，依赖于不同的协调方法(coordination method)分配资源和安排经济活动。在引入准确的概念之前，首先需要澄清"计划"和"市场"两词的含义。科尔奈认为，"计划"一词在实际使用中有两种不同的含义。[2] 第一种，计划是指事先对未来各种可能性的研究和对各种解决方式的比较。在这种意义下，计划的产物是一份方案文件。第二种，计划是指计划调节机制，即通

[1] 见 *Comments on Papers Prepared in the World Bank about Socialist Countries*，第三节。

[2] 见 Kornai，"The Hungarian Reform Process：Visions，Hopes and Reality"，第五节。

过自上而下的计划指令使资源分配得以实现的协调方式。西方经济学中的命令经济(command economy)和社会主义国家教科书中的计划经济(planned economy),都代表这种含义。因此我们可以说,法国和日本的经济是有计划的(在第一种含义下),但法国和日本的经济不是计划经济(在第二种含义下)。类似地,“市场”一词也有两种含义。第一种,市场是指商品交换的场所;第二种,市场是指市场调节机制,即完全由市场供求情形决定资源配置的协调方式。因此,在纯粹的计划经济中,市场机制是不存在的(在第二种含义下),但是市场(在第一种含义下)是存在的,所以我们仍可以讨论市场中买卖双方的关系,尽管双方的行为不完全由市场因素所决定。

科尔奈把主要的协调方式分为“官僚协调方式”(bureaucratic coordination)和“市场协调方式”(market coordination)两种。[1] 在市场机制下,买卖双方在法律面前平等,他们的相互关联是横向的(horizontal)。在官僚机制下,协调者与被协调者是不平等的,前者在上边,后者在下边,他们的相互关联是纵向的(vertical)。官僚机制既可以是直接官僚机制,即政府直接通过计划指令分配资源和收入(即上面所说的计划机制),也可以是间接官僚机制,即政府通过价格、税收、补贴等经济手段控制对资源和收入的分配。科尔奈认为,无论是直接的还是间接的官僚机制,在本质上代表着经济人之间一种深刻的纵向联系,这与市场机制完全不同。分清两种不同的调节机制,并深思官僚机制中纵向

---

[1] 另外两种协调方式为“道德协调”(ethical coordination)和“侵略协调”(aggressive coordination),见 Kornai, *Bureau Cratic and Market Coordination*。应当注意的是,原文使用“官僚”一词在这里纯粹是一种描述,毫无贬义。相比之下,“官僚主义”则带有贬义。(1985 年巴山轮会议后,经济学家吴敬琏、张卓元将此译为“行政性协调”,已被国内经济学界所接受。)

联系的作用,是理解社会主义经济运行及其问题的关键。

二、科尔奈对传统社会主义经济的分析:基本结论

1. 短缺现象与卖方市场

我们知道,资本主义经济的主要问题之一是商业周期中的失业,过多的库存和过低的生产能力利用率,等等。这就是西方经济学中讨论的超供给(excess supply)的经济背景,在凯恩斯的《通论》中有详细的分析。科尔奈认为,与此相反,传统社会主义经济的本质是短缺,即超需求(excess demand)。[1] 科尔奈在《短缺经济学》一书中详尽地解释了他所称的"短缺"的真正含义。需要说明的是,读者若不细读该书全文,仅从其书名,容易误解科尔奈的理论。比如,误认为科尔奈只见短缺,否定滞存(slack)。

凡在传统社会主义国家生活过的人对短缺现象并不陌生。人们的直接体会是消费品和服务的短缺。但科尔奈认为,短缺不仅仅发生在消费领域,更重要的短缺发生在生产领域。比如原材料短缺、劳动力短缺、进口货物短缺、外汇短缺等等。综合起来,科尔奈对传统社会主义经济的短缺有下述看法和分析[2]:第一,传统社会主义经济的短缺与资本主义经济在战争或特殊阶段的短缺有本质的不同,它是长期的(chronical)和可再生的(reproducible)。第二,在传统社会主义经济中,短缺与滞存并存。滞存可以因产品质量太差卖不出去而发生

[1] 见 Kornai, *Economics of Shortage*。

[2] 同上,第二章。

(产出品滞存),也可以因其他互补投入品的短缺而造成(投入品滞存)。第三,长期短缺和与之并存的滞存产生了一个重要的动态现象——强迫调整(forced adjustment),例如强迫替代(forced substitution)。比如,买不到质量好的产品只好买质量差的,缺少某种型号的材料就用类似型号的代替,等等。第四,短缺的另一个动态现象是其恶性循环:人们因预期短缺而囤积,从而使短缺更为严重。

短缺意味着市场的一种“非均衡”(disequilibrium)状态。“卖方市场”(seller's market)、“超需求”(excess demand)和“吸吮”(suction)是这种状态的不同表达用语,都是指在给定的价格、收入等条件下,买者不能满足其需求愿望。这时买卖双方的地位是不对称的:卖者占有优势,买者处于劣势。科尔奈认为,在卖方市场的情形下,卖者不受到需求的约束,但受到资源的约束。因此他把传统的社会主义经济称为“资源约束型经济”(resource constrained economy)。与之相比,古典的资本主义经济则是“需求约束型经济”(demand constrained economy)。在那里卖者的资源约束不起作用,起作用的是需求约束,因此,人们观察到的是“买方市场”。

2. 后果

科尔奈进一步分析了传统社会主义经济中的短缺现象与卖方市场对人们的经济行为,以及对整个经济产生的后果。卖方市场与买方市场这两种非均衡状态产生的后果形成鲜明对比。人们常常批评在资本主义的买方市场情形下,生产能力闲置给社会带来了浪费,失业对工人的物质与精神利益造成了巨大损害。在传统社会主义条件下,失业虽然消失了,生产也扩张到了现有资源和生产能力的极限,但是卖方市场的形成和长期短缺给经济带来了新的后果。一方面，短缺使消费者的利益受到直接或间接损害：买者对购买愿望总不能实现感到不满；由于短缺，人们花在排队、寻找上的时间与精力是极大的浪费；买者的劣势地位使他必须花大力气去"说服"卖者，因此"走后门"等不正之风流行；相反，卖者的优势地位使他可以粗鲁对待顾客，而顾客只好忍气吞声；等等。科尔奈说过，失业当然是对人的严重打击，但一对青年因住房短缺而不能结婚时的烦恼也是可想而知的。另一方面，短缺和卖方市场在生产领域产生严重后果：卖方市场的情形造成卖者的一种安全感，使他没有压力去提高产品的质量，更没有压力去不断推出新产品。更一般地说，因为生产者的日子很好过，他们便没有积极性进行技术革新。在劳动力市场是卖方市场的情形下，工人的士气会涣散，纪律会松懈，因为即使被解雇，也不愁没有其他工作。

在科尔奈看来，工人的士气和纪律，企业不断创新，引入革命性的新产品，是一个经济具有活力的最重要因素。人们一般认为，私有制本身就可以保证足够的刺激使人们致力于新的产品与技术。但科尔奈认为这并不充分。如果某个私有企业长期处于卖方市场的情形，它恐怕不会有足够的积极性提高产品质量和创造新产品，因为维持现状就可以保证可观的利润，何必去冒险？这显然与它若处于买方市场的情形很不相同。

3. 原因：政策失误

科尔奈认为，造成短缺的原因之一是政府经济政策方面的错误，它包括三个方面。[1] 第一，由于绝大多数社会主义国家的起点非常

[1] 见 Kornai, *Anti-Equilibrium*，第二十二章。

贫穷落后，政府急于追赶发达国家，因此制订了快速发展的计划。这种突进（rush）政策导致大规模投资和对企业下达过紧的指标，片面追求数量上的扩张。短缺便自上而下，由于冒进的政策而造成。第二，发展战略失误使经济结构很不合理，即所谓“比例失调”。比如重工业投资过多，而农业、基础设施等跟不上，使经济发展卡在“瓶颈”部门，造成短缺。第三，在给定的产出条件下，物价水平过低，或者实际工资过高，使消费者的需求愿望大于供给可能。这是西方经济学中讨论的“压抑的通货膨胀”（repressed inflation）情形。

在二十世纪六十年代末至七十年代初，科尔奈曾经认为上述政策失误是造成短缺和卖方市场的主要原因。他由此提出经济应和谐增长，不要突进的意见。这反映在他的《突进与和谐增长》一书中。受过西方经济学训练的读者不应对此种推理方式感到陌生。因为西方经济学教导人们如何分析错误的政策对经济造成的后果，这里的政策包括价格政策、财政政策、货币政策、关税政策等等。随着匈牙利经济改革的发展，科尔奈发现在政府纠正了冒进政策，并有意把发展速度降低之后，短缺虽有缓和，但没有从根本上改变。于是，科尔奈把注意力集中到政策以外的方面。

4. 原因：经济与社会体制

体制在这里是指那些成文的，或不成文的，显象的，或隐含的，可能影响人们经济行为的各种规则与约束（即制度经济学中讲的 rule of the game）。经济与社会体制是一个复杂的系统，科尔奈着重分析了其中的三个方面：（1）经济协调机制；（2）企业的财务金融预算约束；（3）政府与企业的关系。

（1）科尔奈认为，资本主义经济协调方式主要依赖于市场机制，它代表一种横向联系。社会主义经济协调方式主要依赖于官僚机制，它代表一种纵向联系。传统的社会主义经济与改革中的社会主义经济的主要区别是，前者依赖于直接官僚机制，而后者依赖于间接官僚机制。官僚机制的具体调节形式主要是[1]：(a) 对日常生产运行的计划指令(包括投入和产出两方面)；(b) 物资供应计划体系；(c) 劳资计划体系；(d) 厂长经理任命制；(e) 投资决策；(f) 价格制定；(g) 信贷控制；(h) 税收体系。直接官僚调节特别强调(a)至(e)。在间接官僚调节下，(a)和(b)可以不再存在(例如今日的匈牙利)，但是其他各项仍起作用。

关于直接官僚机制(即指令性计划机制)给传统的社会主义经济带来的弊病，科尔奈在二十世纪五十年代对匈牙利的轻工业进行过调查研究，并将其结果写入《经济管理中的过度集中》一书。简而言之，这种高度集中的计划机制，极为僵化，管得太多，但是实际上什么也管不好。因此，科尔奈那时就提出取消对日常生产运行的计划指令，代之以间接的调节手段，即运用价格、信贷和税收等经济杠杆的调节。1968 年 1 月 1 日，匈牙利开始取消这些指令。事实证明，经济并没有因此而混乱。相反，随着企业自主权的扩大，短缺有所缓和。在这种情况下，有些人认为匈牙利已经变为一个以市场为调节机制的经济了。但是在科尔奈看来，改革后的匈牙利，虽然市场调节机制与官僚调节机制都起作用，官僚调节机制(尽管是间接的)依旧起着主导作用。今日匈牙利的企业，虽有双重依赖(dual dependence)，即横向的市场和纵向的官僚，但在至关重要的经济问题上，纵向的联系比横向

---

[1] 见 Kornai, *Overcentralization of Economic Administration*，第四章。

的联系显得更为重要。[1]

(2) 为了概括这种纵向的官僚调节机制对企业经济行为的重要作用，科尔奈首次在经济学中引入了“软预算约束”(soft budget constraint)这一概念，并以此作为他对传统社会主义经济的短缺、卖方市场的主要解释。[2] 学过西方经济学的人都知道预算约束(budget constraint)对经济人行为的重要作用。新古典经济模型建立的基本公式之一，就是“在预算约束下求目标函数的极大(小)值”。科尔奈认为，这类模型都隐含地假定了硬预算的存在。因此也只有在硬预算的条件下建立的理论才有有效的经济含义。根据科尔奈的定义，如果企业只能花费自己拥有的钱，那么企业的预算是硬的，否则的话，就称为软预算。软预算可以由下列任一种情况产生：① 对企业来说，价格不是一个外部给定的量。② 税收系统是软的。这里不是指税率的高低，而是指税收的规则可以被改动，或税收本身不被严格执行。③ 政府的免费拨款，比如投资拨款，财政补贴。④ 软的信贷系统。这里也不是指利率的高低，而是指信贷不能严格按照有无偿还能力来发放或偿还不按照事先的条约严格执行。

衡量企业预算是否软化，科尔奈提供了两条准则：一是看企业的生存是否自动得到保障；二是看企业的增长与它的盈利是否密切相关。根据这两条准则，传统社会主义企业的预算基本上是软的。显而易见，这与纵向的官僚调节机制有着密切关联。当然，在传统社会主义经济中，企业预算的软硬程度并不一致：比如大型企业更软，小型

[1] 见 Kornai, “The Hungarian Reform Process: Visions, Hopes and Reality”,第三章。

[2] 见 Kornai, *Economics of Shortage*,第十三章。

企业稍硬;国有企业更软,集体企业稍硬;等等。相反,资本主义企业的预算基本上是硬的。当然,在现代资本主义经济中,由于大公司的存在和政府的干预,纵向的官僚调节机制也起一定作用,因此那里的企业的预算约束比起十九世纪或多或少软化了。

软预算是企业事先对预算约束的一种期望,这种期望对企业的行为会发生重大作用。过去研究社会主义企业积极性问题的经济学家往往注重于利润、工资、奖金及其分配形式对企业的激励作用。科尔奈并不否定这些因素的重要性,但他认为它们的激励作用是第二位的,头等重要的是硬预算预期带来的激励,因为它关系到企业的生死存亡、企业的增长这些更为重要的动态因素。如果企业预期政府官僚调节机制的存在使得它在赔钱的时候有人补助,赚钱的时候又有人会用各种形式提取剩余,企业的积极性和效率就不会高,即使有很高的奖金。

(3) 传统社会主义经济组织的预算约束软化不是个简单的现象,有着深刻的社会原因。西方经济学家常把传统社会主义经济称为“命令经济”,给人一种军队组织结构的印象。国家是军官,企业是士兵。科尔奈觉得用父亲与儿子的关系来比喻国家与企业的关系更为恰当:国家对企业既有要求,又有保护。当企业有困难时,国家不会袖手旁观,特别是当企业有“充分理由”说明这种困难不是由主观原因造成的时候。然而一旦企业对政府有了这种期望,就必然会影响它的行为,就像儿子知道父亲会溺爱而改变其行为一样。科尔奈用“家长制”(paternalism,又译“父爱主义”)一词来形容传统社会主义经济中国家与企业的关系。[1]人们有时用“国家保险公司”来形容国家对企业的保护。其实,“家长

[1] 见 Kornai, *Economics of Shortage*,第二十二章。

制”与通常意义下的“保险”有很大不同。学过西方经济学的人都知道，人们普遍不喜欢风险(risk-aversion)，引入保险会使效率提高，因为这时风险被分担了。留学生在美国参加汽车保险便是一例。值得注意的是这种保险是在“硬条件”之下实现的——交一定数量的保险费，得到一定程度的保险。传统社会主义经济中国家对企业的隐含“保险”(implicit insurance)却是另一回事。保险者与被保险者的关系是纵向的，条件是“软的”，保险费不必交，或者最终的保险付款可以事后协商，等等。科尔奈认为这种“家长制”是软预算产生的社会原因，它反映了在传统社会主义条件下国家与企业关系本质的一个重要方面。

5. 传统社会主义两难困境：效率条件与社会主义伦理原则的矛盾

科尔奈认为，矛盾(contradiction)与两难困境(dilemma)的存在是一种客观现实。经济学家虽然不应对此做出价值判断，但应正视并揭示它们。如上所述，传统社会主义虽然解决了资本主义经济的生产过剩与需求不足的矛盾，但它本身又产生了新的矛盾——生产紧张(tension)与无止需求(insatiable demand)。科尔奈认为上面分析的“软预算”与“家长制”在一定程度上反映了经济效率的必要条件(necessary conditions for economic efficiency)与社会主义经济的伦理原则(ethical principles of a socialist economy)之间的矛盾。

科尔奈首先列举了五条他认为是使经济有效率的必要条件：(a) 一套有效的物质与精神刺激制度，用以激发生产者的积极性；(b) 按照成本收益分析安排经济活动；(c) 能够迅速与灵活地调整经济决策；(d) 勇于创新和敢于冒险的企业家精神；(e) 对经济决策的个人负责制。他认为这些条件是客观的，无论对社会主义，还是资本主义皆适用。科尔奈随后列举了四条他所称的社会主义经济的伦理原则：（Ⅰ）社会主义的分配原则——按劳分配；（Ⅱ）社会主义的团结互助原则——弱者不应受到惩罚，国家有责任帮助他们摆脱困境；（Ⅲ）安全感原则；（Ⅳ）整体利益高于局部利益，长远利益高于短期利益的原则。这些原则在社会主义国家可谓家喻户晓，深入人心。但是这些原则，与上述经济效率条件之间有不可避免的冲突。请看下面三个例子。

（1）有效的刺激制度与按劳分配原则之间有矛盾。我们假定企业A比企业B获得了更多利润。这可能是由于企业A的经营较好，工人工作较努力，但也可能有许多其他的外在因素，比如企业A的机器较先进，中央制定的价格对A较有利，等等。如果收入与利润挂钩，那么企业B就觉得不公平，这怎么是按劳分配呢？特别是当企业确实由于外部原因（比如国际市场的价格变化）陷入困境时，它更会理直气壮地请求财政补贴。在这种条件下，一方面企业就不会迅速灵活地针对外部变化调整经济决策；另一方面中央政府一定会补贴B，从而对利润重新分配。于是软预算出现了，激励制度便不会有效。

（2）根据效率条件，企业的存亡要按照成本收益分析来决定，因此破产与暂时失业将有可能发生。这显然同社会主义的团结互助原则和安全感原则相矛盾。国家保障企业的生存和工人的工作，似乎是社会主义的当然许诺。这就引出一个很深刻的问题：一个社会能否仅仅依靠正面的、鼓励性的激励方式，而完全不需要反面的、具有惩罚性的激励方式，就可以达到高度的经济效率？

（3）如果企业的投资与增长完全由企业自己决定，当然有利于企业家精神，灵活与迅速的经济调整和对经济决策的个人负责制。但是当有外部性(externality)存在的时候,投资决策会与成本收益分析的结果相冲突。这时如果根据社会主义的原则,中央对投资的决策权就不应下放。这样投资便由官僚机构决定,因此决策往往是由集体做出(与条件[e]相冲突),并且会更多地考虑其他因素,而不严格按照经济成本收益分析结果(与条件[b]相冲突)。

科尔奈认为上述的矛盾与冲突并不奇怪,世界上本来不存在一种纯粹和完全一致的社会,人们只能在各种"原则"与"要求"之间做出妥协,而不应走上极端。有一种想法认为社会模式的设计和选择,可以像去超级市场买东西一样,从每个货架上挑选自己最喜欢的东西,比如东欧的充分就业,联邦德国的工厂纪律,北欧的福利事业,日本的高速增长,等等,然后最优地组装在一起。科尔奈认为这是不可能的。这种不可能性,类似于西方经济学的社会选择理论中著名的阿罗不可能定理(Arrow Impossibility Theorem),或其对偶形式,即博弈论(或公共品分配)中的基巴德-萨特塞蒂不可能定理(Gibbard-Satterthwaite Theorem)。

三、科尔奈对几个重要经济问题的看法

对于人们经常讨论的一些宏观、微观经济问题,科尔奈依据他的经济思想,得出了一些与众不同的看法。下面我们讨论其中的三个问题:投资、价格和宏观政策。

1. 投资[1]

自从凯恩斯以来,投资的有效需求不足便进入了西方经济学的教

[1] 见 Kornai, *Economics of Shortage*,第九章。

科书。但是在传统社会主义经济条件下，人们对投资不足是陌生的。那里发生的是相反的现象，它被科尔奈称为“投资饥渴症”。从中央到地方，从各部委到各企业，任何一级、任何一个单位都希望大量投资。科尔奈认为这种现象不能单单用利率过低来解释，它确实有着深刻的体制原因。

在资本主义经济中，私人投资的动机是赚取利润。科尔奈认为在现行社会主义经济条件下，利润并不是企业投资的主要动机。投资的真正动机是为了扩张。这种扩张动力不仅来自中央政府，也来自社会的各个阶层：企业、部门和地方政府。扩张动机造成投资饥渴，过度的投资加剧短缺，短缺又为新的投资需求提供了理由。这种循环在经济的外延增长期（extensive growth period）也许有些益处，但在经济的内涵增长期（intensive growth period）却是极为有害的。

那么投资的微观机制又是怎样的呢？科尔奈认为在传统社会主义经济中，经济成本收益分析对投资项目的确定不起很大作用，最终的确定标准往往依赖于非价格类讯号：政府心目中的优先产业部门、瓶颈部门，甚至政治因素，等等。企业或部门意识到，争取投资的最重要一环是要使项目上马，一旦上马，就只有进行到底。结果最初上报的成本往往低于实际成本。至于投资后的回报，不必过分担心。一来决策并非一人所做，即使严重失误，也不会追究个人责任；二来可以通过各种办法“调整”最终利润：价格、税率等都可以再商量。这样，软预算的期望使传统社会主义企业不会像资本主义企业那样在投资风险面前考虑再三。

投资的欲望固然是无限的，但是实际投资量要受到各种硬变量的约束：比如国内资源的约束、国际收支平衡的约束等等。此外，过度投资造成消费品减少,消费者的不满也是一种约束。当这些约束到了吃紧的地步,政府便不得不紧急刹车,于是大量项目被缓建,绷得紧紧的经济暂时得以放松(在中国叫作"调整")。可是过不了多久,扩张的动机就会驱动新的一轮投资高涨。这就是科尔奈描述的传统社会主义经济投资周期,它对中国人来说并不陌生。科尔奈的贡献在于,他正确地指出了这种投资周期的形成,不仅仅是由于政府投资政策的失误,而是根源于传统社会主义经济运行的微观机制。

2. 价格[1]

学过微观经济学的人都知道价格在一般均衡理论中的核心地位。应用这一理论,容易看出传统社会主义经济中的价格扭曲以及由此带来的效率损失。科尔奈感到在传统社会主义经济的价格问题上,90%以上的文献都是规范性的,即讨论扭曲的价格应该如何得到纠正。这的确不错。但是,科尔奈认为,首要的问题应该是:企业在传统社会主义条件下能否像企业在资本主义条件下(这是一般均衡论的前提假定)一样对价格有敏感的反应?他的回答是否定的。

科尔奈认为企业在传统的社会主义经济中对价格变化的反应相当弱,即使在改革后的环境中,企业对价格变化的反应,也要比一个资本主义企业的相应反应弱得多。问题的根子在软预算约束上,在企业与国家的纵向关系上。当然,对价格的反应强弱程度视情况有所不同。在短缺经济中,企业作为卖者对价格变化的反应就比较强一些,作为买者对价格变化的反应就比较弱。因为在卖方市场的情形下,买

[1] 见 Kornai, *Economics of Shortage*,第十四章。

者处于弱者地位，总是千方百计地得到他想要的。

在这里需要指出，科尔奈并不是反对纠正扭曲的价格，也不是要降低价格在资源配置中应起的作用。科尔奈的思想是，要想使用一般均衡理论的结论，我们要注意检验这个理论所做的前提假设。这些假设中重要的一条就是每一个经济人都有硬预算约束，从而使价格变化对他们来说至关重要。我们在此不妨比较传统社会主义国家中的一般家庭与国有企业，前者的预算约束是硬的，因此对价格的变化十分敏感；而后者不然。

3. 财政政策与货币政策[1]

熟悉宏观经济学的人都知道政府的财政政策和货币政策对经济活动可能造成的影响。从上面对投资的分析中已经看出，凯恩斯的财政扩张政策在传统社会主义经济中显然是不需要的，因为传统社会主义体制本身已自动地提供了这种扩张刺激。不仅如此，传统社会主义国家政府的财政预算在国民收入中所占比例，比具有相同发展程度的资本主义国家政府的相应比例大得多。大比例的财政预算是政府的官僚机制协调经济的伴随物。在这种情况下，财政支出并不是一个可以任意改变的简单"政策变量"。国家要控制投资，要补贴企业亏损，等等——大比例的财政预算确有其体制根源。

一些人把弗里德曼的"货币主义"理论应用于传统社会主义经济，认为传统社会主义经济过热、过紧以及宏观不均衡，是货币发行过多造成的。因此，控制货币发行量是解决问题的关键。科尔奈认为，这

---

[1] 见 Kornai, *Economics of Shortage*，第二十章。

种推理如果在资本主义经济中还成立的话,在传统社会主义经济中则不能成立。因为传统社会主义经济只是一个“半货币化”的经济,货币是“被动的”。传统社会主义的经济活动根本不像资本主义的经济活动那样,完全受财政金融预算的约束。一方面,很多计划指标本身就以实物变量的形态出现;另一方面,在任何情况下,货币的供应量都必须适应对货币的需求。传统的社会主义银行并不能行使其独立权力,它们必须服从计划委员会的指挥。科尔奈认为“货币过多”的理论最多只是一种对状态的描述,并没有提出因果关系的解释。问题的关键是在传统社会主义经济中,货币的供应量很大程度上是一个“内生变量”,它不能像在资本主义国家中那样,可由中央银行自主确定。

四、科尔奈关于社会主义经济改革的思想

科尔奈关于社会主义经济改革的思想,既基于他对匈牙利改革的长期观察,又基于上文所介绍的他的经济理论。科尔奈对经济改革的研究,大多是对改革面临的难题的实证分析,而他的关于改革的建议,则基于这些分析。

1. 改革:朝何方向[1]

所谓改革,无非是改变现行经济体制。科尔奈认为,传统社会主义经济的短缺是一种常态,消费者对短缺固然不满意,但这并不会造成危机。历史表明,社会主义现行体制可以长期生存。况且,即使改

[1] 见 Kornai, *Contradictions and Dilemmas*,第 117—120 页。

革发生,在社会主义的经济与社会体制内部,并不存在一种机制,使得经济改革必然朝“市场社会主义”方向前进。恰恰相反,从社会主义经济与社会体制和相应的意识形态中,从维持这种官僚机制运转的一批人中,产生着一种自然的推动力,驱使现有的计划体制朝更“合理”更“完善”的方向发展,比如在原体制下引进分层计划,运用计算机技术,加强对工人的管理,改进对经理的考核,等等。

朝市场方面的改革,动力和阻力都存在,但并不可以简单地认为阻力来自保守派,动力来自改革派。在普遍意义上说,人们对于正在进行的经济改革有一种“混合感情”。改革缓和了短缺,改进了市场供应,作为消费者,人们感到有所得。作为生产者、个体户和农民感到满意;工人的工作不像以前那样保险了,但挣钱的机会增多了。贫富差别无疑在扩大,如果在这种差别扩大的同时,每个人的收入都在增加,人们可能会容忍;否则的话,人们就会不满。作为企业管理人员,他们喜欢独立自主,却不喜欢竞争。改革给他们带来了两者。政府官员的心理也是矛盾的,各种政策与文件常常表现出前后不一致。一方面,改革是靠上层的决心和权力推动的;另一方面,反对私有财产,反对市场的混乱,反对贫富差别又是他们的一种本能。即使在知识分子阶层中,很多观点也常常自相矛盾。在这种“混合感情”支配下,改革究竟能改到什么程度,科尔奈认为没有人能知道,只有历史才能表明。

2. 改革的两难困境之一:体制改革与宏观调整[1]

短缺与紧张是传统社会主义经济的基本现象。科尔奈认为,严重

[1] 见 Kornai, *Comments on Papers Prepared in the World Bank about Socialist Countries*,第五节。

不平衡对改革可以产生两种影响。其一，它可以加强改革者在论争中的地位：正因为不平衡才需要改革。其二，它给改革者造成了不利的经济环境。科尔奈认为，改革带来的经济效益，虽然有一小部分可在短期内见到，但大部分需要一段相当长的时间。不错，下放权力、开放市场是改革的根本。但是在短期内，伴随市场的开放，宏观不平衡的现象可能更为严重。这时，极易产生重新集中的倾向：政府仍用行政命令的旧方法限制投资和进口，把下放了的权力又收上来。这种方法使用得越坚决，短期内的效果就越明显，但是这种方式本身就使改革倒退。正确地处理体制改革与宏观调整的关系，并不是一件容易的事。

3. 改革的两难困境之二：一次性改革，还是渐进改革[1]

改革应以何种速度进行？是一次性（one-stroke），还是渐进性（successive）？这里也有一个两难困境：一次性改革虽然可以避免双重规则带来的混乱，但是过猛的改革可能会给经济和社会带来大震动；渐进改革虽可减小改革的阵痛，却可能引起规则的混乱。对此问题，科尔奈分析了以下几种情况：

第一，关于所有制形式的改革。改革的内容之一是使各种形式的所有制平等共存。所谓平等，不仅仅指法律上的，也表现在政府对各种企业的价格、税收和信贷政策方面。究竟哪种形式更适合于哪类企业，这里需要的是历史的自然选择（natural selection），既不能人为地支

[1] 见 Kornai, *Comments on Papers Prepared in the World Bank about Socialist Countries*，第六节。

持或推广某一种形式,也不能人为地压抑另一种形式。在这个意义上,所有制形式的改革只能是渐进的,即让各种形式和平共处和自由竞争。

第二,废除国家对国有企业的短期投入产出计划指标可以是一次性的。政府根本不必担心出现混乱,因为这些指标本身就很粗糙,完全可以代之以间接控制形式,比如对价格的控制等。匈牙利就是在一夜之间取消这些计划指标的。

第三,对价格与工资的改革时间不应拖得过长。这是因为每一次局部调整都会引起连锁反应,即所谓"外溢"现象。在这种情况下,伴随每一次局部调整的通货膨胀就不可避免。如果在价格改革上走一步看一步,就容易引起通货膨胀的恶性循环。

第四,使国有制企业转变为真正面向市场的独立经济实体,是一种极为复杂和深刻的变革。希望通过一次性的改革来实现这一目标是不现实的。

4. 对"天真改革派"的批评[1]

"天真改革派"(naive reformers)是科尔奈对那些改革先驱者的称呼,包括他本人在二十世纪五十年代写作《经济管理中的过度集中》的时期,以及波兰的布鲁斯(Brus)、苏联的利别尔曼(Liberman)、捷克的奥塔·锡克(Ota Sik)等经济学家的早期。"天真改革派"的改革思想,也反映在匈牙利 1968 年改革的文件中。

---

[1] 见 Kornai,"The Hungarian Reform Process: Visions, Hopes and Reality",第七节的部分 B。

“天真改革派”的核心思想是取消指令式计划，变直接官僚调节为间接官僚调节。他们以为这是使市场真正运转的充分条件。这种模式的假定是：让企业自主，追求利润最大化。这样企业就会根据市场的需求关系调节生产。在“天真改革派”看来，政府的间接控制与市场机制之间并无矛盾。相反，市场机制的引入可以给经济注入活力，同时政府的间接控制又可弥补市场的不完善性。因此，（间接）官僚调节与市场调节相互补充。这种模式还指出了两者的界限。比如，日常生产（马克思用语：简单再生产）由市场调节，而投资（马克思用语：扩大再生产）则由国家控制。

匈牙利的实践证明，这种思想过于天真。科尔奈认为，官僚机制与市场机制的并存绝不保证可以得到两者的最好部分，当然也不必然得到两者的最坏部分。虽然互相补充存在，但很有限。一方面，官僚机构不会自觉地把自己的控制范围仅仅限于投资；另一方面，如果企业的发展与命运并不直接跟企业利润挂钩，而由上级官僚决定的话，那么企业的利润动机和自主权便被动摇。“天真改革派”想象了一种和谐的市场机制和官僚机制的共存，现实却是：企业变为双重依赖（市场与官僚），且以官僚依赖为主。

5. 改革：最低限度的“一揽子”内容[1]

科尔奈的理论基本上是描述性的。在讨论改革方案时，我们上面简介了他对“天真改革派”的批评。科尔奈在提出规范性建议时很谨

[1] 见 Kornai, *Comments on Papers Prepared in the World Bank about Socialist Countries*，第六节。

慎，只提出过一个他认为是最低限度的“一揽子内容”（a minimum package）。他想强调的，并不是这些内容本身，而是这些内容之间的相关性，这就是“一揽子”一词的含义。科尔奈提出的最低限度的改革包括：（a）企业的充分自主权；（b）企业的硬预算约束——除个别情况外，取消补贴，统一税率，制定有关破产和合并的法律以及建立保证这些法律得以执行的机构；（c）全面开放物价；（d）确定正确的利率和汇率；（e）进口自由化；（f）企业应有相当大部分的利润留成；（g）建立适当的金融机构，在自愿的基础上流通企业积累的资金。

科尔奈还强调改革需要一个战略。所谓战略，并不是僵硬的计划，而是一种全盘考虑，即一种在什么阶段引入什么措施的思考。重要的是应该想清楚下一步改革的前提是什么，而具体在哪一天引入并不重要。要做到这一点，必要的条件是要具备“思想库”与“智囊团”。这是匈牙利经济改革成功的经验之一。

五、科尔奈的经济理论与其他经济理论的比较

最后，我们简要地把科尔奈的经济理论与马克思的经济理论及西方主流经济理论做一比较。我想在这里说明两点：第一，科尔奈的经济理论既吸收了一部分马克思的思想，又融合了西方主流经济理论的相当部分；第二，从研究对象到研究方法，科尔奈的理论独具风格，不能把它硬性划入哪一派。

1. 科尔奈的经济理论与马克思的经济理论

科尔奈的经济理论受到马克思学说的一定影响，主要表现在以下

几个方面。[1] 第一，科尔奈同马克思一样，认为经济的发展与经济人的行为，受到他生活的经济、社会、政治体制的约束，并且是历史进化的产物。社会主义企业的经营行为与资本主义企业的经营行为因而表现出不同的规律。因此，不可能用一种经济理论，更不可能用一种经济模型来解释两种不同体制下的所有经济现象。第二，任一社会经济形式都有其内在矛盾，因而人们的选择面临两难困境。作为经济学家或社会学家，不应回避这些矛盾与困境，应该揭示它们，并加以分析。马克思分析了十九世纪资本主义的矛盾与困境，而科尔奈分析了当今的社会主义经济。第三，在传统社会主义体制下，这些矛盾在经济上表现在社会主义的伦理原则与效率条件、短缺与无止需求、市场紧张与投资饥渴等矛盾方面。同马克思一样，科尔奈着重从体制原因，而不是从政策原因，解释这些矛盾的现象。

2. 科尔奈的经济理论与西方主流经济理论

科尔奈懂得西方经济学，在他的理论中，他接受了很多西方经济理论中的概念，也运用了不少西方经济学的方法。他区别实证理论与规范理论，微观理论与宏观理论，集中研究供给与需求的关系，等等，就是例证。在分析问题的思路上，科尔奈显然与新古典均衡学派不同，但与凯恩斯相近，即着重于分析现实经济中的非均衡现象，及其原因和结果。不同的是，凯恩斯分析的是资本主义经济的超供给情形，科尔奈研究的是传统社会主义经济的超需求情形。科尔奈对自由经济派的完全竞争假定表示怀疑，但是他对官僚调节机制和政府干预对

[1] 见 Kornai, *Contradictions and Dilemmas*,“美国版序言”和“导言”。

经济活动产生影响的分析和结论,与弗里德曼的研究结果相近。对于新古典经济学的一般均衡理论,科尔奈并不是一概反对,而是正确地指出了它需要的前提假定,及由此确定的适用范围。他认为,这些前提假定也许能比较真实地反映资本主义经济的基本特征,但绝不能因此认为这些假定自然也反映了社会主义经济的基本特征。科尔奈认为,一般来说,我们不能以这些假定为基础来描述现行的社会主义经济。

最后,我们注意到,科尔奈理论的大部分是用文字描述的,没有像西方经济学那样抽象化、数学化。科尔奈认为没有数学化和形式化并不是优点,而是缺点。但是他指出,人们对传统社会主义经济的研究,目前并不是在德布鲁(Debreu)和卢卡斯(Lucas)对资本主义经济研究的那个阶段,而是在相当于亚当·斯密(Adam Smith)的阶段。因此还需几代人的努力,不断发展和精练。

参考文献

Kornai, *Overcentralization of Economic Administration*, Oxford: Oxford University Press, 1958.

Kornai, *Anti-Equilibrium*, Amsterdam: North-Holland, 1972.

Kornai, *Rush versus Harmonic Growth*, Amsterdam: North-Holland, 1972.

Kornai, *Mathematical Planning of Structural Decision*, Amsterdam: North-Holland, 1967;second revised edition, 1975.

Kornai, *Economics of Shortage*, Amsterdam: North-Holland, 1980.

Kornai and Mastos(eds), *Non-Price Control*, Amsterdam: North-Holland, 1981.

Kornai, *Growth, Shortage and Efficiency*, Oxford: Blackwell, 1982.

Kornai, *Bureaucratic and Market Coordination*, Osteuropa Wirtschaft, Vol. 29, 1984.

Kornai, *Comments on Papers Prepared in the World Bank about Socialist Countries*, Memo, Nov 1984.

Kornai, *Contradictions and Dilemmas*, Cambridge: MIT Press, 1986.

Kornai, "The Hungarian Reform Process: Visions, Hopes and Reality," *Journal of Economic Literature*, Dec 1986.

克鲁格模型与寻租理论[1]

安妮·克鲁格(Anne Krueger)的《寻租社会的政治经济学》是寻租理论的一篇经典论文。这篇论文既分析了国际贸易中由配额制等行政管制产生的为“寻求租金”而进行的争夺,又据此建立了精确的数学模型,是寻租理论发展过程中的一个里程碑。因此,要理解克鲁格的论文,需要对寻租理论的由来与发展做一了解。

寻租理论产生的现实背景。“寻租”是在市场经济制度下由于政府干预而产生的一类经济现象。第二次世界大战后,几乎所有发达市场经济中的政府都大大加强了对本国经济的干预。政府不仅运用财政政策和货币政策调节宏观总量,而且对企业、行业也进行微观规制,即运用法律和行政手段做出各种限制性规定。比如,美国政府目前对航空、货运、通信、金融等行业都有不同程度的规制,更不必说对农业的长期、大量的补贴。政府的微观规制,部分根据是“市场失灵”论:倘若市场竞争不完全,或信息不对称,或存在外部性,市场均衡点就并非帕累托最优。因此,不少人主张在这种情况下政府应当积极干预,以弥补市场机制的不足。在发展中国家,政府对市场经济的干预程度往往大大超过发达国家。除了上述宏观调节和微观规制外,政府还往

[1] 本文原载于《经济社会体制比较》1988 年第 5 期。

往以加速经济发展为由对经济的各个部门加以控制。比如设立关税，实行进口、出口许可证制度以保护国内工业；实行投资许可证制度以限制投资规模；实行信贷分配以支持政府的优先项目；等等。

上述种种政府对市场经济的干预对人们的行为有着重要影响，有些后果恐怕连干预者本人事先都无法预料。寻租理论对这种后果进行了分析。像亚当·斯密一样，寻租理论也假定每一个人都是有利己心的。但是，与市场自由竞争能将个人的利己动机转化为社会福利相反，人们为争夺租金而进行的利己活动对整个社会完全是一种浪费。寻租理论认为，在政府干预的情况下，人们为了获取个人利益，往往不再通过增加生产、降低成本的方式来增加利润；相反，却把财力、人力用于争取政府的种种优惠，比如，获取政府的进口或外汇许可证。人们的这种寻租活动有的是合法的（比如讨价还价、施加影响），也有的是非法的（比如行贿），有的介乎二者之间（比如拉关系和走后门）。从经济观点看，这些活动都消耗了大量的稀缺资源，降低了全社会的经济效益。

寻租理论要点之一：租金是政府干预的结果。寻租理论的作者大都把上述租金的形成归根于政府对自由市场经济的干预。在市场经济基础中，只有政府才能借助于法律、行政权威和运用强制手段，创造不平等的竞争环境并维持归一部分人享有的租金。与此相比，如果某一企业家因发明创造而把一种新产品引入市场，虽然他可享有初始的垄断租金，但是只要政府不对其他企业自由进入该市场有限制，这种垄断租金早晚会消失。

寻租理论要点之二：寻租活动造成社会的浪费。克鲁格《寻租社会的政治经济学》的重要贡献，是根据她在这篇文章中建立的数学模型,估算了印度和土耳其这两个发展中国家由于政府对市场的限制而形成的租金数量。按照她的估算,1964 年,印度由此形成的租金数量大约占 GNP(国民生产总值)的 7.3%;而土耳其在 1968 年单因进口许可一项而产生的租金就占 GNP 的 15%。

克鲁格的模型假定,某一国家只生产农产品(A),它或者被消费(F),或者出口换取进口产品(M)。再假定全社会的劳动力供给是一个常数。劳动力一部分用于生产农产品,另一部分用于对进口产品进行一次性批发,不经过零售渠道直接送至消费者手中。在自由贸易条件下,由以上假定所产生的均衡点很容易计算出来。可以证明,在一般条件下,这一均衡点是“帕累托最优”的。

下一步克鲁格引入政府的进口限制,即令 M=M。先假定没有寻租活动。由于进口减少,进口批发所需劳动力便相应减少,多余劳动力便被用于农产品生产。报酬递减原理使农业工资下降,同时,批发进口产品行业的工资上升。同自由贸易的情形相比,政府的进口限制政策使得新均衡点不再是帕累托最优,社会效率由此降低。这种扭曲在国际贸易理论中人所共知。

克鲁格的分析没有停止在这一步。她注意到在以上的均衡点上,农业生产的工资将低于进口批发行业的工资。因此,任何人为了个人利益都会尽力从农业挤入进口产品批发行业。达到此目的的唯一途径是花力气取得进口许可证。克鲁格证明了,如果人们为租金而争夺的话,最终均衡点的效率更低,因为社会损失将有两个部分:一部分是进口限制造成的直接福利损失,另一部分是寻租过程中的额外资源损失。

总而言之,在克鲁格的模型中,租金是进口批发工资高于农业工资的那一部分,它是政府限制进口造成的。谁获得了进口许可,谁就获得了这一租金。人们为了这一租金而争夺,将宝贵的劳动力用于获取进口许可证。其结果是整个社会的经济效率大大降低。

寻租理论要点之三:利益集团对创造租金的需求。既然租金可以给一部分人带来好处,那么这一部分人就会事先采取各种手段(比如游说、买通等),促使政府用行政命令的方式建立各式各样的可占据的租金(比如,建立新的关税,规定新的资格考试以限制他人进入某一职业,等等)。于是,便产生了利益集团对创造租金的“需求”。另一方面,政府通过设立各种限制性条例,其官员也从中受益。诺贝尔经济学奖获得者乔治·施蒂格勒(George Stigler)创立的“规制经济学”(economics of regulation)理论,便是运用这种想法来分析当今美国各行业中利益集团的行为。施蒂格勒认为,现行美国经济中的规制现象并不能用“市场失灵”理论来解释,却可以用利益集团对政府规制的需求来解释。虽然提高生产效率是获取利润的一个途径,但是通过影响政府而设立限制别人与自己竞争的规制条例恐怕是另一条捷径。这时获得的利润是租金。尽管对全社会而言,这种做法是极大的浪费,但是对某一行业的利益集团和政府的有关官员而言,却有利可图。

有关寻租理论的论文收集在以下两本论文集中:

(1) J. Buchanan, R. Tollison and G. Tullock, Editors, “Toward a Theory of the Rent-Seeking Society” (1980).

(2) D. Colander, Editor, “Neoclassical Political Economy — The Analysis of Rent-Seeking and DUP Activities” (1984).

企业理论[1]

引言

本文介绍的"企业理论"是研究在私有财产和市场经济条件下的企业组织的理论。[2] 现代企业理论在近一二十年迅速发展，已经成为现代经济学的前沿和热门领域。正像任何新兴学科一样，企业理论至今还未形成一套公认的系统结构。为了使读者对这一领域有较全面、正确的了解，本文将扼要介绍这一理论的各个方面和各种不同学派。此外，在本文的附录中，还列出了详细的参考书目，供读者查阅。

我们假定读者熟悉经济学原理，比如读过萨缪尔森的《经济学》教科书；再假定读者也学习过中级微观经济学，比如亨德森和匡特（Henderson and Quandt）的《微观经济学》教科书。我们从中可以注意到，传统的新古典微观经济学，无论是"局部均衡"理论，还是"一般均

[1] 本文原载于汤敏、茅于轼主编：《现代经济学前沿专题》，北京：商务印书馆，1989 年。

[2] 在本文将"firm"一词译为"企业"，而通常译为"厂商"，它指的是市场经济中商业组织的基本单位。在中国，商业组织的基本单位是"企业"。由于在市场经济中并没有"厂商"以外的"企业"，在中国也没有"企业"以外的"厂商"，为了便于比较研究，本文把商业组织的基本单位概称为"企业"。读者应注意"企业"在不同经济体制下的不同含义。另一个与之密切相关的用语是"两权分离"。在市场经济中（在本文中），它指的是企业（firm）的所有权与控制权的分离；在中国，它指的是国有企业的所有权与经营权的分离。经营权只是控制权的一小部分，两者之间有重大区别。

衡”理论，都是研究市场交易的理论，其主题是价格在平衡供求关系中的作用。为了这一目的，企业则被简化为一个假定——“使利润最大化”，正如消费者使效用最大化一样。在这种研究传统下，企业本身是一个“黑匣子”。

为了研究价格的作用，对企业做这种简化是十分必要的。并且，“使利润最大化”这一假定在某种程度上也比较符合市场经济的现实。但是，观察一下现实经济活动，我们就会发现，市场交易与价格调节只是人类组织经济活动的一种形式。即使在市场经济中，也有相当大部分的交易在企业内完成，而不是在市场上完成。因此，打开“企业”这个黑匣子，对我们认识多种形态的经济组织形式（包括市场本身），有重要意义。这就是“企业理论”的任务。

在这里首先需要明确指出，我们介绍的企业理论是以自由市场经济的现实为基础的，它是一种实证的和描述的科学。因此，精确地说，这是私有财产下自由市场中的企业理论。对于生活在完全不同的经济体制下的中国读者，需要特别提醒。这是因为在西方学者的论文中一般不会明显列出体制上的假定。同样，本文所用的术语，如合同、企业、权威、市场等，都具有在某种体制下的确切含义，不应与另一体制下的相同名称相混淆。

一、企业理论发展的“历史”

我们不打算追溯企业理论发展的全部历史。对现代企业理论有重要和直接影响的第一篇论文是科斯在二十世纪三十年代发表的《企业的本质》一文。科斯认为，与市场通过合同形式完成交易不同，企业依靠权威在其内部完成交易。企业形成的原因,是为了减少市场交易费用,而把交易转移到企业内部。科斯的结论是,企业会扩大到如此程度,使得在企业内部再进行一次交易的费用等于同样的交易在市场上完成的费用。科斯的理论由此被称为“交易费用学派”。[1]

1972 年阿尔钦和德姆塞茨(Alchian and Demsetz,1972)发表的一篇论文也很有影响。尽管这两位学者深受科斯的影响,但他们在这篇论文中反对科斯有关企业具有“权威”特征的论点。他们认为在买卖物品的合同与雇佣劳动的合同之间并无区别,通过市场的交易与在企业内部的交易也无二致。他们提出,企业是一个班组,这是因为生产需要由多个人联合完成。在联合生产的条件下,每一个参加者都企图“搭便车”,因此需要有人监督,为使监督人有积极性,就必须把企业的剩余收入给他。这个获取剩余收入的人就是企业家,由此形成的生产方式便是资本主义生产方式。阿尔钦和德姆塞茨据此推断,资本主义生产方式比合伙(partnership)或合作(cooperatives)经营方式的效率要高。阿尔钦和德姆塞茨关于监督作用的观点对后来的研究有很大影响,但他们反对企业具有“权威”特征的观点不为多数经济学家接受。

谈到阿尔钦和德姆塞茨,就不能不提及他们代表的“产权”学派的观点。[2] 这个学派在二十世纪七十年代曾经流行。它强调产权定义的明确性,并把财产所有权等同于剩余收入索取权,同时,又把人的积

[1] 对“交易费用学派”的不同评介,参阅杨小凯和单伟建在《现代经济学前沿专题》中的文章。

[2] 关于“产权学派”,参阅 Furubotn and Pejovich (1972)以及 De Alessi (1983)的综述论文。

极性同获得这种剩余收入索取权联系在一起。从上面介绍的阿尔钦和德姆塞茨关于企业的理论已可看出“产权”的思想。这个学派认定财产私有制度是经济效率的必要前提。

总的来说,交易费用学派的缺陷在于,交易费用的概念太含糊。交易费用可以解释为交易过程中的“阻力”带来的费用,这显然是不够的。另一方面,交易费用一词常被滥用,凡是解释不清的费用都被称为交易费用,这样一来,好像什么都能解释理论,实际上就不成其为理论了。因此,后人努力寻找真正的交易费用,从而进一步发展该理论。

除了交易费用学派外,阿罗(Arrow, 1974)的《组织的界限》对后来的企业理论也有较大影响。阿罗认为,市场失灵使得企业(或其他组织)有存在的必要。市场失灵的原因很多,阿罗特别强调不完全信息带来的外部性。他认为企业组织内部的信息系统可以优于市场上的信息系统,但并没有对此给出令人满意的解释。

现代企业理论是在以上几位经济学家的思想影响下发展起来的,其转折点是微观经济学的基础研究在二十世纪七十年代由于引入不完全信息而产生的革命。这一革命的结果,产生了全新的微观经济学分支,它们被称为信息经济学、激励理论、合同理论或委托代理理论。这些理论一般都较为抽象,运用博弈论、统计决策论等数学工具,这里不做介绍。[1]

为什么微观经济学的这种基础研究会推动企业理论的发展呢?这是因为现代的经济学家对企业的看法是以自由“合同”为基础的。

---

[1] 关于这些理论,参阅参考文献中提到的论文,以及田国强在《现代经济学前沿专题》中的文章。

这种思想可以简述如下：现代化的生产要求人们分工从事专业化职业，这种专业化必然导致每人掌握不同的信息。由于人们之间的利益相互冲突，为了协调经济活动、取得高效率，经济组织形式的选取至关重要。在自由竞争的市场环境中，经济活动的组织不是靠政府的行政命令，而是在买卖双方平等的基础上，以自愿的签约形式来完成。企业的基础是多方的合同，而决定合同形式的核心是信息的分配。现代企业理论的基本假定是：在市场上观察到的合同形式，无论是明示的，还是隐含的，都可以看作是在给定信息约束条件下，使专业化生产要素间的交易费用极小化的某种反应。因此，如果某种交易在市场上完成的费用大于在企业内完成的费用，那么交易就会在企业内完成。也就是说，企业与市场是两种可自由选择的不同经济组织方式。[1]

现代企业理论按其内容可划分为四部分。(1) 企业的本质和界限。企业与市场的界限在哪里？决定两企业合并的因素是什么？企业为什么不能无限制地合并？企业的定义是什么？企业所有权的经济含义是什么？等等。(2) 企业内部的层级制。层级制的利弊在哪里？在企业内部如何有效地利用信息，激发雇员的积极性？比如，如何设计竞赛和晋升规则？如何发放奖金？等等。这是内部组织结构设计问题。(3) 企业的资本结构。在企业全部资本构成中，股票和债券的比例如何确定？破产的经济含义与机制是什么？为什么破产有清算和重组的区别？为什么要有破产？(4) 企业所有权与控制权的

[1] “市场”一词有两种含义，一是狭义的，即指买方与卖方以平等、独立身份的自觉交易。这是本文的用法。另一种是广义的，指市场机制或市场经济。举例来说，如果某一交易是在市场经济中同一企业内的两个部门之间进行的话，我们说这是非市场的交易(狭义)，但它是市场机制下的交易(广义)。

分离。在企业所有权与控制权分离的条件下，市场（资本市场、劳动力市场和产品市场）如何制约经营者？经理行为有何变化？所有者的利益如何得到保护？等等。以上内容，我们在下面分别介绍。

二、企业的本质和界限

二十世纪八十年代以来针对企业的本质和界限有三种不同的观点，概括如下：

1．“财产控制权”观点（control rights of assets）

财产控制权观点由交易费用学说演变而来。这里起承上启下作用的是威廉姆森（Williamson, 1975, 1985）的工作。威廉姆森在寻找市场交易费用时做了如下分析。假设买卖双方事前处于完全竞争的环境中。如果卖方的生产（或者买方的需求）需要某种专项投资，那么买卖双方在事后就被“拴”（lock-in）在一起。所谓专项投资，指的是投资不可再用于其他地方，比如大坝，它是不可挪作他用的专门化资产。如果合同是完备的，在产权明确的条件下，合同可以是最优的。但是，合同很可能是不完备的，这是由于，比如人们事前不能准确预见将来发生的技术革新；制定详细的合同费用太高；有些指标无法描述清楚，如质量、合同履行的困难；等等。（完备合同是指包罗万象、面面俱到的合同，合同中明确规定合同各方在所有可能发生的情况和条件下的义务、责任和权利等。）在合同不完备的情况下，买卖双方的利益冲突不可能在事前都解决，有些事必须拖到事后再说。但事后双方并不处于完全竞争的环境之中了。比如，如果卖方已经做出大量专项投资，这就使得买方在事后的讨价还价能力提高。另一方面,卖方在事先就能预见这种情况发生,所以会减少事先的投资,或根本不投资。经过这一番分析,威廉姆森得出这样的结论:投资的减少是由于合同的不完备造成的市场交易费用。为了减少这一费用,买卖双方应该合并为一个企业。[1]

格罗斯曼和哈特(Grossman and Hart, 1986)发展了威廉姆森的上述想法。他们除了指明市场交易可能带来的费用(企业合并带来的效益)外,还分析了企业合并可能带来的费用。因此他们的理论是关于企业合并的完整的理论。格罗斯曼和哈特从分析财产控制权入手。他们首先区别特定控制权与剩余控制权。[2] 前者指在合同中明确指定的那部分对财产的控制权。如果合同是完备的,那么特定控制权就包括了全部权利。如果合同是不完备的,那么,凡是合同中未经指定的权利都是剩余控制权,于是他们把这部分剩余控制权定义为"所有权"。[3] 企业甲与企业乙是分离的,意思是企业甲的所有者对企业甲的财产有剩余控制权,企业乙的所有者对企业乙的财产有剩余控制

[1] Klein, Crawford and Alchian (1978)也做了类似的分析。

[2] 具体地说,特定控制权指可以通过合同授予经理的经营权,包括日常的生产、销售、雇佣等权利。而剩余控制权往往包括战略性的大决策,如任命和解雇经理,决定经理报酬,决定重大投资、合并和拍卖等。法玛和詹森把企业决策过程分为四个部分:(1)起始;(2)批准;(3)执行;(4)监督。其中"起始"和"执行"称为"经营决策","批准"和"监督"称为"控制决策"。在公众持股公司中,经营决策权属于经理,控制决策权属于法人,即董事会。由此可以清楚地看出"经营权"与"控制权"的不同。

[3] "所有权"一词有多种不同含义。常见的有三种:(1)指对资本回报的权利,这是"产权学派"的定义;(2)指对实物财产的控制权,这是格罗斯曼和哈特的定义;(3)指以上两者,即资本回报和控制权。如果我们采用上面的第一种定义,那么在这里,所有权与剩余控制权并没有分离,所讨论的是剩余控制权与特定控制权(经营权)的分离。在后面,我们要讨论公众持股公司中所有权与控制权的分离,同这里讲的剩余控制权与特定控制权(经营权)的分离是两回事,不要混淆。

权。如果企业甲吞并了企业乙,则企业甲的所有者对企业甲和企业乙的财产都有剩余控制权,反之亦然。在他们的模型中,一方面,由于合同的不完备,按照威廉姆森的想法,事后的机会主义行为会引起事前投资的扭曲,这是企业分离的费用;另一方面,若企业甲吞并了企业乙,即企业甲的所有者对企业乙的财产有剩余控制权,那么企业乙原来的所有者就变成了企业甲的一个部门经理,他的积极性就不如从前,这是合并带来的费用。权衡这两种费用的大小,并由此确定在何种情况下企业甲与企业乙分离,或企业甲吞并企业乙,或企业乙吞并企业甲。这就是格罗斯曼和哈特的以所有权的成本效益为核心的企业合并理论。值得注意的是,这个结论与科斯定理相矛盾,这是由于假定了不完备合同的缘故。(科斯定理:产权分配与效率无关。)

2.“议价费用”和“影响费用”的观点

米尔格罗姆和罗伯茨(Milgrom and Roberts, 1987)对交易费用学派持批评态度。他们的想法更多地受到阿罗的影响,着重分析“市场失灵”的后果。首先,他们认为,如果无费用的短期合同可能的话,那么(长期)合同的不完备就不应成为低效率的原因。因此,市场交易费用,归根结底不是由合同的不完备造成的,而是由签订短期合同的费用造成的。米尔格罗姆和罗伯茨认为短期合同费用主要来自“市场失灵”,它包括三个方面的原因:第一,如果买卖双方在讨价还价的过程中可能出现多个均衡点,那么市场机制无法有效地选择最优的那一点作为结果;第二,信息度量费用;第三,不完全信息,如个人的真实偏好不为人知,因此双方都尽可能隐瞒自己的真实价值判断。这三个方面的原因合起来,便是市场交易的“议价费用”。

米尔格罗姆和罗伯茨又分析了企业作为一个中央集权组织的费用。他们首先把企业定义为这样的商业组织:(1)它具有中央机构,中央机构具有任意权力(discretionary power);(2)它独立于任何其他具有任意权力的组织。[1] 在资本主义社会中,虽然政府和法庭也可以干预私有企业,但是私有财产制度使得政府或法庭不能像企业中央机构(总部)那样具有任意权力。这表现在当政府部门或法庭干预企业时,必须引用已有的法律条款为它们的干预做证明,比如政府因安全理由命令企业关闭。与此不同,企业经理有较大的任意权,比如他要开除工人,则不必引用任何法律条款。米尔格罗姆和罗伯茨认为,这种中央机构的存在会带来至少三种费用。第一,当人的权力增大后,他无法克制自己不干涉那些不应干涉的事情。除了为了个人利益以外,管理人员在心理上会觉得他不能不管,这好像是他的责任。第二,中央机构的决策人员绝非生活在真空中,他们需要依靠下级提供信息和建议才能做出决策。这样下级就会自觉不自觉地努力使他们向上传递的信息对自己有利,从而影响上级的决策。这就是所谓的"影响费用"(influence costs)。第三,腐败造成的费用——权力使人腐败是众所周知的。

在这三种费用中,米尔格罗姆和罗伯茨特别强调第二种费用,即"影响费用"。他们视其为具有任意权力的机构存在本身产生的费用。只要多个人有同一个上级,那么他们就会把相当多的精力花在"影响"上级决策上,从而使上级的决策扭曲。这种形式的竞争不仅是一种浪

---

[1] 按照这个定义,社会主义经济的全部国有部分在目前阶段也许只能算作一个企业。这是因为所有国有"企业"都有自己的上级,它们既不具有任意权力,也不独立于其他具有任意权力的组织。

费,而且会产生极不利的后果。米尔格罗姆和罗伯茨的这一分析与公共选择理论对“寻租”的分析一致。[1]

3. “声誉”观点

声誉观点强调在合同不完备条件下买卖双方的调整过程。假定合同是不完备的。如果交易只进行一次的话,显然结果很难保证高效率。比如,如果买者先交钱,卖者可能会不交货;反之,如果卖者先交货,买者可能会不交钱。但是,如果买卖双方交易重复进行的话,这种情况可能就不会发生,因为“声誉”的损坏有损今后的利益。可见“声誉”对减少市场交易费用的作用。

克雷普斯(Kreps,1984)把上述想法进一步发展为一种企业形成的理论。克雷普斯认为,“声誉”的建立并不需要(其实也不可能)要求双方保持长久的交易关系。只要有一方是长期存在的,而其他人又可以观察到它的商业行为,就足以使“声誉”发挥作用。这时,任何人都可以与“长寿”的一方签订合同,表示接受“长寿”一方的权威指令。这时双方交易是有益的,而且另一方不必担心“长寿”一方会滥用权威,因为它会考虑到今后的声誉,这是无形财产。于是,这“长寿”的一方便定义为“企业”。所以企业的核心是声誉,它起减低市场交易费用的作用。

举一个例子来说明。“哈佛大学”是一个“长寿”的“企业”。哈佛的教授与大学签订合同,接受学校的权威。另一方面,哈佛的学生也与大学签订合同,接受大学的权威。虽然双方(教授与学生)都不是“长寿”的,但他们知道“哈佛大学”要关心自己的声誉,所以让它行使权威是放

[1] 关于“寻租”理论,参见 Buchanan, Tollison and Tullock (1980)。

心的。假如学生与教授直接在市场上签订合同,恐怕效率就不会高。

克雷普斯把“声誉”称为“公司文化”(corporate culture)。任何一个企业都努力在社会上建立自己的文化。特别值得注意的是,只有那些对资产具有剩余控制权的实体,才有可能建立起“声誉”。不具备这种剩余控制权的组织不可能建立“声誉”,因为外人无法确信这种组织能够左右自己的行为。在合同不完备的条件下,声誉对具有剩余控制权的实体来说是无形资产,可以大大降低市场投机行为带来的费用。

简而言之,二十世纪八十年代三种有关企业的观点的共同基础是:合同是不可能完备的;在不完备合同条件下剩余控制权的配置方式影响交易费用;企业不同于市场是因为权威的存在;在权威下,市场式的议价消失,代之以上下级的代理人关系;这种代理人关系不可避免地会产生费用。最后,企业的形态是使这些费用最小化的结果。

三、企业内部的层级制

除了个体户外,任何企业内部都有自己的结构。特别是大企业,高效率的生产要求企业能够有效地协调企业内部各部门的工作,调动全体雇员的积极性。与企业和企业之间的横向关系不同,企业内部的结构是一种金字塔式的层级制。

研究层级制的经济理论大致可分为两个领域。一是以层级制中所有成员具有共同目标函数为前提,研究最有效的传递信息和利用信息的方法,一般称为“协作理论”。举例来说,在确定性条件下,可以证明使用内部价格和使用数量作为信息传递工具是等价的。但是在不确定条件下,魏茨曼(Weitzman)证明了在一定条件下,用价格作为控制变量优于用数量作为控制变量,但在另一条件下,相反的结果成立。

研究层级制的另一领域,假定层级制中成员的目标函数不一样,同时分工造成每人具有别人不知道的个人信息,研究最优的组织设计方案,使得每个成员都能最大限度地为企业的整体目标尽力。这就是激励理论。下面着重介绍这一理论应用于层级制的三个方面。

1. 企业内部的监督

新古典经济学通常假定劳动给人带来负效用。因此,假如劳动本身不受监督,或者从劳动的结果无法精确判断个人的贡献,人就不会努力工作。所以企业管理人员的重要职责是监督下级的工作。威廉姆森认为,企业越大,层级越多,上级对下级的监督就越困难,因此为监督企业内部职员偷懒支付的费用就越高。所以企业不能无限地扩大。

监督与奖惩是联系在一起的。没有有效的奖惩结构,监督的作用就会减低。卡尔沃和威利兹(Calvo and Wellisz, 1978, 1979)建立了下面的模型。假定层级制具有树状结构。我们可以设想这个结构的第一层是工人,第二层是车间主任,第三层是公司经理,第四层(最高层)是股东。假定层级制的最高层只有一人,他是企业的所有者,他的目标是使企业利润最大化。我们假定他努力工作,不需要他人监督。但是,在最高层次下的所有人都认为工作有负效用,因此不监督的话他们就不会工作。每一层管理人员(除最下层外)的工作是监督下一层他所管辖下的人的工作,而他们的工作则被上一层管理人员监督。模型还假定只有最下层的人从事直接的产品生产。模型要研究的是:什么是最优的层级制?其中包括层级数量,每人管辖的范围和奖惩的大小。

在这个模型中,如果惩罚可以是无限的(比如一旦发现怠工就枪毙),那么在均衡点上就不会有人怠工。枪毙作为一种可信的威胁就足以保障最优的结果,即使在均衡点不枪毙任何人。但是在实际生活中,这种威胁是不可信的。因此我们需要假定惩罚是有限的,比如发现怠工最多就是开除。在这个条件下,卡尔沃和威利兹证明了,在均衡点上,尽管每个人的努力状况都一样,但是职位越高的人应获得越高的收入。这是因为,如果较高层的人员怠工,他下面的所有人员都会怠工,损失就较大。

2. 企业内部的竞赛

评比竞赛或锦标赛是企业内部常用的激励方法,比如评选"最佳工作者",评选"一等奖",等等。这种激励方式同计件奖金制不同。在这里奖金的发放不是根据"基数"来度量,而是按照"序数"决定。除了评选名次外,提职晋升也属于这一类激励方式。这是因为被提升的名额是一个事先确定的数,提升的根据是"序数",而不是"基数"。

这样的激励方式与体育竞赛有类似之处。它的优点是,由于奖品的授予是按名次的,所以不需要知道生产技术的具体信息。就像在体育竞赛中,不必预先知道跳高运动员的技术水平就可以设置奖励。罗森(Rosen,1986)发现,在体育竞赛中,第一名与第二名的奖励差距比第二名与第三名的差距大得多。他用类似的模型证明了在企业中最优的工资分配应具有如下特征:越高的职位,工资差距越大。这是因为越往上,上升的机会越小,非得提高奖励,才能有足够的激励。

应当指出的是,这种按次序评奖的方式在实际生活中是非常有效的激励方式,它对信息的要求低,所花的费用也不多。只要设置一个为数不多的奖励(或惩罚),大家都会为得到它(或避免它)而努力工作。但是这种激励方式有一个致命弱点,即它在合谋的情况下变得毫无作用。这将在下面专门介绍。

3. 合谋和协调

当参与某一组织的人数多于两人时,就会产生额外的复杂情况。我们考虑一个最简单的情况:一个三人小组,其中一个管理人员监督两个工人。这个管理人员使用上面所提的竞赛方式激励工人:给两个工人中成绩好的一个奖金,而不给另一个成绩不好的。那么,在两个工人之间没有交流机会的条件下,两人都会努力工作。[1] 可是如果两人之间可以交流的话,那么他们很可能会合谋。比如他们事先约定都偷懒,其中一人只比另一人多干一点点,然后把所得的奖励分给另一人一半。这样两人都得利,受损的是企业。合谋的例子很多:工人和车间主任合谋对付公司经理(比如,少监督);车间主任和经理合谋对付股东(比如,多开销);学生与教授合谋对付学校(比如,给好分数);乘客与售票员合谋对付汽车公司(比如,不买票);等等。梯若尔(Tirole,1986)专门研究了这类问题。他建立了数学模型,证明了合谋的可能性的确给多层次的层级制带来额外费用。

多人组织的另一个问题是一人多老板的情况。由于多个上级的目标往往不同,甚至互相冲突,所以引出“协调”问题。现代大企业中往往采用“矩阵式管理”(matrix management)。比如某公司按产品分

---

[1] 更精确地说,我们还应假定这两个工人将来不再一起工作。不然的话,“声誉”就会起作用,哪怕两人之间没有交流,但可以有默契。

为若干子公司。在某一子公司中负责销售的经理就至少有两个上级：一是所在子公司的经理，另一是总公司负责销售的副总裁。这就是中国人所说的"条条块块""婆婆多"的问题。伯恩海姆和温斯顿（Bernheim and Whinston，1986）研究了"一个代理人，多个委托人"的问题，发现多个委托人之间缺乏协调会使管理的效率降低。

我们可以看到，在一个多人的组织结构中，人与人之间的合作既可以带来效率（如多个委托人之间的协调），也可以带来费用（如合谋）；同样，人与人之间的竞争或不合作，既可以带来效率（如市场招标、三权分立），也可以带来费用（如"影响"活动和"寻租"活动）。所以，对于竞争和合作的效果必须进行切合实际的具体分析。

四、企业的资本结构

大部分现代企业不是由企业家独资的。除了一个人或一个家族无法提供大量资本这个原因外，把一个人或一个家族的资本全部投入一个企业，就如同把所有鸡蛋都放在一个篮子里，风险太大。从最优风险分担（optimal risk sharing）角度来看，每一个人应把自己的资本分散到所有企业，同时，每一个企业应向全社会的投资者筹集资金。这就是著名的"共同基金定理"（mutual funds theorem）。

企业筹集资金的方式很多，为简单起见，我们只讨论两类有价证券：股票和债券。从投资者的角度看，债券是固定收入的证券，贷款人有取得资金回收的优先权，股票则不同，它是资金的剩余回报（residual returns），即在支付贷款人的固定本息后的剩余部分。在企业未破产的情况下，企业的风险由股东承担。在企业破产时，由于受到“有限责任”(limited liability)的保护,债权人只能取得剩余回报。在这个意义上,债权人也承担风险。[1]

现在假定企业的资本仅由股票和债券构成。企业资本结构的基本问题是:股票与债券应取什么比例,使得企业的市场价值为最大?早在三十年前,莫迪利安尼和米勒(Modigliani and Miller, 1985)就证明了著名的“不相关定理”(irrelevance theorem):在一个理想的无税收的市场环境中,企业的市场价值与其资本结构(即股票与债券的比例)无关。这个定理的证明方法很简单。假如企业的价值可以因股票与债券的比例变化而改变,那么某一套利者就可以买下该企业,重新调整股票与债券的比例,而不改变任何其他方面。这样他就可以得到确保的利润(sure profits)。这与完全竞争的市场条件相矛盾。[2]

这个定理的结论令人们困惑。现实中,每个企业都花相当精力决定企业的融资政策,显然企业的资本结构与企业的价值有关。有人提出税收的存在可能使“不相关定理”不成立。但是早在企业税实行以前,企业的资本结构问题就已经存在了。近十年来,经济学家们把精力集中在改变“不相关定理”中关于融资政策与企业资本回报流量无关这一假定上。下面分别介绍有关的三种理论,它们都考虑了信息不完全的影响。

1. 激励问题:行为的不可观察性

现代企业是由管理人员经营的。从根本上说,经理追求的是自我

[1] 当然,债券持有人还要承担市场风险,即由市场利率变化引起债券价值的波动的风险。

[2] 关于企业资本结构问题的早期贡献,参阅朱民、刘琍琍在《现代经济学前沿专题》中的文章。

利益,而不是股东的利益。因此所有权和控制权的分离产生了代理费用。詹森和梅克林(Jensen and Meckling, 1976)把代理费用与企业的筹资方式联系在一起,提出了有关企业筹资政策的新理论。

詹森和梅克林首先注意到,伴随着不同的筹资方式,代理费用有所不同。比如,如果企业经理持有50%的股票,而另外50%的股票由不参与经营的人持有,那么经理显然不会像他持有100%的股票时那样卖力,因为这时企业每损失1元,经理人员只损失0.5元。从这个角度看,为了减少代理费用,应该让经理持有100%的股票,所以筹资应采取发放债券方式。然而,除了经理本人需要分散他的投资风险外,债券筹资也会产生代理费用。这是由于"有限责任"的法律,使股东在破产时不必偿还全部债务。在这种情况下,经理会投资于风险过大的项目:反正在不成功的情况下,最后是债权人倒霉。

从以上分析不同筹资方式产生的代理费用特点中,便可推出詹森和梅克林的资本结构理论:最优的资本结构应权衡两种筹资方式的利弊,使代理费用最小。在最优点上,两种筹资方式的边际代理费用应该相等。我们在现实中可以看到,在一些不良行为很难观察的行业,比如服务行业,外部的持股者就很少;而在另一些资本回报风险容易被转移的行业,比如财团(conglomerates),其股本—债务资金比例较低。这与詹森和梅克林的理论相一致。

用激励观点解释企业融资政策的重大缺陷是,该理论未解释为什么企业非得用资本结构(即股票与债务的比例)作为减少代理费用的工具。一般来说,我们没有理由排除股东或债权人使用与资本结构毫无关系的合同来约束经理行为。

2. 信号显示方法：信息的不对称性

既然企业由经理控制，经理当然就比外人掌握更多的有关企业的信息。可是，只有当这一信息被传递到市场上去的时候，市场才会对该企业的价值有所反应。在不对称信息情况下，企业的资本结构可以起到传递信息、显示优劣信号的作用。

利兰和派尔(Leland and Pyle, 1977)建立了如下模型。假定某一企业家拥有某项技术，其回报是不确定的。企业家知道其回报的平均值 μ。现在这个企业家想动员外人投资，因此他必须使投资者相信这个项目确实具有平均回报 μ。光说是没有用的，于是企业家就把自己的钱投资进去，以此"显示"值得投资的信号。在这个模型中，企业家的决策变量是他自己的股份与外来股份之比 $s=q_1/q_2$。如果全部资本需求是 Q，则对债券的需求就是 $d=Q-q_1-q_2=Q-q_1-q_1/s$。可以证明，在均衡点上，s 越大，企业家显示平均期望回报 μ 就越高。

信号显示理论也同样具有如下缺陷，即它没有解释为什么经理非得用企业的资本结构来显示他的信息，他为什么不可以用其他方式来显示呢？信号显示理论的另一个缺陷是模型的结论对所要显示的内容很敏感。假如企业家想显示项目的平均回报，那么股票融资就是坏消息(q_2越大，s 越小，μ 越小)；另一方面，如果企业家想显示项目的风险，而不是回报均值，其结果正好相反：债券筹资是坏消息，因为发行债券越多，表明项目的风险越大。

3. 财产控制权

以上两种关于企业资本结构的理论具有共同的特点，即仅仅把股票与债券看作是资本的不同回报方式。实际上，股票与债券还有另一区别，即股票带有投票权，而债券只在企业破产后才带有投票权。所以股票融资的意义在于把企业的财产控制权分配给股东，只要企业能按期偿还所欠的债务；否则的话，企业的控制权便由股东转移到债权人手里。

我们在前面分析过，当合同不完备时，剩余控制权掌握在谁手里对于企业的行为有重要影响。正是沿着这个思路，阿吉翁和博尔顿（Aghion and Bolton，1986）提出了新的融资政策理论。他们研究了这样一个模型。假定有两个人，一个是有资金无技术的投资者，另一个是有技术无资金的企业家，两者在市场上相遇后自愿合作而签订某种合同。假定未来是不确定的。假定企业家的行为可以概括为三种选择：一是按常规行动；二是革新；三是关闭。再假定企业家与投资者的利益并不完全吻合。比如，企业关闭有损于企业家的声誉，因此，企业家不愿意做第三种选择。如果完备合同可能的话，那么合同上就应该写明在何种情况下企业家应做出何种选择。这样虽然企业家与投资者有利益冲突，但在给定的完全竞争条件下，这种冲突在签订合同时就可以化解。当完备合同不可能时，剩余控制权的分配就变得十分重要。在这个模型里有三种情况，如果融资方式是发行带有投票权的股票，即普通股，则投资者掌握剩余控制权；如果融资方式是发行不带投票权的股票，即优先股，则企业家拥有剩余控制权；如果融资方式是发行债券，则企业家拥有剩余控制权，只要他能按期偿还债务，否则的话，剩余控制权便由企业家转移到投资者手中。这最后一种情况便是破产。

阿吉翁和博尔顿的融资理论建立在剩余控制权分配的基础之上。这与前两种理论（激励理论和信号显示理论）很不一样。因为无论是在行为不可观测的情况下,还是在信息不对称的情况下,合同总是完备的,这时全部权利都是特定权利,没有剩余控制权问题。在阿吉翁和博尔顿的理论中,不完备合同是剩余控制权分配的前提。

五、企业所有权与控制权的分离

美国企业可分为三类:个人(individual proprietorship)、合伙(partnership)和公司(corporation)。前两者一般为无限责任,后者为有限责任。在公司这一类中又可细分为两种,即内部持股公司与公众持股公司。内部持股公司的股票不上市,为少数人掌握。除了有限责任外,内部持股公司在很多方面与合伙很相似。

人们常说的企业所有权与控制权分离问题,指的是公众持股公司,即其股票公开上市的公司。它的组织形式和商业活动受各州的《公司法》制约。公司法专家克拉克认为,公众持股公司这一组织形式有四项基本原则:第一,投资者的资本可自由转移;第二,有限责任;第三,强烈的法人性;第四,经营控制权高度集中。公众持股公司由股东、董事会和管理人员组成。法律规定股东是公司的所有者,他们享受企业产生的红利;股东选举产生董事会,董事会是公司的最高决策机构。一方面,董事会是企业的法人,由它任命最高管理人员,决定投资,并把经营权交由管理人员代理行使,因此它具有全部控制权;另一方面,董事会是股东的受托人,承担受托人的法律责任。除了极个别有关公司组织形式的决策外(如关闭、合并等),股东无权过问企业的商业活动。股东虽然可以起诉董事会,但是他们不可以以商业决策失误起诉。股东起诉的理由可以是董事会玩忽股东利益,未尽到受托人责任。

实际上,企业控制在经理手中。一般投资者既没有精力和兴趣,也不可能关心企业的经营。董事会的选举实际上也是由经理操纵的。因此董事会对经理的监督作用十分有限。在这种情况下,究竟是什么力量在防止企业经理为了追求自身目标而损害股东利益呢?毕竟多少年来,千百万人民自愿地把自己的钱投资于公众持股公司,让那些追求自身利益的经理去经营,这不能不说是一个奇迹。下面我们从四个方面来分析这个问题。

1. 经理报酬的构成

既然经理对企业经营成败负有主要责任,经理报酬的设计对他们的行为就有直接的影响。最优报酬设计必须把经理的个人利益与企业利益联系在一起,也就是说,要使他们的收入与他们的经营成绩联系在一起。

经理的报酬一般由工资、奖金、股票和股票期权(options)构成(除了退休金及其他福利外)。每一种形式的报酬都既有优点,又有缺点。固定工资虽不利于激发人的积极性,但它能提供可靠的收入,起到保险的作用;奖金基于当年企业的经营状况,具有激励作用,但是它易引发经理的短期行为,也不能完全反映他们的真实贡献;股票与股票期权最能反映真实业绩,也最具有激励作用,但风险太大。最优的报酬设计应是所有不同形式的最优组合。

在经理的报酬问题上,值得一提的是上限问题。由于总经理的权力极大,对企业的经营好坏有决定性作用,从效率角度考虑,可能需要巨额报酬来换取总经理的优质服务。例如亚科卡(Lee Iacocca)挽救了濒于破产的美国第三大汽车公司克莱斯勒。他1986年的全年收入约为2 000万美元,其中只有几十万美元是他的工资,其余部分来自奖金或该公司的股票。对于这种情况,有人认为不合理,一个人怎么可以每年挣2 000万美元?也有人认为,美国公司总经理的报酬不是太多了,而是太少了。[1]

除了报酬这种明显的合同之外,市场对制约经理的行为起着重要的作用。在下面三小节中,我们分别分析三大市场,即劳动力市场、产品市场和资本市场对经理的制约作用。

2. 经理市场的竞争

法玛(Fama, 1980)认为,经理(作为劳动力的特殊部分)市场的竞争可对经理施加有效的压力。如果一个经理把企业搞得一塌糊涂,那么在经理市场上,他的个人资本就会贬值。因此,如果从动态而不是从静态的观点看问题,即便不考虑直接报酬的作用,代理费用也不会很大。这是因为市场会根据他过去的表现计算出这个经理将来的价值。经理要顾及长远利益,因此他会努力工作。

霍姆斯特罗姆(Holmstrom, 1982)根据法玛的上述想法建立了如下模型。假定经理的实际能力未知,并且假定时间是无限的。[2] 在这种情况下,经理有可能努力工作,尽管没有任何监督。这是由于市场会根据他过去的表现,对他未知的能力做出估计。虽然在均衡点上,市场不会被欺骗,但是由于经理害怕市场对他做出不利的判断,为

[1] 参见Jensen and Murphy(1986)。

[2] 注意:这里并没有假定信息不对称。在这个模型里,市场和经理本人都不知道经理的实际能力。

了长远利益考虑,他会努力工作。这个模型的有趣性质是,一旦某经理得知市场已掌握了他的真实能力,他就不再会努力工作了。因此,经理努力工作完全是为了给市场“留下好印象”。

3. 产品市场的竞争

直觉告诉我们,如果企业的产品市场是充分竞争的,那么这种竞争会对经理形成压力。如果产品市场是垄断的,则经理的日子就舒服得多。哈特(Hart, 1983)用这一直觉建立了下面的模型。

假定同一产品市场上有许多企业,它们的生产成本是不确定的,但在统计上具有相关性。这样,产品市场的价格便包含着其他企业的成本信息。同时,相关性使得这个价格也包含了被考虑的企业的成本信息。这一点很重要。如果被考虑的企业的所有者与经营者是分离的,那么,只有经营者才知道企业的成本,而所有者并不知道。现在,产品市场的价格可以向所有者提供这一信息,而这只有在产品市场竞争的条件下才有可能。下一步,哈特假定社会中有一部分企业由经理控制,而另一部分企业由所有者直接控制。由于后者不存在两权分离问题,企业会把成本降到最低,从而压低产品市场的价格。这样,由所有者控制的企业越多,“竞争”就越激烈,价格就压得越低,从而对两权分离企业中的经理的压力就越大,因而促使他们也努力降低成本。

哈特的这个模型说明了“两权分离”产生的代理费用,在有市场竞争的环境中,在有大量非两权分离企业存在的条件下,可以被大大降低。如果所有企业都是“两权分离”的,那么就不能形成外界压力,代理费用将会很高。

4. 资本市场的竞争——对公司控制权的争夺

资本市场竞争的实质是对公司控制权的争夺，它的主要形式是接管。接管被认为是防止经理损害股东利益的最后一种武器。在现代市场经济中，虽然每一个投资者在某一企业中的股份很小，不足以对经理实行有效的监督，但是由于股份可以自由买卖，分散在千百万人手中的股份就可能被集中起来。如果经理经营不善，企业的股票价值会下跌。于是，有能力的企业家或其他公司就能用低价买进足够的股份，从而接管该企业，赶走在任的经理，重新组织经营，获取利润。

经济学家关心的是接管这一市场竞争机制对经理的纪律检查作用。沙尔夫斯泰因（Scharfstein, 1985）建立了如下模型，用以证明资本市场的竞争的确可以激励经理努力工作。假定企业的生产条件只为经理所知而不为企业股东所知。于是，股东可以同经理签订某种合同来激励经理。由于信息不完全，这种合同的效率不高。假定在资本市场上有一些“袭击者”（raiders），他们可以获得有关企业生产条件的信息。可以证明，由于企业有被接管的可能性，经理会比在没有“袭击者”的条件下更努力工作。

格罗斯曼和哈特（Grossman and Hart, 1980），以及哈里斯和拉维夫（Harris and Raviv, 1985）证明，为了保护股东的利益，一股一票（one-share-one-vote）和简单多数（majority rule）的投票原则是最优的。试看下面的例子。假如不是一股一票，比如说某一具有100万元资产的企业，投票权集中在仅1万元的特殊股票上，而其他99万元为无投票权的股票。那么，在简单多数的投票原则下，谁掌握了51%的特殊股票（只需花5 100元），谁就控制了这100万元资产的企业，使得任何其他人都无法接管。在这种情况下，市场就不能制约经理，其他股东的利益就会因此受到损害。

由上述分析可见,在自由市场经济中,即使在所有权与控制权分离的情况下,由于市场竞争,经理受到的压力是多方面的。当然这种制约不可能是完全的,因此一定程度的代理费用不可能消除。但是市场机制保证了这种费用被限制在某一限度内,不可能无限制地增长。

结　束　语

本文介绍的是在自由市场和私有财产制度下的企业理论,其前提假定并不适合中国目前的现实情况。不过,由于中国已决心朝市场经济方向改革,特别是近年来中国经济学界和企业界围绕国有企业改革问题展开了热烈讨论,涉及承包、租赁、股份制、拍卖等,这些问题都与本文介绍的内容密切相关。因此我们希望本文能对中国经济学家有所启发。

参考文献

Aghion, Philippe, and Patrick Bolton, "An 'Incomplete Contracts' Approach to Bankruptcy and the Optimal Financial Structure of the Firm," mimeo, Harvard University, 1986.

Alchian, Armen and Harold Demsetz, "Production, Information Costs and Economic Organization," *The American Economic Review*, December 1972.

Arrow, Kenneth, *The Limits of Organization*, 1974.

Arrow, Kenneth, "The Economics of Agency," in John Pratt and Richard Zeckhauser (eds.) *Principals and Agents: The Structure of Business*, 37 - 51, 1985.

Berle, Adolf, and Gardner Means, *The Modern Corporation and Private*

Property, 1933.

Bernheim, Douglass, and Michael Whinston, "Common Agency," *Econometrica*, 19, 269 - 281, 1986.

Buchanan, James, Robert Tollison, and Gordon Tullock, *Toward A Theory of the Rent Seeking Society*, 1980.

Calvo, Guillermo, and Stanislaw Wellisz, "Supervision, Loss of Control and the Optimal Size of the Firm," *Journal of Political Economy*, 1978.

Calvo, Guillermo, and Stanislaw Wellisz, "Hierarchy, Ability and Income Distribution," *Journal of Political Economy*, 87, 1979.

Clark, Robert, "Agency Costs Versus Fiduciary Duties," in John Pratt and Richard Zeckhauser (eds.) *Principals and Agents: The Structure of Business*, 1985.

Clark, Robert, *Corporate Law*, 1986.

Coase, Ronald, "The Nature of the Firm," *Economica*, 4386 - 4405, 1937.

Copeland, Thomas, and J. Fred Weston, *Financial Theory and Corporate Policy*, 1983.

Cremer, Jacques, "Cooperation in Ongoing Organizations," *Quarterly Journal of Economics*, 101, 33 - 50, 1986.

De Alessi, Louis, "Property Rights, Transaction Costs, and X-efficiency," *The American Economic Review*, 73, 64 - 81, 1983.

Eisenberg, Melvin, *The Structure of the Corporation: A Legal Analysis*, 1976.

Fama, Eugen, and Michael Jensen, "Separation of Ownership and Control," *Journal of Law and Economics*, 1983.

Farna, Eugene, "Agency Problems and the Theory of the Firm," *Journal of Political Economy*, 88, 288 - 307, 1980.

Furubotn, Eirik, and Svetozar Pejovich, "Property Rights and Economic Theory: A Survey of Recent Literature," *Journal of Economic Literature*, 1137 - 1162, 1972.

Gale, David, and Martin Hellwig, "Incentive-Compatible Debt Contracts, The One-Period Problem," *Review of Economic Studies*, October 1985.

Green, Jerry and Nancy Stokey, "A Comparison of Tournaments and Contests," *Journal of Political Economy*, 91 , 349 - 364, 1983.

Grossman, Sanford, and Oliver Hart, "Takeover Bids, the Free-Rider Problem, and the Theory of the Corporation," *Bell Journal of Economics*, Spring 1980.

Grossman, Sanford, and Oliver Hart, "Corporate Financial Structure and Managerial Incentives," in John J. McCall (ed.), *The Economics of Information and Uncertainty*, 1982.

Grossman, Sanford, and Oliver Hart, "The Costs and Benefits of Ownership: A Theory of Vertical Integration," *Journal of Political Economy*, August 1986.

Grossman, Sanford, and Oliver Hart, "One Share/One Vote and the Market for Corporate Control," mimeo, MIT, 1987.

Harris, Milton, and Artur Raviv, "Corporate Control Contest and Capital Structure," mimeo, Northwestern University, 1985.

Harris, Milton, and Artur Raviv, "Corporate Governance: Voting Rights and Majority Rules," mimeo, Northwestern University, 1987.

Hart, Oliver, "The Market Mechanism as An Incentive Scheme," *Bell Journal of Economics*, 10, Fall 1983.

Hart, Oliver, "Capital Structure as A Control Mechanism in Corporations," mimeo, MIT, 1987.

Hart, Oliver, and Bengt Holmstrom, "The Theory of Contracts," in Truman Bewley (ed.), *Advances in Economic Theory, Fifth World Congress*, 1987.

Holmstrom, Bengt, "Managerial Incentive Problems — A Dynamic Perspective," in *Essays in Economics and Management in Honor of Lars Wahlbeck*, 1982.

Holmstrom, Bengt, and Jean Tirole, "The Theory of the Firm," in Richard Schmalensee and Robert Willig (eds.), *Handbook of Industrial Organization*, 1987.

Jensen, Michael, and Kevin Murphy, "Are Executive Compensation Contracts Structured Properly?" Working Paper, Havard Business School, 1986.

Jensen, Michael, and William Meckling, "Theory of the Firm: Managerial Behavior, Agency Costs, and Ownership Structure," *Journal of Financial Economics*, October 1976.

Klein, Benjamin, Robert Crawford, and Armen Alchian, "Vertical Integration, Appropriable Rents and the Competitive Contracting Process," *Journal of Law and Economics*, 21, 297-326, 1978.

Kreps, David, "Corporate Culture and Economic Theory," mimeo, Graduate School of Business, Stanford University, 1984.

Laffont, Jean-Jacques, and Eric Maskin, "The Theory of Incentives: An Overview," in Werner Hildenbrand(ed.), *Advances in Economic Theory*, 1982.

Lazear, Edward, and Sherwein Rosen, "Rank-Order Tournaments as Optimum Labor Contracts," *Journal of Political Economy*, 89, 841-864, 1981.

Leland, Hayne, and David Pyle, "Information Asymmetries, Financial Structure, and Financial Intermediation," *Journal of Finance*, 32, 2, 1977.

Marshak, Jacob, and Roy Radner, *Economic Theory of Teams*, 1972.

Milgrom, Paul, "Quasi-Rents, Influence and Organization Form," Yale School of Organization and Management Working Paper, 1986.

Milgrom, Paul, and John Roberts, "Bargaining and Influence Costs and the Organization of Economic Activity," Research Paper 934, Graduate School of Business, Stanford University, 1987.

Modigliani, Franco, and Merton Miller, "The Costs of Capital, Corporation Finance, and the Theory of Investment," *The American Economic Review*, 48, 261-297, 1985.

Myers, Stewart, "Determinants of Corporate Borrowing," *Journal of Financial Economics*, 5, 147-175, 1977.

Myers, Stewart, and Nickolas Majluf, "Corporate Financing and Investment Decisions When Firms Have Information the Investors Do Not Have," *Journal of Financial Economics*, 13, 1984.

Nalebuff, Barry, and Joseph Stiglitz, "Prizes and Incentives: Towards A General Theory of Compensation and Competition," *Bell Journal of Economics*, 14, 21-43, 1983.

Posner, Richard, and Kenneth Scott, *Economics of Corporation Law and Securities Regulation*, 1980.

Pratt, John and Richard Zeckhauser, "Introduction" in John Pratt and Richard Zeckhauser (eds.), *Principals and Agents: The Structure of Business*, 1985.

Rosen, Sherwin, "Prizes and Incentives in Elimination Tournaments," *The American Economic Review*, 76, 701-715, 1986.

Ross, Stephen, "The Determination of Financial Structure: The Incentive Signaling Approach," *Bell Journal of Economics*, Spring 1977.

Sah, Raaj, and Joseph Stiglitz, "The Architecture of Economic Systems: Hierarchies and Polyarchies," *The American Economic Review*, 76(4), September 1986.

Scharfstein, David, "The Disciplinary Role of Takeovers," mimeo, MIT, 1985.

Scharfstein, David, "Product Market Competition and Managerial Slacks," mimeo, Harvard University, 1987.

Shleifer, Andrei, and Robert Vishny, "Large Shareholders and Corporate Control," *Journal of Political Economy*, June 1986.

Stiglitz, Joseph, "On the Irrelevance of Corporate Financial Policy," *The American Economic Review*, 64, 1974.

Tirole, Jean, "Hierarchies and Bureaucracies: On the Role of Collusion in Organization," *Journal of Law, Economics, and Organization*, Fall 1986.

Tirole, Jean, "Theory of the Firm," in Jean Tirole, *The Theory of Industrial Organization*, 1987.

Weitzman, Martin, "Price Versus Quantities," *Review of Economic Studies*, 41, 477 - 499, 1974.

Williamson, Oliver, "Hierarchical Control and Optimal Firm Size," *Journal of Political Economy*, 123 - 138, 1967.

Williamson, Oliver, *Markets and Hierarchies: Analysis and Antitrust Implications*, 1975.

Williamson, Oliver, *The Economic Institutions of Capitalism*, 1985.

比较制度分析研究前沿[1]

在1989年以前,比较经济体制(comparative economic systems)主要比较社会主义体制与资本主义体制,计划经济与市场经济。随着东欧和苏联的变化,经济学的这一领域也随之改变。在我所执教的斯坦福大学经济系,自1990年起开设了一个新的学科领域以取代比较经济体制,称之为"比较制度分析"(comparative institutional analysis, CIA)。值得一提的是,institution(即制度、机构)较之system(体制)的含义广泛得多,因为后者限于特指资本主义与社会主义两种体制,而前者可指人类所制定的各种规则、约束,甚至是沿袭的习惯、文化,等等。

比较制度分析的研究对象是制度或体制,在这一点上与传统的制度学派一致。但是,现在的研究方法和工具都大不相同了。比较制度分析大量运用二十世纪七八十年代发展起来的博弈论、不完全信息学以及委托代理理论(agency theory)。下面介绍几个主要的研究方向:

第一,计划经济向市场经济的转轨(transition)。1989年以来,东欧国家和苏联向市场经济的转轨问题吸引了大批经济学家的注意力。

[1] 本文原载于《经济社会体制比较》1992年第2期。原名为"国外经济体制比较研究前沿"。

转轨是一个相当长期和复杂的问题，经济学家主要研究以下三个问题：(1) 稳定化(stabilization)，即控制通货膨胀，降低政府财政赤字以及缩小国家的外贸赤字；(2) 自由化(liberalization)，即放开价格、汇率，开放市场，取消限制，等等；(3) 私有化(privatization)，即将原国有企业、银行等卖给或分给个人。由于从计划经济向市场经济的转轨不单单是政府政策的改变，而是制度的变迁，所以研究深层次上建立使市场经济有效运转的一整套法律、规则、机构和制度就变得极为重要。比如，需要研究财产权利的重新分配，重建税收制度、养老金制度、医疗保险、企业制度、金融体系，以及政府在市场经济中的重新定位。东欧国家及苏联在转轨中的经验、教训都会对中国的改革有重要启发。[1]

第二，市场经济国家中各种不同制度的比较。日本在经济上的成功，欧洲以德国为经济强国的共同体的形成，以及东南亚新兴工业国家及地区的崛起，使经济学家越来越意识到英美的制度并非唯一的有效制度，因此，对其他各种不同制度的研究便吸引了很多关注。比如，美国和英国在相当大程度上依靠证券市场融资，这在过去被认为是金融市场发达、高效的表现。相比之下，日本、德国则很不同。以日本为例，它有独特的主银行制(main bank system)，一个企业的主银行对企业的财务状况负有主要责任，由于主银行与企业有长期关系，当企业财务发生困难时，主银行往往会出面营救。这显然与美国企业靠市场融资的情况不同。在退休养老医疗制度方面，东南亚诸国的制度与美国也不相同。美国的医疗费用占 GNP 的 12%～13%，为发达国家之

[1] 参见有关转轨的专题讨论，*Journal of Economic Perspectives*, Fall, 1991。

首,已成为严重的经济问题。研究市场经济中的不同制度对中国的改革也有裨益,因为,前人失败的制度,大可不学。[1]

第三,经济组织的研究。这是比较制度分析中的基础理论研究。传统的新古典经济学研究市场和价格,而把企业简化为"利润最大化"这一假设。人们熟知,在现代社会中,企业或其他组织,如银行、工会、政府机关、学校、医院等,本身都具有复杂的等级结构。按照阿罗的说法,组织与市场的不同之处在于前者主要不是靠价格来协调经济活动的。比如在组织中,升职可能比奖金更有激励作用;在一定范围内,上级的指令必须执行,不允许像在市场中那样讨价还价。[2]

第四,从历史的角度看经济制度的演变。经济学家开始运用新的分析工具和概念,重新考察各种经济制度在历史进程中的变迁,比如,中世纪的商会;十九世纪美国债券市场的兴起;十七世纪英国政治分权对产权和经济增长的影响;等等。值得注意的是,资本主义现有的一整套经济制度是几百年逐渐演化而成的。在这个意义上,学习经济制度演化的历史对研究如何建立市场经济制度相当有益。[3]

以上只是简略介绍目前比较制度分析的几个研究方向。应当指出,这一学科才刚刚开始,并不成熟,但可以看出,它很有发展前途。在斯坦福大学经济系建立这一学科后,吸引了不少博士研究生。当前研究东欧国家、苏联的转轨,研究日本的制度,已成为热门的题目。

---

[1] 有关日本的企业制度,参见 M. Aoki, "Towards An Economic Model of The Japanese Firm," *Journal of Economic Literature*, 1990, pp.1 - 27。

[2] 有关企业组织的理论,参看我的文章《企业理论》,见汤敏、茅于轼主编:《现代经济学前沿专题》。

[3] 有关制度的历史变迁,参见 D. North, *Institutions*, *Institutional Changes and Economic Performance*, Cambridge University Press, 1990。

哈特：基于不完备合同的企业理论[1]

哈特(Oliver Hart)教授的这本专著用非数学的语言汇集了他十年来的产权、企业和财务结构方面的理论贡献。哈特教授是运用现代合同理论研究企业理论的开拓者,这本书无疑将成为现代企业理论的经典之作。

哈特视企业为实物资产的集合。他的理论基础是合同的不完备,即合同双方不可能详尽地把全部可能发生的情况下的责任和义务写进合同。在合同没有写明的情况下,对资产有控制权的一方便行使权力,由此便引出权力和控制权的配置问题,这一配置问题将影响企业的经济效率。在本书的第1篇中,这一基本想法被用来发展关于企业边界、企业合并的新理论。这一理论的目的是回答科斯提出的问题,即为什么有的交易通过市场进行而有的交易在企业内部完成?在本书的第2篇中,这一基本想法被用于研究企业的财务结构问题,即股权和债务的特征及其激励作用。

贯穿于全书的基础是合同的不完备以及由此引发的权力和控制的有效配置问题。这是哈特的“新产权理论”与“旧产权理论”的重要差别。旧产权理论强调对资产的剩余收入的索取权,而哈特强调的是

[1] 本文写于1998年8月,系为哈特《企业、合同与财务结构》(中文版)所作的序。

剩余控制权。哈特认为后者比前者更为基本。况且,对剩余收入的索取权通常由众多人共享(比如工人的奖金,甚至政府的税收都可算作剩余收入的一部分),相比较而言,剩余控制权就少共享。

企业是现代社会中一种重要的组织和制度形式。理解企业是理解其他组织和制度形式(比如非营利性组织、社会团体等)的基础。本书的基本想法和分析方法不仅适用于研究企业,也可用于研究其他形式的组织和制度。当合同不完备时,权力的配置将影响效率,我认为由此可以解释各种组织形式和行为。

产权和企业是我国目前经济研究和经济改革的热点。哈特所开拓的新的企业理论对当前主流微观经济学有重大影响,这本书是现代经济理论的前沿著作。中文版的及时出版对开拓我们的思路,引入新的研究方法,提高研究产权和企业的理论水平,将有积极的影响。

阿克洛夫、斯宾塞与斯蒂格利茨：信息经济学的奠基人[1]

10月10日诺贝尔委员会宣布将2001年的经济学奖授予三位美国经济学家：伯克利加州大学经济系的乔治·阿克洛夫(George Akerlof),斯坦福大学商学院的迈克尔·斯宾塞(Michael Spence),以及哥伦比亚大学经济系、商学院和国际关系学院的约瑟夫·斯蒂格利茨(Joseph Stiglitz),以表彰他们为现代信息经济学做出的奠基性贡献。这几位经济学家得奖,早已在经济学界的意料之中,因此无人感到惊讶。作为研究信息经济学的学者,我由衷地感到兴奋。又因为阿克洛夫是我现在的同事,斯蒂格利茨是我过去在斯坦福大学经济系的同事,而斯宾塞是当年哈佛大学经济系的博士项目录取我时的系主任,我觉得更增加了一层亲切。

具体地说,他们三人的贡献是提出了当买方和卖方具有不对称信息时市场运作的理论,这一理论的应用非常广泛,从传统的农业市场到现代的金融市场。虽然过去经济学家对不完全信息早有研究,但他们研究的是更为复杂的不对称信息。市场中的买方和卖方所拥有的信息不对称是生活中常见的现象。比如,卖旧车的人比要买车的人更

---

[1] 本文原载于《财经》2001年10月20日刊。

清楚车的质量，上市公司的经理比公司的一般股民更知道公司的实际业绩。他们的研究发现，这种信息不对称会对市场运行带来很大影响，而人们平时观察到的许多不好理解的现象都可用不对称信息来解释。他们的研究使经济学家对实际市场经济运行机制的理解有了根本上的改进，这表现在两个层次上。第一，经济学的传统理论认为，市场这只“看不见的手”通过价格调整使供给等于需求，这在通常情况下可以达到有效率的资源配置。但是，三位获奖人的研究发现，在买卖双方信息不对称时，仅仅通过价格调整有时无法达到有效率的资源配置。第二，他们的研究进一步发现，在这种情况下，买方和卖方会调整各种经济决策，以增进市场效率，从而使双方受益。然而这些调整是有成本的。

经济学界早就认为他们三人会一起获奖，因为他们的研究紧密相连，相互补充。阿克洛夫在 1970 年发表的一篇论文现在被公认为信息经济学文献中最重要的开创性论文。然而文章的题目看上去很不起眼，直译为《柠檬市场》，意译为《次品市场》。在英文中，次品俗称“柠檬”，与优品“李子”相对应。阿克洛夫在完成该文后向经济学期刊投稿，连续被四五家杂志拒绝，包括美国经济学会的《美国经济评论》、芝加哥大学的《政治经济学期刊》、欧洲的《经济研究评论》等一流经济学杂志。最后，几经周折终于在哈佛大学的《经济学季刊》上发表，立刻引起巨大反响。此事发生后，《美国经济评论》的编辑部专门指定一名编辑评审那些看上去平凡或奇异，但有可能具有开创性的论文。

阿克洛夫的论文通过对一个简单模型的分析，表达了一个有普遍意义的深刻想法。在旧车市场上，卖方往往比买方更清楚车的质量

（新车的质量比较划一，因此不是合适的例子）。假如买方无法通过其他办法检查旧车的质量，那么市场的运行就会出现如下问题。设想有两种车：好车和次车。卖方知其质量而买方只知市场上有一定比例的好车和次车。好车车主只愿意以较高价成交，而次车车主却愿意以较低价出手。买方知道有一定的概率会买到次车，因此愿意出的价格就要打折扣。如果市场上的次车比例大到一定程度，这种折扣就足够大，使得好车车主不再愿意把车投入市场。结果，市场上只剩下了次车。

这一简单模型揭示了两层道理。第一，在信息不对称的情况下，市场的运行可能是无效率的，因为在上述模型中，有买方愿出高价购买好车，但市场这一“看不见的手”并没有把好车从卖方手里转移到买方手中。而按照传统经济学的理论，市场调节下供给和需求总是能在一定价位上满足买卖双方的意愿。第二，这种“市场失灵”具有“不利选择”或“逆向选择”的特征，即市场上只剩下次品，这也就是人们通常所说的“劣币驱除良币”。阿克洛夫的理论让我们理解这一结果的根源是信息不对称。这一结果很重要，因为按照我们通常的思路，市场的竞争机制应导出相反的结论，即“良币驱除劣币”。可见，引入信息不对称会深刻地改变我们分析问题的角度并改变很多“常识性”的结论。

由于信息不对称在市场中普遍存在，阿克洛夫的以上分析具有普遍意义。他讲的故事虽然是旧车市场，但也可以换成烟、酒市场，也能解释为什么假冒伪劣产品会充斥这些市场。他的分析还可以用在其他领域。比如，用他的理论可以解释为什么发展中国家的一些民间信贷市场上利率奇高无比，原因也是“劣币驱除良币”，即风险大的借款人驱逐了风险小的借款人,使得利率调到高位,以抵消高风险带来的成本。

斯宾塞的主要贡献基于他 1972 年在哈佛大学完成的博士论文。他的论文是关于工作市场中的信息问题,而他的创新之处是研究了在信息不对称的情况下,具备信息的一方会采取某种行动以克服信息不对称带来的困惑。在找工作时,应聘人往往对自己的能力比雇主知道得更清楚。设想市场上有两种应聘人,高能者和低能者。假定能力高低是天生的,与后天的教育无关。面对信息不对称的问题,能力高的人有比能力低的人更强的动机把有关自己能力的信息传递给雇主,而这一信息对雇主来说是有价值的。但问题在于,能力低的人也同样会宣称自己属于高能力人群。因此,能力高的人为传递信息要采取的行动必须是能力低的人很难模仿的。

斯宾塞的模型研究了用教育投资程度作为一种可信的传递信息的工具。在他的模型里,教育本身并不提高一个人的能力,它纯粹是为了向雇主"示意"或"信号显示"(signaling)自己是能力高的人。斯宾塞确定了一个条件,在此条件下,能力低的人不愿意模仿能力高的人,即做同样程度的教育投资以示意自己是能力高的人。这一条件就是,做同样程度的教育投资对能力低的人来说边际成本更高,比如,能力低的人学习起来比能力高的人要更费劲。斯宾塞证明了,在这种情况下,虽有信息不对称,市场交易中具备信息的应聘者可通过教育投资程度来示意自己的能力,而雇主根据这一示意信号便可区别开不同能力的人。根据这一理论,我们可以理解为什么一些人愿意花重资上名牌大学或念高学位,其成本远远超出教育本身带来的生产力的提高。原因是名牌大学和高学位都是应聘者向雇主发出的信号,表明他们聪明而勤奋。显然,这种示意方法可以帮助克服信息不对称带来的困惑。但是,这种示意方法是有成本的,这里的成本就是相对于社会最优的过度的教育投入。有趣的是,斯宾塞推导出的这一数学条件同莫里斯(James Mirrlees, 1996 年诺贝尔经济学奖获得者)有关在不对称信息情况下的最优税收中的条件是类似的,后来这一条件被称为"斯宾塞-莫里斯条件"。这也说明,深刻的经济学理论是可以用少数简明的假定推出的,而很多看似不相关的理论在深层次上是相互连接的。

斯宾塞的这一分析框架后来被应用到许多领域,其中之一是被用来解释上市公司的过度分红行为。在很多国家,政府对红利征税的税率比资本增值的税率要高(通常政府对红利征收两次税:一次对公司,一次对个人。而针对资本增值只对个人征收一次税)。如果没有信息问题,利润再投资比分红更符合股东利益,但很多公司仍然热衷于分红。根据斯宾塞的信息不对称理论,公司的管理层当然比股民更清楚公司的真实业绩。在这种情况下,业绩好的公司就采取多发红利的办法向股民发出信号,以区别于业绩不好的公司,后者发不出红利。证券市场对分红这一信号的回应是股价上升,从而补偿了股民因为分红缴纳较高的税而蒙受的损失。

斯蒂格利茨研究的是在信息不对称的市场中,不具备信息的一方如何调整合同的形式从而"筛选"(screening)有信息的一方。他在研究中发现,用信息不对称以及人们对此做出合同形式的调整,可以帮助人们理解许多长期以来不好解释的市场现象。他的研究从保险市场和农业土地租赁市场开始。在保险市场中,保险公司不清楚投保人的风险状况。在这种情况下,保险公司提供一系列保险合同(即不同的保险费率和免赔额的组合）让投保人选择，从而达到区分不同风险类别的投保人的目的。在农业土地租赁市场上，农民与地主用固定比例分成（又称佃农制）是普遍流行但又令人费解的一种合同形式。之所以令人费解是因为地主通常比农民富裕，所以似乎在合同中应由地主承担全部风险而付农民固定工资。但是，如果考虑到实际上农民比地主有更多的关于生产的信息，包括自己的努力状况，那么比例分成制就有了优势。

斯蒂格利茨对信息不对称下市场的研究后来又扩展到信贷市场和劳动力市场。人们观察到，即使在没有政府干预的自由信贷市场中，市场贷款利率总是低于使供需平衡的利率。结果，许多愿意以市场利率借贷的人贷不到款，也就是说，信贷市场是配给的。这非常令人费解，因为这里并没有政府计划。斯蒂格利茨和他的合作者在一个信贷市场模型中引入了信息不对称，即借款人有高风险和低风险之分，但这一信息只有借款人自己知道而贷款人并不知道。在这种情况下，一种可能的结果是，当利率升高时，低风险借款人不愿意借贷了，而高风险借款人却积极依旧。原因是后者在好景时盈利很高，因此付得起较高的利息；若时运不济亏损，就宣告破产。这种利率高低的变化对吸引不同风险类型借款人的不同效应，意味着利率在信息不对称时起到了筛选不同类型借款人的作用。这样一来，降低利率让需求大于供给反而有可能使信贷人的利润上升，因为借款人群中低风险类型的比例会上升，从而缓解了信贷人面临的逆向选择。

非自愿失业是市场经济中常见的现象，但也令人颇为费解。市场调节的基本原理是说，如果劳动力的供给大于需求而产生失业的话，工资就会自动下降，直到供给等于需求、失业消失。这一理论显然与现实不符,斯蒂格利茨及其合作者的研究有助于理解这一问题。他们假定雇主不能完全清楚地知道雇员工作的努力状况,这也是一种信息不对称。设想雇主只能偶尔抽查雇员的工作,若没有发现雇员"偷懒"的话,就发工资;一旦发现雇员"偷懒",雇主对他最大的惩罚就是开除他,将他投入失业大军。如果市场工资使供求平衡,没有失业,雇员就会缺乏努力工作的动机,因为即使被发现偷懒而遭开除,他也可以立即找到新工作。如果市场工资上升到并非所有失业者都能在短期内找到类似工作,雇员就会被激励努力工作,以保饭碗。这种高于使供给和需求平衡的工资被称为"效率工资",意思是提升工资可以提高效率。在这一模型中,市场价格(即工资)是可以根据市场状况调整的,雇主追求利润,雇员追求效用,这些都与传统理论的假定一致。与传统理论不同的假定是信息不对称,以及有限的惩罚。值得注意的是,在这一模型中,当信息对称时,即当雇主完全清楚地知道雇员工作的努力状况时,市场工资没有必要保持在这样高的水平上,因此也就不会有失业发生。

这三位获奖者年龄相近,现在都是六十岁左右。他们的主要研究成果多是在二十世纪六十年代末七十年代初,即他们三十岁左右时完成的。他们以后的职业生涯有所不同。阿克洛夫一直在伯克利加州大学经济系任教,偶尔在华盛顿的政府中兼职。斯宾塞则一直留驻象牙塔,但是在相当多的时间内从事行政工作。1984—1990 年他担任哈佛大学文理学院院长,是该院历年来最年轻的院长之一。1990—1999 年他担任斯坦福大学商学院院长,是该院历年来任期最长的院长之一。而斯蒂格利茨在二十世纪九十年代的多数时间内在美国政府和国际组织任职。1993—1997 年他在克林顿政府的总统经济顾问委员会任职,先为成员,后任主席。1997—1999 年他担任世界银行高级副行长兼首席经济学家。据说他由于与国际货币基金组织和美国财政部意见相左,提前卸任世界银行的职务。

有趣的是这三位经济学家都有一些"中国情结"。1984 年初我在申请哈佛大学经济系的过程中,曾去哈佛与当时的系主任斯宾塞面谈。记得他当时告诉我,他的妻子有四分之一的中国血统,而且出身名门,原来她的外曾祖父是梁启超。阿克洛夫和他的妻子、儿子于 2001 年 5 月曾访问中国。他的妻子珍妮特·耶伦(Janet Yellen)是伯克利加州大学经济系和商学院的教授,继斯蒂格利茨后出任克林顿政府的总统经济顾问委员会主席,还担任过美国联储理事会理事,并多次访华。斯蒂格利茨的中国情结就更深了。他的教科书《经济学》在中国成为畅销书,销量达 10 万册以上。他近年来频繁访问中国,盛赞中国改革和开放取得的成绩,同时也为中国改革开放献计献策。最近的一次是 2000 年 12 月,他到北京参加劳动和社会保障部与国务院体制改革办公室共同举办的关于社会保障改革试点方案的研讨会,在会上对试点方案提出了不少中肯的意见。

米尔格罗姆、罗伯茨：经济学运用于组织和管理[1]

美国斯坦福大学的保罗·米尔格罗姆(Paul Milgrom)和约翰·罗伯茨(John Roberts)两位教授是运用现代经济理论研究企业组织和管理的开创者。他们合著的《经济学、组织与管理》(*Economics, Organization and Management*)也是第一本把有关企业组织和管理的理论前沿研究汇整为一体的著作。

这本书有三个特点。第一,它的理论内容广泛,包括了这一领域几乎所有的重要专题,并对这些专题提供了全面的、最新的理论方面的介绍。这对于关心理论前沿的学者极具价值。第二,本书引用了大量的案例研究。这些案例研究既用于阐明理论,又进一步延伸了理论。在这个方面,本书不同于其他的经济理论著作,对企业的实际工作者十分有用。第三,尽管本书介绍了许多研究前沿,但使用了较通俗的语言,使得任何大学本科和MBA(工商管理硕士)学生都较易读懂。正是由于这些特征,本书出版后深受好评,并被美国许多学校采用为教科书。比如,在斯坦福大学,米尔格罗姆教授用此书教过本科

[1] 本文写于2004年7月,系为米尔格罗姆和罗伯茨《经济学、组织与管理》(中文版)所作的序。

生，罗伯茨教授教过 MBA 学生，同时，它也被用作高管培训的教材。该书已被翻译成多种文字，包括日文、法文、意大利文、西班牙文和捷克文，并被欧洲、亚洲、大洋洲和南北美洲的许多大学广泛采用。

米尔格罗姆和罗伯茨教授是世界著名的经济学家，对经济理论，特别是博弈论，以及应用这些理论研究企业和市场方面做出了重大贡献。在经济理论、产业组织和企业管理领域，他们合作或独立发表了许多论文。他们最近的研究包括企业的商业战略、企业组织结构、国际商业、拍卖的设计，以及新创造的产权（比如通信频率）的市场制度的设计。由于他们与商学院的紧密关系以及对实际案例的关注，他们研究的理论问题大多与现实中的实际问题有密切联系，因此他们的研究对日常的公司管理有直接的指导意义。

本书介绍的经济原理普遍适用于市场经济中的企业。这本书对中国读者来说更有特殊的价值，而且很及时。企业改革已成为中国进一步改革的关键。过去二十多年的经历表明，企业改革需要对产权、所有权、激励机制、协调机制、公司治理结构、企业内部组织等诸方面有新的思维。本书把企业看作一个完整的体系，为我们研究现代市场经济中的企业运行提供了一个完整的分析框架。读者不仅可以获得对问题的深刻认识，也可以学到不少解决实际问题的分析方法。本书包括的许多案例介绍了企业如何更好地设计激励机制并实现更好的协调。这本教科书同时兼顾理论与实践的各方面，这是极其难得的。

1994 年夏，米尔格罗姆教授曾访问中国，在北京参加了企业改革研讨会（即“京伦会议”），并会见了朱镕基副总理，探讨了中国的改革。在那次访问中，他也参观访问了广州、顺德、中山、珠海和深圳的一些企业和银行。罗伯茨教授在 1997 年秋也访问了中国。两位教授都对中国的经济改革和发展的进展有浓厚兴趣。

米尔格罗姆和罗伯茨教授是我在斯坦福大学执教时的同事。在那段时间里,同他们的接触使我在学术上受益匪浅。我们三人也曾合写过一篇论文。随着本书中文版的出版,我相信中国的学生、学者、经理和干部也会从中获得学术上的收益。

斯蒂格利茨的经济学贡献[1]

中国金融出版社推出中文六卷本的《斯蒂格利茨经济学论文集》(以下简称《文集》),展示了斯蒂格利茨(Joseph Stiglitz)教授对现代经济学科的学术贡献。1997 年 5 月,斯蒂格利茨的《经济学》教科书中文版在中国面市时,曾经掀起购书热潮,销量达 10 万册以上,创下当时的销售纪录。我至今仍然记忆犹新的是 1998 年陪同斯蒂格利茨教授来中国人民大学讲学时目睹他签名售书的盛况。中国的广大读者多是通过这本《经济学》教科书认识斯蒂格利茨的。时隔十年,《文集》出版,这使得中国读者可以通过阅读他的论文原文,来理解《经济学》教科书背后的严谨理论。阅读经济学论文原文,对于深入理解现代经济学并以此为基础从事前沿经济学研究,是不可替代的。

作为当代最有影响的经济学家之一的斯蒂格利茨教授也是最为多产的经济学家之一。他至今发表了数百篇经济学的学术论文,而这次收集在六卷本《文集》中的 107 篇论文还不到总数的 1/4。另一位当代多产的经济学家是萨缪尔森,他是斯蒂格利茨在麻省理工学院读博士时的导师。有趣的是,萨缪尔森和斯蒂格利茨都出生于美国印第安纳州的盖瑞市(Gary)。一个不大的美国中西部城市,出了两位大经

[1] 本文写于 2007 年 3 月,系为《斯蒂格利茨经济学论文集》(中文版)所作的序。

济学家。萨缪尔森曾在为斯蒂格利茨写的一封推荐信中说,“斯蒂格利茨是印第安纳州盖瑞市出来的最好的经济学家”。不知情的人会以为这是一句不太恭维的话,但知情人便知道这也许是萨缪尔森写出的最强有力的推荐信了。

斯蒂格利茨在经济学中的研究兴趣非常广泛。现在多数经济学家对经济学的研究集中在某个领域,但斯蒂格利茨则不同,他对很多经济学分支不仅有兴趣,而且也有研究。有一次在美国经济学会会议登记时,他在“经济学研究领域”一栏中填写了“宏观经济学和微观经济学”。这涵盖了经济学的几乎所有领域。他的学术研究的广泛性充分体现在这本《文集》中:《文集》的第一卷、第二卷是信息经济学,第三卷是微观经济学,第四卷是宏观经济学,第五卷是公共财政,第六卷是发展经济学。在每一个领域,他的研究既有奠基性的理论工作,也有对于具体问题的应用。

斯蒂格利茨对现代经济学的诸多贡献中,公认的最重要的贡献是在信息经济学的基本理论方面,特别是对不对称信息的研究。这使得他成为信息经济学的奠基人之一。他因此而获得 2001 年的诺贝尔经济学奖。之前,他也因此在 1979 年获得美国经济学会授予的克拉克奖。该奖每两年颁发一次,一次只颁给一个人,是除诺贝尔奖之外经济学界荣誉最高的奖。

信息经济学研究信息对人们行为的影响,对市场交易的影响,以及由此引发的各种制度安排。在二十世纪七十年代,经济学家们发现信息不仅是不完全的,更是不对称的,这会导致一系列意想不到的后果。不对称信息由此成为经济学理论上的重要突破,并对经济学的各分支产生了巨大影响。斯蒂格利茨在不对称信息的研究上做出了开创性的工作。他把他在理论上的洞察力,应用于看上去没有关联的不同市场。

举例一,土地市场。在农业土地租赁市场上,农民与地主用固定比例分成是普遍流行但又费解的一种合同形式。他的研究发现,如果考虑到实际中农民比地主掌握更多的有关生产的信息,那么比例分成制就比固定地租的合同形式更有优势。举例二,信贷市场。斯蒂格利茨引入了信息不对称,即借款人有高风险和低风险之别,但这一信息只有借款人自己知道而贷款人不知道。在这种情况下,他推导出降低利率反而有可能使贷款人的利润上升,因为借款人群中低风险类型的比例会因此而上升,这可以缓解贷款人面临的逆向选择。由此而来,他的理论能够解释为什么在不受干预的市场均衡利率上仍然可能造成需求量大于供给量。举例三,劳动力市场。斯蒂格利茨将不对称信息引入劳动力市场,比如雇主不能完全清楚地知道雇员工作的努力状况。在这种情况下,雇主会出于利润的考虑,给雇员高于市场价格的工资,以激励雇员努力工作。这种高于均衡水平的工资被称为"效率工资"。其结果是市场均衡时的工资会使劳动力的供给量大于需求量,造成失业。这一结果是在工资是灵活的条件下得出的,因此很有意义。

以上几个例子的原始论文都已经成为经典论文,都收集在这次出版的《文集》中。由此我们可以看到,由于信息不对称,市场并不总是有效率的。但是,这并不能立即推出其他的资源配置方式,比如计划或政府干预,就一定会比市场更优越。正是同样的原因,即信息不对称,反而会限制,通常是更大程度地限制计划或政府干预的作用。正如斯蒂格利茨在第一卷的引言中所说,理解信息不完全性的影响,不但有助于我们厘清市场为什么失灵的原因，而且有助于我们认识其他替代模式，比如计划和政府，通常也会失败的原因。引入不对称信息，一方面可以让我们发现市场的局限，另一方面也让我们发现市场的一些还不为人们所知的潜在力量。在市场经济中，决策是分散而非集中的，这一方面可以使人们有效地利用分散的信息，另一方面市场竞争可以导致新信息的提供。所以，引入不对称信息可以使我们更加深入地分析市场和非市场的运作，更加现实地比较各自的有效性。斯蒂格利茨的研究推动了现代经济学的发展，改变了我们认识经济行为和现象的方式，也为我们分析制度提供了新的视角和方法。

我个人有幸同斯蒂格利茨教授相识近二十年。在我即将从哈佛大学取得博士学位找工作时，斯蒂格利茨正在斯坦福大学经济系任教。他当时曾经面试我，对我的研究工作很有兴趣。后来我们在斯坦福同事多年，他对我的研究非常支持和关心。在课堂上，我讲授过他的多篇论文。在研究中，他的论文和同他的交谈对我都有很大帮助。我和他一起合作完成一篇论文，这次收录在《文集》的第六卷中。斯蒂格利茨教授对中国的改革和发展极为关注。我印象非常深的是在1992年邓小平南方谈话之后不久，我和他一起从香港到珠海、深圳、广州等城市考察。我特别带他参观了广州的农贸市场。当他看到珠江三角洲蓬勃发展的市场经济时，极其兴奋，说这不能叫作高增长，应该叫作超级增长。他在中山大学岭南学院演讲时，发现一个本科生提出的问题很有意思。后来我们一起推荐这个学生到斯坦福大学经济系攻读博士。这位当年的学生现在已经是杜克大学的经济学教授。我们还一起到岭南学院王则柯教授的家里做客，这在王教授后来的文章中被提起。那是一次难忘的旅行。

马斯金：机制设计理论与中国经济改革[1]

10月15日，2007年度诺贝尔经济学奖授予了三位美国经济学家，以表彰他们在创立和发展机制设计理论方面的杰出贡献。他们分别是明尼苏达大学的赫维茨（Leo Hurwicz）、普林斯顿高等研究院的马斯金（Eric Maskin），以及芝加哥大学的迈尔森（Roger Myerson）。

可以说，诺贝尔经济学奖与中国的距离从来没有这样近过：其一，三位诺贝尔奖得主都有一些中国学生——上海财经大学经济学院院长田国强是赫维茨的得意门生；马斯金共有五位中国弟子，目前全部在清华大学经济管理学院，分别是院长钱颖一、特聘教授许成钢、人力资源系教授王一江、金融系系主任李稻葵和经济系系主任白重恩；中欧国际工商管理学院教授朱天是迈尔森的高足。其二，借助于机制设计理论，比较经济制度研究在过去十几年取得了重大突破，成为国际主流经济学的重要一支，而用机制设计理论研究中国经济体制改革和转轨，为比较经济制度研究提供了丰富的样本和参照。在这方面，马斯金的五名中国弟子做了大量有影响的工作，他们的研究成果已成为比较经济制度研究主流文献相当重要的部分。

---

[1] 本文系2007年11月《经济观察报》对钱颖一、王一江、李稻葵、白重恩的访谈记录。记者李利明、实习记者杨洋。

10月23日,曾经师从马斯金的钱颖一、王一江、李稻葵和白重恩接受了本报记者的独家专访,就机制设计理论的原理、如何用机制设计理论解释中国经济、马斯金的风格及学术贡献进行了深入的对话。

理解机制设计理论

记者: 对于大多数国内学者来说,机制设计理论还是一个比较陌生的概念。请简单介绍一下这一理论以及三位诺贝尔经济学奖得主的贡献。

钱颖一: 机制设计是指给定一个组织的目标(比如企业的利润、政府的税收、经济的效率、社会的公平),是否可以和如何设计一套游戏(或博弈)规则,使得每一个参加经济活动的人,在掌握私人信息的情况下出于自身利益行事,其最终博弈结果能够达到该组织设定的目标。

三位经济学家获得诺贝尔奖的贡献,是发展了一个分析框架,它包括了三个基本概念。其一是激励相容(incentive compatibility)。就是在设计机制的时候,要考虑一个基本的约束条件,就是人们会利用自己的私人信息为自己的利益去做选择。也就是说,你设计的机制必须要与人们的自身激励相一致。赫维茨最早把激励相容作为一个约束条件引入机制设计问题。

其二是显示原理(revelation principle)。在激励相容的约束条件下来设计最优机制通常是一个很复杂的数学问题。迈尔森把这个复杂的问题简化成一个较为简单的数学问题。它所对应的是一组特殊的机制,即直接显示你的私人信息的机制,它们被称为直接机制。迈尔森证明了在寻找最优机制时,只考虑直接机制与考虑全部机制是等价的。

其三是实施理论(implementation theory)。给定一个目标,是不是可以设计出一个激励相容的机制来实现这一目标呢?通常在一个机制下有很多均衡点,有的均衡点能实现目标,有的则不能。马斯金研究了所有均衡点都能实现这一目标的充分和必要条件。这被称为实施理论。

机制设计是一套分析问题的思路、框架和方法。机制是学术上的说法,对应到现实中就是制度和规则。你要达到一个社会目标值,就要设计一套制度,我们叫作机制,就是一套博弈的规则。当你设计这套规则的时候,要考虑所有人都会对你的这套规则做出反应。就是平常说的“上有政策,下有对策”。问题是在知道下有对策的情况下,是否还能够设计出一套机制来实现企业、政府或社会的目标。有时是不可能的,有时是可能的,在可能的情况下,如何实现?这就是机制设计理论要回答的问题。这里既有深刻的思想,又有严密的论证。

在获奖后的电话采访中,马斯金举了税收的例子。税收设计是机制设计的一个应用。政府想通过税收来改进收入分配,帮助穷人;但是又不想扼杀人的积极性和创新性,所以就必须在考虑人的积极性的情况下做平衡,设计出既能帮助穷人,又能使由此带来的对人的积极性损伤最小的机制。

白重恩: 一般的博弈论是给定了博弈的规则,来预测博弈的结果。而机制设计正好是反过来:先有一个目标,希望得到某个结果,然后找一个博弈规则来实施这个结果。从这个角度讲,机制设计是一般博弈论的一个逆过程。当你要找这个解的时候,有很多种博弈规则可供选择,需要搜索的范围特别大,基本上没法入手。显示原理把搜索范围一下子缩小了,本来你要在一片大森林里面找一棵正好符合标准的树是很困难的。显示原理说,你不需要在整片森林里面找,只要在某个小山包上找就行了,在这个小山包上找到最好的,就一定是全部森林里面最好的,而且这个小山包很特殊,它可以用数学表达式来刻画。马斯金的工作是告诉我们什么样的目标是可以实施的,什么样的目标是没办法实施的。就等于说你提供一个方程,马斯金的工作告诉你这个方程什么时候有解,什么时候不可能有解。当然这个方程很复杂,因为它的自变量是机制,机制有很多很多,而且你需要考虑所有人,他们知道你要设计这个机制,对你有对策,难就难在你知道别人有对策,还能设计一个能达到目标的政策,或者知道在什么情况下你没有办法达到既定目标。

钱颖一: 从历史上说,机制设计思想的源泉得追溯到哈耶克。二十世纪三十年代,哈耶克和兰格就计划与市场进行了一场大争论。计划经济到底可行不可行?哈耶克说不可行,兰格说可行。为什么哈耶克说不可行呢?他说因为信息太复杂,每一个人都有自己的信息,等信息传导到计划体系的中央部门,就太迟了,而且也不可能准确。而市场经济可以充分利用分散在个人和企业中的信息,并通过市场价格整合信息,这是对信息最有效的利用。这就是哈耶克的主要洞察力所在。

有趣的是,赫维茨正好在十月革命那一年(1917 年)出生在俄罗斯的莫斯科，之后移民到美国。他脑子里一直在思考一个问题：理论上怎么证明市场经济可以有效地利用信息，而计划经济则不能？他比那些仅研究市场经济的经济学家思考的范围要宽，他要比较所有机制，其中既包括分权式的市场机制也包括集权式的计划机制，看到底哪个更有效率。到了七十年代，赫维茨证明了在一定条件下，任何其他机制都不会好过市场机制，尽管市场经济本身也有很多毛病。他的研究工作是思想非常深刻的工作，同时他又能用数学证明他的结果。

我们通常讲的制度，把它变成数学模型之后就是一个机制、一套游戏规则，在这套游戏规则下每个人都有自己的利益，都有为自己谋利益的激励。在这种情况之下，研究最优机制的设计，的确是一个很复杂的问题，但是可以想象它的应用是极其广泛的。

王一江： 市场本身就是制度，这个制度能不能充分使用信息，达到社会最优？这本身也是需要设计、需要证明的。市场这个机制是怎么运作的，除了这个机制以外，其他机制有没有可能来代替它，比它运作得更好？比如在市场中，对公共品就没有办法设计出一个有效率的分权式机制，既让所有人都按照自己的意愿来付费，又能达到社会最优的公共品供应量。所以，社会往往采用税收的办法来筹款，用来支付公共品。

马斯金的思路就是思考经济制度时，要放在这个框架里面。考虑到每一个人都有自己的利益去使用信息，然后为了达到某个目标，你能不能有一套规则来实施你的目标；而且实施目标时，成本是不是最低。我们可以沿着这个思路看整个中国的改革。

钱颖一： 马斯金和他的合作者对“软预算约束”的研究就是他结

合制度设计与改革现实的一个范例。科尔奈提出的“软预算约束”概念是我们研究和理解社会主义经济问题的重要概念。这同标准教科书中的“硬预算约束”形成了强烈反差。科尔奈是研究社会主义经济的国际权威，他的《短缺经济学》一书在二十世纪八十年代畅销中国。从1985年开始科尔奈到哈佛大学经济系任教，成为马斯金的同事。尽管“软预算约束”已被广泛应用，马斯金仍想从理论上搞明白究竟为什么市场经济产生“硬预算约束”，而计划经济产生“软预算约束”。

在九十年代初，从机制设计的角度，他给出了一个有关“软预算约束”的理论模型。这个模型首先把预算软或硬，转化为博弈论中的标准概念，即停止再贷款威胁这一承诺的可信性。然后追究这一承诺在不同体制中可信性的不同。他论证，其中的原因是对资本或信贷的集权和分权。相对于集权式管理，分权的一大优势是承诺的可信性，这是因为在分权情况下，信息的传递不够好，这就使得事后的重新谈判变得困难，从而使事先的威胁成为可信，也就使得预算约束是硬的。

马斯金发展的这一模型成为对“软预算约束”研究的重大突破。他把现实中观察到的普遍现象变成了博弈论模型；他把预算约束的软与硬，同集权与分权联系在一起。有了这一模型，对“软预算约束”就有了更为深入和广泛的研究。我和许成钢在这方面做过不少研究。

马斯金的中国学生

记者：请谈一下你们对马斯金的认识和他对你们的影响。

钱颖一：马斯金在他为科尔奈编辑的一本书的前言里曾写下了

这样一段话："对我个人来说，和科尔奈交往的最大回报——也是我职业生涯中的一个极大亮点——就是我们一起指导了一拨中国学生，他们都对中国经济体制怎么运作深深着迷，这些学生去找科尔奈，是因为他对社会主义经济有无以伦比的专业知识；同时他们找我，是来求助于现代经济理论的工具。对我来讲很荣幸和科尔奈一起来培养这些学生。"科尔奈对社会主义中的体制问题有敏锐观察，马斯金的机制设计理论正好为分析这个问题提供了特别相关的理论基础和分析工具。这两个人结合在一起就成为指导研究中国经济体制这个问题的最佳导师组合。

马斯金是一个兴趣非常广泛的学者，他不但对数学上很抽象的经济理论研究有很大的成就，而且对货币、拍卖、政治制度，当然还有社会主义经济体制改革、集权和分权等问题都有研究，因为这些都牵涉机制和制度。他非常有兴趣地把他的机制设计理论用于观察这些现实问题。正是在这个大背景下，他遇到了科尔奈，遇到了我们这些中国学生。我们和科尔奈一样是来自社会主义国家，对于计划经济制度有着切身感受。马斯金非常喜欢和我们这些人一起交流、一起探讨，同时他在理论上又极其严格。他一定要把所有这些讨论都归结到一个可以经得起推敲的理论上，所有结论必须从最基本的假设推出。

马斯金 1984—1985 学年在麻省理工学院任教。这一年是我在哈佛大学读书的第一年，我当时到麻省理工学院去听他的博弈论课。他从 1985 年秋季起到哈佛大学任教，直到 2000 年。我先找马斯-克莱尔做导师，他是一般均衡理论的顶尖人物。后来我发现我有兴趣的有关中国经济体制的问题，用一般均衡理论的框架没法研究，因为在一般均衡的理论框架下，所有问题都只是价格问题。我当时看过科尔奈的书，知道社会主义计划体制有很多制度性的问题。但怎样把这些问题变成博弈论的模型呢？我觉得激励问题和机制设计问题跟我们关心的问题更贴近，而马斯金的机制设计和博弈论这一套理论应该是我要寻找的研究框架。所以我就去找了马斯金做导师。回过头来看，我是很幸运的。

1990 年我从哈佛大学获得博士学位。后来另外四位中国同学也找了马斯金做导师。1991 年是王一江和许成钢获得博士学位，1992 年是李稻葵，1993 年是白重恩。我们五人都是马斯金亲自指导的学生，毕业后又都到大学任教。目前，我们五个人又都在清华大学经济管理学院。

李稻葵：是钱颖一告诉我们马斯金是一位好的导师。我从马斯金那儿学来非常严谨的思维，首先他对一个问题要反复考验，有时我选了五六次题，都写了十来页纸了，还是会被他推翻，说你的问题很好解释，不用做了。他对设问抓得很严，对假设抓得很严。这方面他严格把关，对我影响最大。

白重恩：马斯金是一个非常严谨的人，学生去找他，要跟他谈什么，要先给他一个文章的初稿，他会把这个初稿从头读到尾，每个句子都读一遍，这是其他老师很少做到的。因为对学生的文章看得仔细，他就能提出很准确、很有用的意见。他给我们这些中国学生的训练是追求严谨，做任何假设都要问为什么，这是不是最基本的假设？为什么要做这个假设？能不能做一个更基本一点的假设？一直推到最基本的假设。在最基本的假设下建立模型，解释你想解释的事情。

王一江：马斯金对学生特别好，但是有一条，他很严格，很较真。

我们所有人都有一个体会,到他办公室讲论文,推到某一步推不下去了,想跳过去,他的眼睛就瞪着你,十分钟一句话也不说,或者就是一个字“why”(为什么),让你解释。所有他的学生都有这个体会,这是最可怕的时刻。然后回去吧,下礼拜再来。

钱颖一:他虽然是研究理论的,但是对现实的证据高度重视。你必须要找各种研究资料来证明自己的假设。

王一江:马斯金是我们见到过的最谦虚的一个人,他永远都是讲从学生那里、从同事那里得到多少回报,包括从科尔奈那里。对赫维茨也同样,得奖之后马斯金在接受采访时说:“虽然我没有在教室里直接做过他的学生,但是我认定他就是我的老师,这个奖我们三个人一起得,我们都是朋友、合作者。我跟他们两人都一起写过文章,但是赫维茨是机制设计理论之父,我现在可以承认每年问我谁应该得诺贝尔奖的时候,我都提名赫维茨。但是我最近感到忧虑,是不是太晚了,毕竟他已经九十岁了。虽然我得奖也很高兴,但是我更为他高兴。”他得奖首先不是想到自己多么多么有成就,而是首先想到别人。

在收到我们的贺信之后,他回信说:“正如我在其他场合所讲,有你们作为我的学生是我一生中的极大亮点,所以你们的祝贺对我来说意味着很多。”这么两行字,每一个词都那么平和而准确。

理解中国改革

记者:作为马斯金的弟子,你们对中国经济转轨的研究主要集中在哪些方面？

钱颖一：我们试图用现代经济学中的机制设计框架，分析制度在中国怎样演变，分析制度的各种表现形式如何解决一般的经济问题。主流经济学家对中国经济的发展和改革要么觉得不可理解，要么理解得非常肤浅。在八十年代，中国的私有产权没有法律保护。一些主流经济学家便由此推断，中国没有可能发展经济，因为不保护产权哪来的积极性？生产出来的东西随时都会被拿走，谁会愿意去生产呢？但是中国的现实情况并非如此，比如说模糊信息、地方竞争、对外开放等很多因素都在一定程度上保护了产权，弥补了法治不健全的缺点。这其中的机制，是我们研究的对象。

一般人认为马斯金是技术非常强的人，他的数学好得不得了，但是另一方面他又是站得很高、看得很深、很有思想的人。如果只是弄些技术性的东西，他就不会愿意跟我们这些人谈了。我们所用到的技术性的东西并不是那么深，我们更关注的是现实问题。

我们做的研究和他的有什么不同呢？他研究的通常是一个抽象框架，而我们更关注一些具体的约束条件，不少是中国特殊的约束条件。比如，中国的私有企业经常受打击或遭排挤，这就是我们的特殊情况；我们有一个强有力的政府，这是给定的条件；国有企业职工不能被轻易解雇，这也是国情；等等。你把这些因素放在他的框架里就会出现好多新结果。很多在国内改革中出现的看上去五花八门的机制，双轨制也好、乡镇企业也好、模糊信息也好、各地区争抢外资也好，都可以用特殊约束条件下的机制设计理论来解释。我们的分析框架是一般性的，即考虑到人的激励问题，但加进去了中国特殊的约束条件和起始条件。

记者：有了机制设计的思想，对于理解中国现实、中国的改革有什么帮助？

王一江：理解了机制设计，可以避免中国人长期以来的几个坏习惯：第一个是只看目标、不谈机制的极端主义思维方式。比如说一些倡导民主、倡导市场的人，恨不得一夜之间就走入那个状态，马上就能采用理想状态的最优体制。提倡要达到理想社会、乌托邦的人，只谈理想，而不考虑怎么去实现这个目标，能不能实现这个目标。这种极端主义思维很容易主导社会舆论。

另一个极端是沉溺现实社会，垂头丧气，无所作为。经常有人会说我们做不了，因为现实是这样的。很多人强调中国的现实而无所作为，强调中国的现实是不错的，但是你要有作为，要去设计机制改革。几年前在国有银行改革之初，当时几乎所有外国人都说中国的金融系统没戏。但是中国找到了一个机制——注资、引进境外战略投资者、海外上市。你说这些办法是不是最完美的？肯定不是，但是国有银行改革毕竟做成了。所以不要随便说这就是中国的现实，没有办法。有机制设计这个思想，很多事情还是有很大空间的。

白重恩：另一种误区认为机制是不可变的，给定这个不可变的机制，结果也就不可改变了。但机制是可以变的，我们在想怎么改变这个机制。我们这些人写了很多这方面的文章，其实都贯穿了这个主题。我们这些人的共同特点就是不那么极端。

王一江：国内一些学者强调，西方经济学是不能解决中国经济问题的。机制设计说明合适的工具是很有力量的。现代经济学有了机制设计这个理念之后,一大批学者都在用这个概念和工具,关注和分析中国制度演变的经验,解释职工下岗、中央与地方关系等一系列中国改革的重大问题。借助机制设计理论,我们对很多现象都是可以解释、可以理解的,甚至对这些现象的演进都有相当的预测,比如说乡镇企业,随着条件的变化它可能要消失,这是在当时条件下设计出来的最佳产权结构——模糊产权。在当时的思想、政治和其他约束条件下,非公经济容易感到不安全。乡镇企业因为成功借助了地方政府的保护,上面就不好随便干预了。而随着市场化进程加快,这些手段就越来越没有必要,所以乡镇企业在跨越一定的历史阶段后就会消失,这在当时就是有预测的。

白重恩:我们这些人的研究很多都是关于过渡机制的,因为机制设计理论的视野很广,它不是只考虑纯粹的市场机制,或者只考虑纯粹的计划机制,在这两种机制之间还有很多变动,很多人根本不考虑这些中间机制。我们最主要的贡献是考虑过渡机制,就是给定中国的情况、过渡时期的具体情况,什么样的机制是相对最好的,是最适合于当时的具体情况的。随着情况的变化,我们可以不断地修正机制,最后过渡到理想状态。这应该是我们这几人的研究工作的一个共同点。

水至清则无鱼与模糊信息

记者:现在公众都在强调信息应该公开透明,从而有助于相关方做出选择。但是我记得你们曾经提出,在当前阶段的中国,在有些情况下模糊信息比信息透明更有利于经济发展。这是什么意思?

王一江: 为什么古人说水至清则无鱼,浑水是怎么在其中起作用的?中国曾经是一个高度集权的国家,长官意志高于一切。考虑到一些缺乏法治观念的领导者有可能用他的权力来谋私、来侵犯企业与个人的利益,你有一个什么机制来防范他?这是一个关于信息问题的讨论。

西方现代国家是用民主法治来限制任何一个当权者的行为空间。我国处在社会主义初级阶段,民主法治还处在创建的过程中。在中国、在世界历史上还有其他很多机制。不久前诺思(Douglass C. North,经济史学家,1993 年诺贝尔经济学奖得主)来清华大学演讲,就讲到了国家之间的竞争。中世纪的欧洲有一个特点,哪个君王做得过头的时候,技术人员带着资金和技术就跑了,这也是一个机制,是竞争的机制。在中国历史上,碰到苛政猛于虎,人们就会到深山里去搞生产。

这些机制在中国这样的环境中都不大好用。在这样的情况下,通过模糊信息的机制来限制一些地方领导乱来,就具有非常特殊的意义。一般说的是信息越多、越对称越好。但是如果你把激励考虑进去,把制度不完善考虑进去,结论就不一定如此了。所谓制度不完善就是我们现在还不是一个健全的法治社会。

白重恩: 即便在一个健全的法治社会,如果决策者能力有限,他看到什么事情就想做决策,也往往会做错,有什么办法呢?你可以限制他做事的能力,这样也就限制了他过多干预市场的可能性。比如说香港地区,当时英国人在那里的时候,他们知道没有办法管住自己干预市场的冲动,又不相信自己有能力把市场管好,干脆就不收集统计信息。不收集统计信息就是一个机制,这个机制在那种情况下是最优的。

王一江: 你要求信息透明的时候,对决策者有两个要求:第一,他是好心的,他总是想做好事;第二,他想做好事的时候有能力做。这两个条件他都要具备,只要一个条件不具备,他就可能利用他掌握的信息做不利于市场的事情,可能是出于好心,可能完全是出于私利,这就是制度和机制上有缺陷,成了好心做坏事。还有动机问题,你要说他动机坏这也不一定,但政府有多重目标,它就可能会有损害别人的激励。

在一定条件下,如果信息模糊,产权反而可以保护得好,因为政府失去了干预的依据。1950 年周恩来总理和当时的人民银行行长南汉宸共同签署了一份命令,要求加强现金管理。为什么要实行现金管理?这可以及时掌握经济生活中的动向,使得税收更加平等。加强现金管理,加强银行对企业流动资金的控制,主要目的就是获得信息来收税,而这个收税恰好是损害激励的表现。回过头来看八十年代,中央发布了关于改进现金管理的意见,要以促进经济发展为主要目的,当时可以看到大家提着大笔现金,天南海北去做生意,做完了以后政府没有办法查到谁赚了多少钱,也没法及时征缴税收,躲税避税就变得严重起来了。为什么躲税避税的行为变得严重起来了我们说它是好事情呢?这是因为当时政府也看了大量的调查报告,很多企业老老实实交所有的税费以及当地政府暗示你应该赞助的事项,已经超过了企业的营业总额,企业就无法生存了。所以改进现金管理在相当大程度上是有意鼓励避税。这是从激励机制的角度做的,如果不这样做,经济就搞不活。

五十年代的想法是我不这样做就收不上来税,结果经济就搞死了。我在什么情况下既能收得到税,又能搞活经济呢?这就是刚才说的你的政策和他的对策来来回回博弈,最后会收敛到一个什么样的状态,这个状态是不是你想要的?模糊机制在两个方面是很理想的,就是它既促进了经济的发展,又让政府收到了更多的钱,虽然政府收钱比以前难了,但是保护了积极性以后,饼做大了,政府的实际收入也就大幅度增长。但同时又发生了另一件事情,那就是腐败。

钱颖一: 这个例子最难理解的一点是和人们倡导的主流想法(即信息透明)相违背。模糊信息既保护了你想要保护的企业家的积极性,同时也会保护你不想保护的官员的贪污腐败。但这个机制的原理是一样的。

设计与自发演化

记者: 说到机制设计,通常机制是由什么人来设计的?

钱颖一: 有的机制是有意设计的,比如拍卖,有的机制是自然演化出来的,有的是两者都有。比如乡镇企业这种机制,有一部分是设计的,而另一部分是演化出来的。当时国有企业激励很差,私有企业很受歧视,这是给定的情况。有没有设计过机制呢?有,在一定程度上。就是当时要发展小钢铁、小化肥,就搞了集体所有制,既不同于国家所有制,又不同于私有制。但是,当时的设计者把乡镇企业局限在与农业相关的行业。后来发展到这么大,谁也没有想到。发展到这么大是包括企业家、村干部、村民在一起不断磨合,在集体所有制的红帽子下面把集体利益和个人利益结合起来的结果。它有红帽子,比私有企业要安全。同时又市场导向,不像国有企业那样被政府管得那么严。所以这种机制就变成了一个在当时情况下有生命力的机制。经济学家用“机制设计”来描述不同机制在比较中选取最优的过程,并不意味着一定要由一个人来设计。

白重恩:这里面有一个条件就是人们要记住历史。如果人们那么容易忘掉以前我们没有成功的事情,这就麻烦了。本来是失败了的东西,因为听上去太好了,就有可能又回来了。

王一江:是的,大家对计划经济怎么导致了贫穷、饿死人、人均GDP处于绝对贫困线以下,又开始忘记了。现在只记得计划经济下的平等、安全感,记住那个时期犯罪率低,现在社会越来越开放、越来越自由,产生了一些为富不仁、坑蒙拐骗的现象,这时一些人就开始想念起计划经济平等的、干净的、有序的状态。但计划经济激励是低的、生产力是低的、创造性是缺乏的。

钱颖一:中国三十年的改革开放就是制度创新的结果,就是我们解放思想,不断推出新机制的结果。关于政府怎样约束自己的行为,机制设计理论中也有不少常见的机制,比如政府不要搞那么多机构,不要搞那么多人,有意不让政府有那么多手脚、那么多人去做事。

王一江:芝加哥学派的看法就是让政府没有那么多钱。你让政府的钱很少就没有那么多事情了——税收很少就雇不了很多人;雇不了很多人,政府的力量就不够去监督别人。一味强调加强政府的执行力,加强政府的调节能力,很可能都出于好的动机,但是效果也许不如初衷。

李稻葵: 在中国的经济改革方面有一些基本机制,比如我们会搞买断工龄。为什么要买断?机构改革的时候,每一个人手里都控制着一些信息,如果你让他个人的利益受损,他会用各种各样的办法,掌握的各种信息来给你说事儿,来说你的改革方案不对、不可行。改革必须要考虑大部分人的动机。双轨制比较好的一点是激励相容,在这种情况下,让潜在的受害者不要反对改革,利益不会受到伤害,甚至会有微弱的提高。这个思想跟机制设计完全相符。

竞争也是一种机制

记者: 刚才王教授谈到了中世纪欧洲国家之间的竞争是一种机制。在中国,如何通过引入竞争来建立机制?

钱颖一: 大国与小国不同的地方在于,大国有很多不同的地区,地区之间也可以竞争。管理一个大国,永远会有一个集权和分权之间的权衡。集权的代价是容易扼杀地方的积极性,是信息集中导致的信息扭曲。虽然计算机可以处理很多信息,但这些信息是要人输送进去的,你怎么知道他输送的是正确信息?哈耶克早就看到了集权的成本。但是分权也有它的成本。如果你全都分权的话,一些有外部性的公共品就不能很好地提供。所以从机制设计角度讲,应该是在集权和分权之间有一个非常合适的平衡。这就是经济联邦制、财政联邦制的想法。

这里有些基本的原则，比如说真正牵扯全国利益的问题，一般地说是像外交、国防、跟环境有关的一些问题，就是所谓外部性非常强的公共品，应该由中央政府来提供。那么一般意义下的地区、本地的公共品提供，应该由地方政府来负责。还有一条就是：产品、资本、劳动力在各地区的流动，必须要由中央来管。跨地区的司法问题，比如跨地区的商业争议，应该是中央来执行。

地方政府和中央政府有一个不同，就是地方政府通常有很多个，它们之间有竞争，这个地方不好的话，人和资本可以跑到别的地方去。在这个意义下，竞争也是一个很重要的机制，地方政府之间的竞争可以互相制约它们的行为。

但是没有类似的机制制约中央政府。中央政府是唯一的，除非和其他国家竞争。所以开放比不开放要好，因为开放之后中央政府要考虑国家之间的竞争。引进外资为什么好呢？外资可以自由流动，不高兴就可以走了，这种情况下就和不开放是一个很大的区别。中国现在的改革和历史上的改革有一个重大差别，就是历史上通常是在封闭中搞改革，而现在是在开放中搞改革。只要一开放，所有背景就不一样了，所有博弈的过程也全都不同了。在开放状态下，资本可以走，人可以走。自由流动产生竞争压力。开放以后，政府的行为就会受到竞争压力的制约，就会同不开放时的情形不一样。

吴敬琏、科尔奈：特色、规律与价值[1]

今天我来参加吴敬琏教授八十岁生日的国际研讨会，心情非常激动，也深感荣幸。虽然我不是吴敬琏教授的正式学生，但是我觉得我从他身上学到的经济学，比我从任何其他一位中国经济学家那里学到的都要多。今天，我在这里评论我的两位老师——一位是吴敬琏教授、一位是科尔奈（János Kornai）教授——的两篇文章，我深感荣幸，同时也感到责任重大。

我在 1983 年同时认识吴敬琏教授和科尔奈教授。当时我在耶鲁大学做研究生。那一年吴敬琏教授到耶鲁大学做访问学者，我同他相识。从那个时候开始之后的将近三十年时间里，我从他那里学习到了很多关于经济学和中国经济改革的知识。其实我学到的不仅是知识，也有他的人格。也是在 1983 年，科尔奈教授到耶鲁大学访问，做了一个学术演讲。从那时候开始，我也认识了科尔奈教授。后来科尔奈教授到哈佛大学担任教授，我也到哈佛大学做博士生，成为他的正式学生。今天评论他的文章，我有点紧张的另一个原因是，坐在我身边的马斯金教授，也是我在哈佛的博士生导师。

---

[1] 本文系 2010 年 1 月 27 日在发展与转型中的制度国际研讨会暨吴敬琏教授八十寿辰庆祝会上对科尔奈和吴敬琏文章的评论。

应该说,在1983年我认识吴敬琏教授和科尔奈教授这件事改变了我的一生,让我从过去的一个数学专业的学生,后来成为一名经济学者。这两位教授首先都是杰出的经济学家,他们对东欧/苏联和中国这两类计划经济体制都有非常深刻的分析和研究,是在这方面研究中最有影响的两位经济学家。另一方面,我也想说,这两位又都不仅仅是经济学家,他们都有更为广泛的对人类命运、社会发展的关注,也都是坚持自由民主和市场经济理念的知识分子。所以,在他们刚才演讲的两篇文章中,我们非常清晰地看到,他们不仅仅关注物质繁荣,也关注人类文明的命运。正因为如此,我同这两位教授不仅是学术上的同事,而且也是挚友。

刚才这两篇文章,一篇是对中国改革三十年历程的回顾和反思,另一篇是对东欧转轨二十年历程的回顾和反思。这两位学术大师的思想,应该说影响了我们在座每一个人的研究。下面,我想分三个部分来做评论。第一部分先对吴敬琏教授的文章做一些评论,第二部分对科尔奈教授的文章做一些评论,最后把他们这两篇文章综合起来,提出一些问题,供大家思考。

吴敬琏教授的文章比他刚才的演讲更为丰富和全面,实际上讲述了中国过去六十年的经济发展和改革历程。在刚才的演讲中,他只是比较集中地讨论了过去三十年。他最后提出了一个问题,就是中国经济向何处去。我觉得这个问题提出的本身,就是一个很值得思考的问题。他最后讲到"中国经济向何处去"时有四个方面:第一,经济的市场化;第二,经济的发展模式;第三,中国要建设法治基础上的市场经济;第四,中国要建设保障个人权利不受侵犯的民主制度。

整体来看他的文章,跟几年前相比,我感觉到他的忧虑相当之多。

我想,这也是很能理解的。回顾过去十年的历史,我们看到了中国的进步,也看到了其中的问题。

我们先看市场化这一维度。应该说在过去十年中,有进步的方面,也有倒退的成分。这在中国的经济学界、在舆论中,都有非常多的讨论。因为时间关系,吴老师没有展开,我相信他也是这样看的。特别是在应对金融危机的过程中,政府采取了一些短期非常必要,也是有效的措施。但是,这些措施也不可避免地扰乱了人们的思想,甚至干扰了改革的整体方向。它会让人们将一些短期的政府举措误解为长期趋势,对市场化本身确实会产生不利的影响。

第二个维度是发展模式。吴老师从二十世纪九十年代就开始呼吁,中国应该改变以投资和出口为导向的增长模式。在演讲中,他特别强调了东亚模式,并把它作为与西方模式相对立的另一种发展模式。现在几乎没有人认同计划经济模式,但仍有两种不同的发展模式:一种是东亚的以出口为导向、政府为主导的发展模式;另一种是西方比较自由的发展模式。今天他特地把这两种不同的发展模式提出来。发展模式转变,最开始是经济学家提出的,后来也得到了政府层面的赞同,并写进了五年计划、《政府工作报告》和党的文件之中。但是,转变起来仍然非常困难。所以这里可能有深层次的原因,需要探讨。

我有一个想法,提出来供大家思考。就是中国实行的开放政策对改革的作用。中国的改革,说起来很复杂,但在我个人看来,实际上就是"开放"和"放开"两个部分。改革,简单一点说,就是放开,开放就是对外开放。过去我们一般认为,它们是互补的,也即是互相促进的。比如,八十年代初期改革刚刚开始的时候,邓小平等改革者就是通过开放来促进很多改革。比如当有些改革很难在整个经济中实现的时候,就通过搞特区等开放的办法来推动。后来再把深圳特区的一些办法,把外企的一些办法应用到国内的企业。加入WTO是另一个很好的例子,说明开放对改革很有促进作用。最明显的例子是银行业改革。当中国加入WTO以后,承诺五年内开放金融业,这就成为促进中国银行业改革的一个重要契机,也是一个承诺。事实证明也确实如此。当后来出现了一些反对银行股改上市的声音时,正是由于我们的WTO承诺,使我们这项改革没有倒退,而且成功了。但是,现在出现了另一种迹象,就是我们的开放太成功了,变成了进一步改革的替代。恰恰是因为出口情况好,恰恰是因为国外市场大,有力地推动了高速的经济增长,推动国内改革的激励反而减少了。这恐怕也是增长方式转变困难的原因之一。

第三个维度是法治建设。这让我回想起整整十年前,我们庆祝吴敬琏教授七十岁生日举办的国际研讨会。那时候我还在国外,赶回来参加那个研讨会。刚才李剑阁先生说,这是国内第一次为一位经济学家,以国际研讨会的形式来庆祝生日。这个会议我印象很深,会上提出了很多新的思想。当时,我做了一个发言,强调法治与经济发展的关系,特别是把"法治"(rule of law)与"以法治国"(rule by law)进行了对比,强调现代市场经济应该建立在法治基础之上。这个观点当时就得到了非常多与会者的认同,后来不仅在经济学界,而且在法学界也都有不小的影响。

那么我们来看这十年的法治建设情况,则有喜有忧。这十年来,应该说在有些方面,中国的法治建设进步了。但是也不能不看到,法治建设在不少方面也有倒退的现象。在理念上,现代市场经济是否应该建立在法治的基础之上，共识已经不那么明确。这是一个很值得担忧的事情。吴敬琏教授一直批评的权贵市场经济就是一个缺乏法治基础的市场经济。所以，这是一个值得担忧的“中国向何处去”的问题。

第四个维度是民主制度建设。我不是这方面的专家，很难评判。但是，吴敬琏教授的文章中，特别提出了当前的两种倾向，确实值得关注：一是民粹主义，二是民族主义。如果民粹主义和民族主义的倾向在知识分子、在执政者、在老百姓中都比较强烈，就很难想象民主制度可以确保个人权利不受侵犯。吴敬琏教授的文章和他的演讲，在这方面有非常丰富的内容，有很多值得我们思考未来中国发展趋势的元素。我想强调一下，供大家进一步思考。

下面我对科尔奈教授的文章做简短的评论。刚才青木昌彦教授对科尔奈教授的文章做了非常好的评论，我很赞同他的意见。所以我不想做特别详细的评述。作为研究东欧、苏联体制的权威，也是研究东欧、苏联转轨的权威，科尔奈教授应该说在世界范围内，当然包括中国，都是非常有影响的经济学家。刚才李剑阁先生特别提到一些他最先提出的非常关键的经济学概念，至今仍然影响着我们的思考。

但是我特别想强调的是，他的这篇文章的题目“自由、平等、博爱”本身很有意义，就是他并没有讲那些中国经济学家、中国经济学界关注的增长等经济指标。我非常想说明的是，他不是今天才关注这些问题的。记得在1986年的时候，有一次我去他办公室见他，他给了我一篇他刚写好的文章，是关于经济自由的。我记得我们两人之间还有一次小小的争论，因为他那篇文章中特别讲到自由的“内在价值”不同于自由的“工具价值”。这是我第一次听到这个概念。作为一个中国人，我们接受的教育、我们的传统文化，使我们分析问题、思考问题的时候，至少是我自己在那个时候，就从来没有想过自由还有超越工具价值的内在价值。

所谓工具价值，就是利用自由作为工具，你可以实现某一价值，特别是经济价值，比如物质繁荣、经济增长等，这就是自由的工具价值。内在价值，是说自由本身也是有价值的，即使它没有给你带来其他结果。比如在他的文章中，他说个人创业本身就有价值，不仅仅是因为创业提供了就业，促进了增长。作为一个人，他有创业的机会和创业的权利，这就是有价值的。说实在的，在八十年代那个时候，我从来没有想到过这一点。我想提出这个问题，特别是对中国读者、中国听众来讲，是一个很重要的观念上的提升。因为中国的特殊历史，即历史上曾经是世界第一，但过去一百多年灾难深重，使得中国人对民族独立、经济复兴、国家强盛的需求，超越了所有其他可能是更根本的价值。所以，我们只知道自由可以带来经济强盛，但忽视了它的内在价值。

这在中国是相当普遍的。在国内上课的时候，当我问到民主有什么好的时候，所有人的回答都是民主可以保证决策科学、可以减少腐败；当我问到民主有什么不好的时候，所有回答都是民主会降低办事效率。由此可见，我们的很多观念，不管是自由、民主还是其他，都是看它们的工具价值，而且局限在经济结果的价值上。我们很少思考甚至没想到思考它们的内在价值。所以，科尔奈的这篇文章，应该说对我们很有启发。

但是我也想说，虽然我评论说中国人对自由的内在价值没有考虑，专一地重视其工具价值，但在改革初期，这对改革还是有益的，因为在当时的情况下它避免了很多争论。邓小平的“三个有利于”即有利于发展社会主义社会的生产力、有利于增强社会主义国家的综合国力、有利于提高人民的生活水平，关注的全是工具价值。我想这种结果主义或者实用主义，对突破当时的思想束缚，突破那种完全不讲实际的僵化思维，应该说是有好处的，我们也因此受益。但是随着经济的发展，我们需要有更多的思想解放，并上升到新的思维高度。

最后，我想把两篇文章合起来评论。这两位大师讲的背景非常不一样，一位讲的是东欧二十年转轨，一位讲的是中国三十年改革。历史环境不一样，走过的路径也不一样，现在面临的问题和困难也不一样。中国是在高速增长，虽然也面临一系列问题；而东欧国家受金融、经济危机的冲击较大，在物质上受的伤害可能更大一些。把这两篇文章合在一起，有东方的，也有西方的（东欧在西欧看来是东方，但在中国人看来是西方），对我们有很大的启发。至少我觉得从中可以提出一些问题，虽然我并没有答案。我觉得有三个问题值得我们思考：

第一个问题，科尔奈教授提出的自由、平等、博爱，以及吴敬琏教授提出的市场、法治、保障个人权利不受侵犯的民主制度，这些价值和制度究竟是全人类的共同价值和制度，还是只属于西方的？对这个问题，国内有争论，西方也有争论，是一个很重要的问题。是不是有一些人类共同追求的价值和制度，跟地域、历史和文化无关？这是我想说的第一个值得探讨的问题。

第二个问题，经济和社会转型的规律和原则，是不是普遍适用的？一种可能是说东西方就是不同，中国有中国的转轨经济学，而西方有西方的转轨经济学。另一种可能是说基本规律是一样的，但是初始条件和制约因素不一样，所以转轨路径各有不同。这也是一个值得思考的问题。

第三个问题,即使我们对前两个问题的回答都是肯定的,我们还要回答,中国的特殊性到底在哪里?是发展阶段的不同,还是历史文化的不同,还是其他的什么不同?进一步来说,中国的发展与东欧或者其他国家的发展,最终是殊途同归,还是分道扬镳?这也是值得思考的。十年前,福山(Francis Fukuyama)的《历史的终结与最后的人》一书很流行。那么十年后,这是不是已经成为终结的历史?值得我们思考。

我提出的这三个问题,是从阅读这两篇文章中得到的感悟,提出来供大家思考。如果这样的国际研讨会能提出令人深思的问题,那它就一定会有长远的影响。

威廉姆森：经济变迁中的企业组织[1]

卢迈：非常荣幸能来参加这次研讨会。2009 年诺贝尔经济学奖得主威廉姆森(Oliver Williamson)教授第一次来中国，就参加“《艰难的辉煌——中信 30 年之路》新书首发暨经济变化中的企业组织”研讨会。这是威廉姆森教授的研究领域。在他发言之前，我首先邀请钱颖一教授对他做一个介绍，因为钱教授对威廉姆森的理论和他的生平都有更深的了解。让我们欢迎钱教授。

钱颖一：今天我非常高兴来参加这样一个活动。我们非常荣幸地请到去年的诺奖得主威廉姆森教授。自 2001 年起我们是在伯克利加州大学的同事。这也是一种缘分。威廉姆森研究的经济学领域是与我们的企业最相关的。经济学有很多领域，比如说宏观经济等，但他研究的问题对企业的影响非常大。还有一点不同的是，他是伯克利加州大学经济系、法学院和商学院的三聘教授，这与他研究的领域相关，他把经济学、法学和组织管理学三个学科结合起来，并开创了新制度经济学。

新制度经济学在中国影响非常广泛，而这个名词就是他命名的。

[1] 本文系 2010 年 6 月 30 日在中信集团成立三十年之际举办的《艰难的辉煌——中信 30 年之路》新书首发暨经济变化中的企业组织研讨会上的对话。

他的贡献在哪些方面？经济学从古典的研究市场开始。经济学的主要研究领域就是市场交易，买卖双方，有买有卖，有价格，这就是经济学。但是在经济活动中，我们发现经济组织实际上比这个要复杂。经济中有公司，有的公司还非常大，这是过去经济学没有研究的问题。为什么要有公司？什么样的因素决定了公司的经营范围？公司内部的组织与市场交易又有什么不同呢？二十世纪三十年代时，科斯曾经写过一篇文章《企业的性质》，后来也因此获得诺奖。但是，从三十年代科斯提出交易成本这个概念，一直到六十年代，并没有太多人跟进他的研究，经济学的主旋律依然是研究市场机制、价格机制。到了七十年代，通过威廉姆森的相关研究，有人说他重新发现科斯定理，实际上他做的工作远远不止是重新发现。

为什么说他开创了新制度经济学呢？制度经济学早就有，但是制度经济学直到威廉姆森教授之前，没有太大生命力的一个原因，是它缺乏分析，更多的是描述。这是旧制度经济学的一个缺陷。人们会说，你描述的是很对，但这是同义反复，不能成为理论。之所以要成为理论，就是能做出一些预测，且预测要准确。威廉姆森把分析工具引入了制度经济学，所以就叫新制度经济学或者也称为制度分析。其中非常重要的是，他分析了企业与市场的边界究竟在哪里，它由哪些因素决定。

交易成本是一个概念，威廉姆森将这个概念具体化。交易成本体现为在市场上谈判、签约都会带来很大的成本。所以，在选择市场交易还是选择公司内部交易的时候，中间就会出现企业的边界。他提出的最简单的例子有：航空公司是不是也应该办旅游公司，汽车制造商是否也要办钢铁厂，钢铁企业是否要买铁矿？所有这些问题都可以用交易成本来分析、预测。什么情况下我们可以预测到企业是一体化的，它既办航空公司也办旅游，既生产汽车也生产钢铁，既生产钢铁也要拥有铁矿石开采权；什么情况下不需要这样，是分开的。为什么交易成本是核心呢？因为假定没有交易成本，根本不需要企业，所有交易都可在市场中完成。因此，交易成本显然是很重要的。但是，问题的关键不在于概念，还在于具体的、非常切合实际的分析。

威廉姆森不同于其他经济学家，很重要的一个方面是他非常重视实践。二十世纪六十年代末他曾供职于美国司法部反垄断局。那时候的经济理论和经济概念很简单，除非因技术原因企业需要一体化、上下游联系，否则都应该拆分。他为什么还是法学院教授？是因为企业是不是构成垄断、是否要拆分这些问题都牵涉法律问题。他从这些现实案例中，提出了企业一体化或者规模经营，除了技术原因外，还有重要的组织结构上的原因。而在此之前，经济学家不这么想问题。因此，他的研究改变了人们的思考方式。而诺贝尔奖就是要授予那些改变了人们思考方式和分析方式的人。

为什么新制度经济学很成功？一个很重要的原因是它重视经验的、数据的、现实的预测，这样它就可以检验。什么情况下企业采用外包的形式，什么情况下采用代理的形式，什么情况下采取一体化集权的形式，什么情况下采取分权的形式，这里有多种组织形式，但都可以用统一的理论框架来分析。

在来参加会议的路上，我也跟威廉姆森教授讲，邓小平开启中国经济改革做了两件具体事情，在这次他的中国之行中，都可以体验：一件事情是 1979 年成立一个公司，那就是中信；另一件事情是 1980 年设立一个特区，那就是深圳。从这两件事中可以体会到中国改革开放的开始。所以,虽然他对中信才刚刚了解,但兴趣极其浓厚。今天讨论的经济变迁中的企业组织问题,也正好就是他获奖的领域。我很高兴参加这次研讨会,也是在这位学术大师、常总和中信之间起桥梁作用。

威廉姆森:非常高兴今天能到这里来,也非常感谢刚才钱教授对我的背景介绍,他讲到了我的一些情况。我研究的是经济组织,我所做的工作就是希望能做一个解读,有时候我的解读会花很长时间,但我确实认为,经济组织的形式是有其经济学逻辑的,我现在仍在研究这个领域,并涉及我的工作的方方面面,同时也包含了世界上其他经济学家的研究,包括中国的经济学家,比如钱颖一。

我最喜欢的就是"谜"。在来中信之前,我并不知道中信是家什么样的企业。但是现在我了解了中信,我在车上问了钱教授一些问题,也和常振明总经理谈了一些情况,在这里我们又听董事长谈到了中信的历史。我没有想到,这对我来说是非常有意义的事情。在我同意访华的时候,我主要想讲一下我自己的研究,但是我没有想到在这里能了解中信。中信有很多有意思的谜值得研究,希望这本书能够尽早翻译成英文,这样我就可以更详细地了解中信,进行更具体的解读。

现在,我回过头来给大家讲一下我为什么要研究经济组织的历史情况。首先,我受过工科方面的培训,喜欢接触实际,我在斯坦福上了商学院,开始研究管理问题,在这个过程中,更多地开始关注经济学。我的目标就是研究公司组织,而且,我试图用跨学科的方法来研究公司。经济学中标准的公司组织理论,是围绕着价格理论展开的,关注企业的生产函数和利润最大化,而实际上企业管理者有很大的自由度，他们在经营公司的时候，虽然追求利润，但同时也会追求自己的一些利益，这样就会出现一些新的现象。但一开始的时候，我不知道，我的研究是否会有很大的成果。

成为教师后，我又读到了著名企业史学家钱德勒（Alfred Chandler）的著作《看得见的手》。他主要研究企业技术创新。在他的这本书中，讲到了企业的组织创新，谈到了现代企业的转型，现代企业内部有不同的职能部门，比如生产部门、财务部门、销售部门等，形成了一个层级结构。在这个方面，有些组织非常成功。他对二十世纪二十年代的一些企业非常感兴趣，尤其是通用汽车，它不仅有不同的部门、利润中心，还有不同的业务板块，其中每个不同的业务板块有自己的目标，形成了科层制，但它们之间也会有一些竞争。所以，在竞争的时代，企业可以利用内部竞争，使得管理人员有激励去追求利润目标，而不是单纯利用自由裁量权来追求自己的利益。我觉得这是非常有意思的研究工作，希望改变研究方向，更多地研究组织创新。在宾夕法尼亚大学的时候，我们创建了一个研究中心，开始研究组织创新，从历史上看是什么情况，现在是什么情况，将来又会怎样。今天，我在这里听到，中国正在创造出新的企业组织形式，这很有意思，也非常有挑战性，我听到了很多人对此有不同的解读，我也希望对这个问题有自己的解读和分析。

来自我过去经验的另外一个领域，是我在美国司法部反垄断局的工作，分析一些企业之间的组织形式和合同。当时，一个普遍的现象是，在工业企业中，会建立起一些合同和联盟。新的组织形式有自己的技术来源，而技术是为了提高效率。但是，当时的假设认为，如果这种新的组织形式缺乏技术和实体的话，会有反竞争的目的。所以，最开始的时候，我们非常关注这个问题，我们看到新的企业组织形式出现了，新的合同出现了。那时候，我们发现，不仅要从普通法的角度分析问题，还要从反托拉斯的角度分析问题。我发现，组织既可以创造效率，也会带来无效率。因此，反垄断局应该从更宽泛的角度来对待垄断问题，我试图传达这个观点，但并没成功。

后来我回到宾夕法尼亚大学继续教书，进一步研究这些问题，对我早期的一些想法和二十世纪三十年代其他人引入的一些概念进行讨论。当时，我考虑的是，交易成本是一个非常重要的成本，而古典经济学并没有考虑到这一点。在分析复杂的经济组织时，应该考虑这一成本。这虽然是一个非常简单的问题，但以前并没有找到答案。当一个公司需要一些部件来支持其生产活动时，它可以外包，也可以自己生产。那么，企业的这个决定是如何做出的呢？我花了一段时间来研究这个问题，我们必须从不同的视角来看待这个问题，以前主要研究的是生产部门的设置，单位部门的设置，但是我们也需要从合同的视角，把企业看成是一种治理结构，建立这种治理结构是为了实现一些目标。也就是说，这种治理结构能够建立起一些手段，给公司内部带来一定的秩序，从而减少风险，实现互赢。

我发现，这是一个很有用的概念。二十世纪三十年代，也有经济学家认识到了这一点，但长期以来，人们都没能分析治理结构的目的。我进一步研究了不同的治理结构，市场和企业是两种不同的治理结构，我们还可以有混合型的治理结构，合作、规制、国有企业，这些都是不同的治理结构。我们需要分析这些治理结构的优点和弱点是什么，什么样的活动需要由市场来组织，什么样的活动需要由企业来组织，什么样的活动需要额外的政府支持。这就是我从七十年代初开始的研究工作,一直延伸到今天。

中信公司是一个非常有趣的案例。其实,没有适用于所有目的的最佳治理结构,我们必须分析不同治理结构的长处和短处,然后看一下,中信这样一个企业的边界到底应该在哪里。中信这种组织形式使我们意识到,组织的创新是非常必要的,因此我们要加深对组织创新的理解和研究。

钱颖一: 刚才威廉姆森教授非常简略地介绍了他开展研究的心路历程。实际上,他的背景不太一般,他本科在麻省理工学院念的是双学位,化学工程和工商管理。所以他说,他喜欢接触实际。因为他曾经学过工程。后来,他在斯坦福念了 MBA(工商管理硕士),对很多理论问题以及公司组织很感兴趣。那时候,他去了卡内基梅隆大学念经济学博士,当时非常好的环境就是交叉学科,有经济学、组织管理学和运筹学等。在当时非常奇特的另一点是,那时的教授中有四五位后来获得了诺贝尔经济学奖:西蒙(Herbert Simon)、莫迪利安尼(Franco Modigliani)、米勒(Merton Miller)和卢卡斯(Robert Lucas)。当时他们都在卡内基梅隆大学当教授,威廉姆森是学生,另有两位学生后来也得了诺贝尔经济学奖,他们是基德兰(Finn E. Kydland)和普雷斯科特(Preston Prescott)。同一时期有那么多人在研究,而且是交叉学科,这对威廉姆森教授而言是一个非常好的环境。

威廉姆森教授在谈到他的贡献时说,他很喜欢“谜”。他在七十年代看了钱德勒的《看得见的手》一书,钱德勒是前年去世的哈佛大学教授,专门研究商业企业史。钱德勒以二十世纪二十年代通用电气的组织结构为研究标本,对当时的通用汽车采用多部门制的利润中心,进行比较分析。这样的组织形式和这样的大公司，他觉得非常有意思。威廉姆森1975年的著作《市场与科层制》对钱德勒的书做了很多重要的介绍，起到了很大的推动作用，对我们后来的研究也有很大的影响。他讲到，企业里面的组织结构，到底是采用比较分权的部门制还是采取比较集权的职能部门制，可以用经济学的办法来分析，这是他讲的一个研究思路。

第二个思路就是他刚才讲的关于反垄断问题。各种各样的组织形式，有的是合同形式，有的是代理形式，特别是企业纵向一体化，当时人们的态度非常不友好，无论是律师还是经济学家都认为，只要公司一体化或合并，找不到技术上的原因，就都应该打散，这是当时的整体思路。威廉姆森教授觉得这是个谜。他认为，除了技术原因外，还应更多地考虑组织方面的原因，组织既可以创造出效率，也可以带来无效率。他特别讲到中信这样的公司。他觉得，中信公司是一个非常激动人心的案例，需要了解中信公司为什么会有这么多不同的行业，中信公司的这种组织形式必定有自己的优势和劣势，需要认真分析和研究。他会带着这个谜，继续思考、研究，跟他过去一贯的做法一样，碰到一个谜他就会研究它，有时甚至花十年以上的时间。

卢迈：我们请常振明总经理讲一讲关于“经济变化中的企业组织”。

常振明：今天我们非常高兴请到了威廉姆森教授和钱颖一院长为我们这本书做一个对话。中信三十年见证了中国改革开放的三十年，见证了中国从计划经济体制向市场经济体制转型中的企业组织变化，可以说，中信三十年等于见证了全世界独有的企业组织转变的过程。

中国的经济转型是渐进的，中国三十年来取得的巨大成就，有一个中国的经济发展模式问题，不过，这个问题还在争论之中。

首先，在计划经济向市场经济转型的过程中，企业的转型是很艰难的，中信也仍然在艰难的探索之中。八十年代的时候，中信所有项目在当时都叫拾遗补阙，也就是说在计划之内没有中信的，只能在计划之外寻找资源、开拓项目。因此可以说，中信的资源配置是在计划经济之中，走市场经济的道路。为什么中信的发展、转型那么艰难呢？在计划经济体制下，国家既不给中信配置相应的资金，也不提供相应的贷款，中信必须从海外融资。随着中国经济逐渐从计划经济转向市场经济，随着国家配置资源转向市场配置资源，随着汇率机制的并轨，中信从海外借来的资金到了还款期的时候，人民币兑美元的汇率从 2 元兑 1 美元，一下子变成了 8 元兑 1 美元。这使中信面临着一个相当艰难的时期。

其次，中信是一家国有企业，但是中信的 DNA（基因）与发达国家的国有企业不是一个概念。三十年前，我们都是国有企业，没有任何私有企业。我们的转型是从原来的国有企业转向国有企业的一种新的组织形式，而不是像发达市场经济国家中产生的国有企业，这样的国有企业有三个职能：提供公共服务，保持经济环境的稳定，保证国家安全。而我们的国有企业，是从原来的国有企业转向新时期下的国有企业，虽然仍是国有企业，但经济环境发生了根本性变化。因此我们的国有企业天生还有一个职能，就是谋求生存、追求利润、参与竞争。在中信三十年的历程中，其中一个经验就是我们在竞争中发展。在国家配置资源转向市场配置资源的过程中，很多国有企业随着资源配置方式的转变消失了，而中信则存活了下来并取得了发展。主要原因有二：第一，得益于中国经济的发展；第二，得益于中信管理层，从荣毅仁到魏鸣一、王军、孔丹，从总公司到子公司的每一个细胞里都渗透着对市场经济的理解。就对市场经济的理解而言，中信公司从上到下都要比其他企业更深刻一些。

再次，是关于国有企业的概念。除了中信是国有企业之外，中国的国有企业有十四万多家，有中央的、地方的，甚至还有清华大学的校办国有企业。每个国有企业的组织形式可能都不一样。我为什么说探索呢，是因为我也想解这个谜，也希望能够得到威廉姆森教授和钱教授从理论上给予我们的指导，然后我们能够进一步在企业组织形式上有更多的创新。昨天，我们全集团召开了业务协作会议，成立了协同部，把我们的铁矿石生产、运输以及上游的有色金属、特钢制造、物流、煤炭等所有公司都聚集在一起，探讨如何通过企业组织形式的创新，来协调不同业务，发挥协同效应，使交易成本降到最低。我们更希望理论界、学术界、知名人士能够对中信的组织形式创新提供指导、提出建议。

科斯与中国[1]

2010年12月29日是经济学家罗纳德·科斯(Ronald Coase)教授一百岁的生日。这一天的上午,中国经济学家在北京召开了“科斯与中国”的学术研讨会,在祝贺科斯教授百岁寿辰之际,研讨科斯的学术思想和它对中国的意义。科斯教授在美国芝加哥的家中通过网络视频参加了会议,并发表了热情的讲话。虽然会议召开的时候芝加哥时间仍然是28日晚,但是伦敦时间已经是29日凌晨了。对于出生在伦敦郊区的科斯而言,在中国为他举办的这个百岁生日活动一定是他在生日当天收到的第一份祝福。

科斯教授长期在芝加哥法学院任教,并非经济系的教授。然而他是二十世纪最重要的经济学家之一,于1991年获得了诺贝尔经济学奖。他的两篇论文,一篇是1937年他二十七岁时发表的《企业的性质》,另一篇是1960年他五十岁时发表的《社会成本问题》,对经济学以及法学产生了划时代的影响。他的名字永远地同交易成本、产权、企业边界、新制度经济学等术语连在一起。

科斯在西方经济学界和法学界都是具有深远影响的学者。值得注意的是,科斯的学术思想自从二十世纪八十年代被介绍到中国以

[1] 本文原载于《财经》2011年第2期。

后，对中国经济学界的影响似乎比对西方的影响更大。也许是因为他的论文没有用到数学，浅显易懂。也许是因为他的理论基于直观的观察，使人容易接受。我以为不仅如此，其中有着更深刻的原因，值得我们思考。在我看来，科斯在中国有巨大的影响，根本原因有两条：一是科斯的经济思想的深刻性，二是科斯所关注的问题同中国经济改革中面临的挑战有直接相关性。这两者的结合可以解释为什么我们中国经济学家对科斯的学说情有独钟。

我们可以从三个方面来思考科斯与中国。首先，大多数现代经济学家的研究侧重于市场中的资源配置问题，而科斯的研究超出了这个范围。科斯学说是研究权利（rights）和权力（authority）的配置问题，其中包括产权问题。由于权利和权力的配置往往是资源配置背后的因素和条件，因此科斯的思想是深刻的。同时，权利和权力配置问题对于像中国这样一个原来的中央计划经济、目前正在走向市场经济的转轨经济来说，远比单纯的资源配置问题更为基本，更为重要。这是因为对资源配置问题的研究多以清晰产权和健全法治为前提，而这个前提在中国恰恰原来并不存在，是需要通过改革建立的。所以，我们讨论中国的转轨问题，讨论中国的发展问题，离不开研究权利和权力如何重新配置的问题。科斯的学说为我们的研究提供了基本的分析框架。

第二，科斯开创了新制度经济学，而新制度经济学不同于“旧制度经济学”的一个重要方面就在于它是分析性的学说，而不是描述性的学说。分析性的，就是指学说里面有推理、有命题、有度量、有检验。而分析中有一个核心抓手，那就是交易成本。交易成本是可观察的，可度量的。交易成本不局限于市场中的交易成本，也包括组织中的交易成本,有时候也称作组织成本。有了交易成本这个切入点,当我们研究制度的时候,就不仅仅是描述现象和探讨概念,而且是在理论上有推论,在实证上有检验。新制度经济学继承了旧制度经济学对制度的关注,但它的影响远超过后者,就是因为它是分析的,不是简单地对制度进行描述。正因为如此,它的理论是有力量的,既有解释力,又有预测力。这对于研究中国的经济问题,特别是制度问题,极有意义,因为它指导我们摆脱从概念到概念的研究方法,集中于通过推理导出可检验的命题,再去搜集经验证据,检验这些命题。这是研究制度问题的科学方法。

第三,新古典经济学为了研究市场的资源配置机制,把注意力集中在市场交易活动和价格机制方面,为此也就把市场中的企业简化成一个生产函数和一个利润最大化的假定。所以,我们对市场的理解就是价格。但是科斯的学说让我们对市场制度的认识超越了仅仅针对市场交易和市场价格的认识。在科斯看来,市场交易、企业内部交易,甚至政府对市场的监管等都是不同的合同形式或组织形式,哪种胜出是根据竞争和效率的原则决定的。这就让我们对市场制度的整体有了一个更高层次的理解。这对于中国这样的转轨经济极为重要。因为转轨本身就是重新界定企业与市场、政府与企业、政府与市场的关系。科斯的学说让我们在分析制度转轨的时候,站在了一个新的高度。

经过三十多年的改革、开放和发展,中国经济已今非昔比。不过,中国经济的制度转轨还有很长的路要走。科斯的学说对我们思考中国的制度转轨具有基础性的意义。他的学说是对权利(包括产权)和权力配置的研究,是以交易成本为切入点的分析性研究,同时又为我们认识市场经济制度提供了一个整体分析框架。这就是科斯的学说在中国这样的发展中国家和转轨国家有如此巨大影响的基本原因。也正因为这个原因,我相信他的思想在中国,不仅在改革初期,而且在目前和未来,都会有强大的生命力。

哈耶克：自由和市场的力量[1]

刚才两位从英国来的演讲人谈了撒切尔夫人在英国的影响，三位从美国来的演讲人谈了里根总统对美国经济产生的影响。在座的多数都是中国人，我们对中国过去三十多年改革开放，特别是邓小平先生的贡献，有亲身经历和体验。这三位领导人，撒切尔夫人、里根总统、邓小平先生，他们有一些类似的想法和做法。而他们三位发挥作用的起始点又是在同一个时间：撒切尔夫人1979年当选英国首相，里根1980年当选美国总统，而邓小平推动的改革起始年是1979年。也许这是一个巧合，其实不是。伟大的人物之所以做出有巨大影响的事情，一定有其历史背景。这三个国家——英国、美国、中国——国情非常不同。但是，三个国家当时面临着一个共同的历史背景，因此也是一个共同的历史机遇。这个历史背景是什么呢？

当我们回过头来看二十世纪的人类历史，就不能不注意到这样一种情况：在二十世纪，在全世界范围内，人们有过一种非常强烈的理想和追求，就是对计划经济、对政府管制的市场经济、对政府在经济中的作用，有着非常高的期望，希望能够通过政府来提高生产率，同时也

[1] 本文系2013年6月29日在博源年会上的发言，原载于《财经》2013年第25期。

使社会变得更公平。带来这种追求的背景是因为对“自由市场”的不信任,对它带来的经济不稳定和社会不公平的不满。应该说在一百年前,这样的想法在知识分子中,特别是在教育程度高的人中,是很普遍的,而且这种思想发源于发达的西方国家。同时,这种思想对贫困人群也极具吸引力。

二十世纪见证了这种思想的实践。不仅有 1/3 人口的国家完全实施了计划经济,即使在另外 2/3 人口的国家也实施了政府对经济的强力干预。这些国家可以分为两类:一类是发展中国家,除了少数之外,大多数都走了政府主导的发展道路;另一类是发达国家,包括英国和美国,凯恩斯主张政府干预的经济思想在相当长时间内占了上风。在当时的主流经济学中,政府主导经济的思想的影响远远超过今天经常谈到的诸如哈耶克和熊彼特的思想。即使在发达国家,不少经济学家都认同政府干预、政府管制甚至一定程度的国有制,认为这不仅会带来经济效率的提高,而且会改善收入分配。政府干预的另一种形式是建立福利国家,在高峰的时候,有些发达国家的个人所得税率超过 90%。

这是一段非常重要的历史,也是一个历史背景。计划经济尽管从理论分析上似乎是一种比市场经济更有优势的经济,因为可以“有计划按比例”发展。但是在实践中人们发现,计划经济都搞得不好,甚至出现很严重的灾难。这是一个事实。在那些并非完全计划经济的发展中国家,政府主导出现了非常多失败的例子。而发达国家包括英国和美国,在七十年代的时候也出现了种种问题。二十世纪这些试验的结果,并不是像之前很多学者期望的那样。

当时有没有学者做出过不同的分析?有,一位重要的学者就是哈耶克。1942年,当绝大多数经济学家和其他知识分子都认为一定程度的计划和政府干预是改进市场的好办法时,他写了《通向奴役之路》一书。1945年,他发表了一篇经济学文章,登在《美国经济评论》上,这是过去一百年中被引用最多的二十篇经济学论文之一,也是他后来获得诺贝尔经济学奖的重要引用文章之一,标题是"知识在社会中的使用"。1960年他的著作《自由宪章》出版,传递了同一个思想,认为市场经济中人的经济自由极为重要,它使得原本分散的信息,通过市场,得以有效使用,因此,经济自由是有效利用资源和分散信息的必要条件。计划经济听上去很有道理,有计划按比例,但是,它不能有效地使用这些分散的信息,所以是没有效率的。

同样的先见者之中还有美国经济学家米尔顿·弗里德曼。1962年他出版了《资本主义与自由》,传递的是同样的观点。这本书并不是他作为货币主义者的学术论著,而是作为对社会和经济整体看法的一本大众化、影响很大的书。即使在西方,这些观点和分析在八十年代前还很难说是主流观点。

之所以现在人们认为他们的分析是深刻的,是因为过去这几十年的经验事实提供了证据,这些事实说明了哈耶克的理论预测是对的。如果说我们今天比一百年前有什么地方更聪明一点,那就是这一百年来积累了很多的事实和证据。尽管中国的情况、英国的情况、美国的情况非常不同,邓小平、撒切尔、里根在各自国家中面临的国情很不一样,但是人类在思想上和实践上的共同点,我觉得是相通的,因为面临相同的历史背景。这也说明了为什么他们几乎在同一时间做了方向上一致但具体措施不同的事情。

这就进入了"二十世纪的大逆转"时期,开始于1980年左右。撒切尔当时的顾问跟她说，我们不要走两个极端，走中间道路最好。这个建议听上去很有吸引力，但是她回答说，“不，我们要走的是哈耶克说的道路”。当里根竞选美国总统的时候，很多选民说我们期望政府为我们解决经济问题，他说“不，政府才是问题”。在中国，我们也经历了巨大的思想转变。当人们要争论“姓社还是姓资”的时候，邓小平的回答是：不要争论，先做起来，关键看是否三个有利于。

邓小平的经济改革有很多方面，但我觉得用两个中文字组成的两个中文词就可以概括其实质内容。这两个字，一个是“开”，一个是“放”；这两个词，一个叫作“开放”，一个叫作“放开”。1979 年的时候，中国的情况与英国和美国非常不同：那时中国企业百分之百公有制，民营企业百分之零，外资也是百分之零。三十多年来，我们从贫困、落后的极端，发展到现在，开始步入中等收入。我们现在与发达国家还有很大差距。但我们过去三十年的经济改革和调整力度，与美国和英国相比，要大得多。

回忆一百年历史，我们从中学到了什么？从追求和理想，到经过实践发现问题，然后再转向和调整。在这里，观念层面的核心问题是经济学家争论的计划与市场、政府与个人，当然还有平等与自由这样深刻的问题。这里既有制度问题，也有价值观问题。最近看了一句话觉得很有意义。这不是一个理论命题，而是一个经验性的观察，是对过去这么多年实践的一个经验性概括，据说是以色列现任总统西蒙·佩雷斯（Shimon Peres）说的。他说：

By and large, those in the world who placed freedom above equality have done better by equality than those who placed equality above freedom have done by freedom.

翻译成中文是：

一般来说，在这个世界中，那些把自由放在平等之上的国家与那些把平等放在自由之上的国家相比较，前者在平等方面要比后者在自由方面做得更好。

我觉得一百年前我们没有办法说出这句话，因为我们当时没有经验证据。经济运行是非常复杂的，你可以从理论上说出不同的想法，不同的机制，但是到最后，是要看经验的证据。这么多年来我们比过去增加的不仅是理论上的洞见，更关键的是增加了经验上的观察，也就是历史的事实。我觉得他的这句话是很有分量的，是一个重要的经验观察。

最后，我要补充一点。二十世纪的凯恩斯主义也好，计划经济思想也好，都想解决两个问题（至少是初衷）：一个是市场经济的不稳定，三十年代的大萧条就是例证；另一个是收入分配的不平等。今天，我们刚刚又经历了一次很大的金融危机。同时，我们也看到收入分配在几乎所有国家内部都比二十年前变得更不平等（尽管在整个世界中收入分配变得更平等了，主要是因为中国和印度这两个大国的整体收入水平上升很快）。所以，这两个问题仍然还没有完全解决，这仍然是一个还没有结束的故事。

吴敬琏：用现代经济学讲述中国经济改革故事[1]

吴敬琏教授的《当代中国经济改革教程》是一本具有国内外影响的，并被广泛用作大学中讲授当代中国经济改革的教科书。我十年前在美国大学中讲授“中国经济”一课，就向能够阅读中文的美国学生推荐这本书。2005 年这本书的英文版出版，我把它列为教科书。过去十年，我在清华大学经济管理学院讲授 EMBA 课程时，这是我的唯一指定教科书。

这本书有几个重大特点都是其他有关中国经济改革的专著所不具备的。

第一，改革的历史背景。中国经济改革是在之前三十年计划经济体制的基础上进行的。不了解这段历史，就不能深刻理解改革的困难所在和改革策略的选取。这本书对改革开放之前中国经济的概述，特别是对这期间某些改革尝试的描述，是十分有意义的，也是不多见的。

第二，对改革历程的讲解十分详尽。作为从一开始就参与中国经济改革的经济学家，作者在这本书中全面概述了中国经济改革和开放的各个阶段的各个方面。中国经济改革的主线是以市场经济为取向

[1] 本文写于 2013 年 9 月，系为吴敬琏著的《当代中国经济改革教程》所写的推荐文章。

的改革,作为市场经济的最早也是最积极的倡导者和推动者,作者在这本书中对三十多年中国经济改革各方面的观察、评价和分析的水平,都是其他人很难达到的。

第三,运用现代经济学分析框架——比较制度分析来贯穿全书。中国经济在过去三十多年经历了翻天覆地的变化,其中最为本质的变化是制度的变化,是经济运营机制和资源配置机制的变化。正是这个制度变化导致了中国经济的高速发展。运用比较制度分析这一分析框架来理解这一历史过程是一个重要的突破,它让似乎没有关联的事件变得具有共同性。同时,它也把中国经济改革放在了全球经济改革和发展的大环境中,在比较中发现一般规律,并更准确地认识中国的特殊性。

第四,正是以上这些特点,带来了下面的这个特点,就是这本书是很少的有关中国经济改革的书,它所讲的“中国故事”不仅让中国人觉得接地气,而且也让国际上的经济学家信服。比如美国斯坦福大学经济学教授青木昌彦对这本书的评价是:“这本书可以为真正对中国感兴趣的外国读者提供一幅全面的、有见地的、有学术价值的当代中国经济画卷。据我所知,如此重要的经济学著作是前所未有的。”香港中文大学前校长、著名经济学家刘遵义说:这本书“运用比较制度分析的理论方法分析了中国改革和开放的实践,是关于中国经济改革的一本重要的而且不能忽视的书”。他们都对这本书给予了极高的评价。

最后,作为一名教师使用此书作为教科书的体验:这本书对学生而言通俗易懂,使用效果好。

哈耶克：计划与市场的争论[1]

我仔细阅读了江春泽老师的《猜想与求证：社会主义社会资源配置方式的世纪探索》这本书。这本书有26章，我只想谈谈第一章。因为我想很多人对第一章读得比较快，但是我觉得这一章非常重要，而可能熟悉这个话题的人并不多。

第一章是讲西方经济学界的一场争论，一直追溯到1902年。这段历史是非常重要的。1902年提出这个问题的时候还没有实行计划经济的国家，也没有社会主义国家。提出问题的这些学者和经济学家都是西方人。学术争论实际上反映了当时学术界和知识界对这样一个大问题的关注。这个争论后来的影响是非常大的，这本书中介绍了一部分。

作者在这本书里说了，计划和计划经济是两个概念。我想说的是，一个是学术概念上作为资源配置机制的市场和计划，还有一个是现实中的计划经济和市场经济，这是两组概念，区分两者也很重要。在一百年前的这场争论中，有帕累托(Vilfredo Pareto)，他是意大利人，有他的学生博洛尼(Enrico Barone)，还有泰勒(Fred Taylor)，他做过美国经济学会主席。

---

[1] 本文系2014年6月14日在江春泽所著的《猜想与求证》新书发布会上的发言。

泰勒在担任美国经济学会主席时所做的主席演讲专门讲计划机制可能是有效率的。兰格(Oskar Langer)——他后来担任过波兰副总理——又在此基础上做了进一步研究,来论证计划的有效性。他们都是西方很主流的经济学家。

这些经济学家认为计划可以达到资源的有效配置。持反面意见的一边像米塞斯(Ludwig von Mises)、罗宾斯(Lionel Robbins),特别重要的是哈耶克。这是纯粹学术探讨,很有价值,对后来也非常有意义。比较经济体制就源于这场争论。二十世纪经济学中有很多争论,可以说,其中最重要的争论之一,就是资源配置的有效机制是市场还是计划。这场争论过程在书中有很多描述。

这场争论到了四十年代造就了哈耶克的一篇著名论文,题目是"知识在社会中的使用",于 1945 年发表在《美国经济评论》上。这篇文章是极其经典的,应该说是那场争论在某种程度上有了一个阶段性的结论。

要想回答为什么市场比计划更有效率,是一件不容易的事。直观上讲,市场经济是每一个个人、每一个家庭、每一个企业自己做决策,而且自己做决策时都是为了自身的利益。这看上去很混乱,怎么会有效率呢?效率是一个社会概念,不是个体概念。相反,"有计划按比例"听上去非常有道理。所以想证明市场比计划在资源配置中更有效率,不是一件简单的事,很大程度上是反直觉的。

哈耶克的一个非常重要的发现,就是分散信息和知识的有效使用。这是我们,特别是专家们,没有想到的。事实上,越是有知识的人,越不容易想到,越难以证明市场经济更有效,更容易证明计划经济更有效。但是,哈耶克想到了经济中的每一个人、家庭、企业拥有很多分散的本地信息。本地信息不是专家信息，这是关键。而且这些本地信息是随时随刻、因地因时在变化。哪怕是一个街头卖食品的人，卖伞的人，都知道因为气候的变化，冰激凌的需求怎么变化，知道因为天气变化雨伞的需求会怎样变化。哈耶克认为在一个经济中，只有最能有效利用这种本地信息的体制，资源配置才有可能最有效率。当然，仅靠本地信息还不够，还必须有一个公共信息，那就是市场价格。他以此来证明市场经济比计划经济更有效率。

这样一个思路确实令人信服。但是，一般来说，越有知识的人越想不到这一点。我们太重视专业知识，那当然是计划经济就有优势，因为它可以用专家知识来理性地制订计划。这是三四十年代的争论。

哈耶克的这一思想后来在理论上取得了很大突破。怎么能用严密的理论证明、完善和发展哈耶克的思想，是很多经济学家一直在思考的问题。最早探索这个问题的是赫维茨。1984 年社科院技术经济研究所请他到北京来讲学，让我给他做翻译。他在北京讲课时用的就是他那几篇论文，这些论文运用比较深奥的数学，来明确地比较两种体制，两种资源配置机制——计划和市场。他非常重要的突破性贡献，就是引入了信息，特别是不对称信息。之后又有包括马斯金和迈尔森在内的经济学家，在此基础上做了很重要的基础理论工作，所以他们三人在 2007 年同时获得诺贝尔经济学奖。但是他们的思想可以追溯到 1902 年到 1945 年期间的那场学术争论，以及哈耶克的论文。

经济学中的信息经济学以及激励相容等概念都是从当时的争论中衍生出来的。这些概念一旦引出，它所覆盖的就不仅是用来比较市场与计划了，也可以用来研究企业内部问题、政府内部问题、市场监管问题等一系列不对称信息下人的行为问题、多人博弈问题等等。

所以我认为第一章很重要。很多人可能觉得这个历史很遥远，其实我觉得一点都不遥远。知识的学术发展脉络是极其重要的。这个背景折射出整个二十世纪人类对经济制度的探索，就是希望能有比市场经济更好的资源配置机制，更好的分配机制。在很大程度上，这是对十九世纪那种资源配置机制和分配机制的不满，希望能够找到更好的办法来改进。当时想到的是用计划来代替市场。

但是理论和实践都证明，一般来说，计划不如市场。二十世纪对计划经济的探索是失败的。但是，这个探索引发的学术争论是非常有意义的。后来在现代经济学的框架下，利用数学工具，把争论中关于信息在资源配置中的作用严谨化、严密化，这又带给我们新的知识。遗憾的是，这样一个学术演变过程，在当今的国内和国外经济学教育中，都关注不够。这是因为我们容易局限于一些具体问题或者是一些比较窄的问题，而对大的、根本性的问题，既缺乏了解，也缺乏历史知识。所以，我觉得这本书的第一章很重要。

麦金农与中国经济改革[1]

我在1990年秋季学期到斯坦福大学经济学系任教。在几个月之内,青木昌彦教授就有一个研究项目要研究各国的银行体制和金融体制,他让我做一个关于中国金融体制的研究。我把我写的论文初稿给了麦金农(Ronald Mckinnon)教授,同他一起讨论,这就是我们交往的开始。他看了我的文章后,对中国在1988年的保值储蓄很感兴趣。后来我知道他为什么觉得这一措施非常重要。

麦金农有一个很重要的学术观点,中国所有金融学的学生可能都知道,即发展中国家金融深化的天敌是通货膨胀,因为通货膨胀导致实际利率为负,由此导致金融压抑。我在论文里面讲道,即使在有通货膨胀的情况下,保值储蓄使居民存款的实际利率为正。正利率恰是麦金农在上个世纪六七十年代非常坚持的,也是他的一个重要贡献。他痛恨通货膨胀,这是我最初读他的金融著作中体会非常深的一点。这一点对发展中国家非常重要,因为发展中国家的共同问题是通货膨胀。一直到去世之前,麦金农还很坚持的一个观点,但并非主流观点,就是他坚持固定汇率制度,而不是浮动汇率制度。这背后的原因也与

[1] 本文系2014年12月19日在2014财新峰会之麦金农与中国经济改革学术专场上的发言。

控制通货膨胀有关。

1992年,他第一次到中国访问。这次访问我在里面起了一些作用。我特别清楚地记得1992年夏天,我和吴晓灵、麦金农一起坐火车从北京到南京。当时的火车很慢,一路上我给吴晓灵和麦金农做翻译。当然不是简单做翻译,实际上是几个人一起讨论。在从南京到上海的路上,我们去了一些江苏的乡镇企业,到了上海后,我们去了浦东,当时那里还是一片空地,但是上海市的相关负责人向我们展示了一份规划图。从那次以后,麦金农对中国情有独钟。他的很多想法、学术思想和政策建议都有操作性,也容易被中国接受。我仅举三个例子。

第一,他认为在改革的顺序中,财政改革非常关键,应该置于金融改革之前。他很强调改革要有顺序,在他之前,"改革顺序"不太受人关注。我们往往把很多注意力放在金融改革方面,但是作为金融专家的他,却反复强调改革顺序中财政改革的重要性,认为财政改革应该排在金融改革的前面。原因是他通过很多发展中国家的教训发现,金融之所以出现问题,产生通货膨胀,根本原因是政府收入不够,所以才需要以通货膨胀的形式获得收入。所以财政改革与金融改革是密切相关的,没有财政改革为基础,金融改革不可能成功。

他举出东欧转轨的例子,来说明如果不这样做,就会出现很大的宏观不稳定问题。政府的财政问题往往影响金融深化和金融体制问题。主张有顺序的改革是他非常重要的一个贡献。这在他1993年的著作《经济自由化的顺序:向市场经济转轨中的金融控制》(*The Order of Economic Liberalization: Financial Control in the Transition to a Market Economy*)中有详细阐述。

第二,他对中国财税改革提出过一个至关重要的具体建议,对中国的今天有巨大影响,但人们不是很清楚。1994 年我们的财税改革中非常重要的一项改革是引入了增值税,这是直到今天所有税收中最大的税种。在九十年代初我同他对中国税制改革有过很多讨论。在发达国家中,所得税是最主要的。就间接税而言,美国有各州的销售税,但没有增值税,无论是在联邦还是在州,都没有。但是欧洲有增值税。麦金农不是美国人,是加拿大人,加拿大在 1991 年引入了联邦增值税,叫作商品与服务税(Goods and Services Tax, GST)。他说,增值税与销售税在理论上是等价的,但在实际中,从操作角度看,就不等价。

我还一直记着他当时的分析。他说,九十年代的中国零售都是小商小贩,还没有大的连锁店,而美国早就全是大的连锁店做零售,所以政府可以在最后的零售环节把税收上来。但在中国要实施销售税,征收成本就太高了。而增值税就不一样,生产者的数目远远小于零售商的数目。另一方面,个人所得税更是难征收。所以,中国应该以征收间接税为主,而且应该以增值税为主。我们在 1994 年财税改革中,确实就是这么做的。当时的问题是税收太少,通过增值税,彻底改变了这个状态。现在人们讨论的问题是可能税收太多了。这也说明这个改革太成功了。

第三,对于中国的金融改革,假如麦金农今天在这儿,我猜他会说,在做金融自由化、市场化的时候,要非常小心,因为中国还没有从根本上解决"软预算约束"问题。任何经济模型中,只要加进软预算约束,很多肯定的结论都会改变。因为在软预算约束下的国有企业和金融机构与在硬预算约束下的企业和金融机构相竞争中一定会出现扭曲。所以,在把价格参数自由化并加上竞争后,有可能带来更多的扭曲,而不是更少。这就是所谓的“次优原理”,就是说,在有某种扭曲存在的情况下,纠正另一种扭曲可能会更糟糕。我相信麦金农关于金融改革的观点仍然适用于今天的中国。

总之,中国的经济改革走到今天,经济学理论直接或更多是间接的指导作用是不可忽视的。这也与中国经济学家的国际交流分不开。

二十多年前,在中国能听懂外国经济学家前沿理论的经济学家没有多少。但是现在情况非常不同了。国内已经有了很多受到很好经济学和金融学训练的人。现在国际上的学者说到中国问题的时候,确实不太容易能带来全新的框架和工具。可以说,在我们过去二十多年取得巨大进步之后,经济学方面也进入了一种“新常态”。

在这种新的条件下,怎么继续开展更加充分深入的交流和提升,的确非常重要,这是一个新课题。比如规制问题,或者说监管问题,都还需要深入研究,还是有非常大的空间。我们需要对经济学理论、金融学理论,以及他国的实践有更深刻的认识和理解。

现在我们对概念和名词都知道,对简单的方法也熟悉,比如都会做回归分析。但是,在更深层次,比如模型的含义,特别是跟中国的国情如何结合,到底哪些约束条件是中国的特殊性,有待进一步提升的地方恐怕还非常多。经济学与物理学不同,很少做实验,很多情况不能做实验。怎么办? 看其他国家的历史,看中国的历史,看中国的不同地区的情况,会给你提供一些类似从实验中得到的信息。这需要我们以更开阔的胸怀学习各国的经验和教训。

青木昌彦与比较制度分析[1]

我是在 1990 年从哈佛大学获得博士学位后到斯坦福大学经济系任教时结识青木昌彦教授的,至今年整整二十五年。7 月 16 日我去哈佛大学参加马斯金教授六十五岁生日的学术研讨会,在 7 月 15 日从北京到波士顿的途中得知青木昌彦教授去世的消息。而就在几小时之前我还给他的太太令子(Reiko)发邮件,希望在我两天的研讨会结束后去斯坦福看望他。没想到的是他突然离我们而去,终成遗憾。

青木昌彦(Masahiko Aoki)出生于 1938 年 4 月,在东京大学获得学士和硕士学位之后,于 1967 年获得明尼苏达大学经济学博士学位,师从赫维茨。赫维茨在 2007 年与马斯金以及迈尔森一起获得诺贝尔经济学奖,获奖原因是他们在机制设计方面的开创性贡献。

青木获得博士学位后到哈佛大学经济系任教。他早期致力于微观经济理论研究。二十世纪七十年代初回日本到京都大学任教,开始研究与日本经济和企业相关的经济理论。1984 年起受聘斯坦福大学经济系担任讲座教授。

我最早听到青木这个名字是在八十年代后半期在哈佛经济系做

[1] 本文系 2015 年 10 月 25 日在清华大学产业发展与环境治理研究中心十周年纪念庆典之青木昌彦学术思想研讨会上的发言。原载于《比较》2015 年第 6 辑,总第 81 辑。

博士研究生的时候。当时我对企业组织结构感兴趣，我的导师马斯金让我去读青木1986年发表在《美国经济评论》上的论文《企业的横向与纵向信息结构》(Horizontal vs. Vertical Information Structure of the Firm)。时隔近三十年后，青木去世的消息也是我在哈佛的研讨会上第一时间告诉马斯金的。这不能不说是一个巧合。

* * *

我是1990年秋季学期到斯坦福大学任教的。从那个学期开始，在青木和保罗·米尔格罗姆的设计和推动下，斯坦福经济系开设了一个新的研究生学科领域，叫作"比较制度分析"(Comparative Institutional Analysis，简称CIA)。取这个名字颇有讲究，其中三个关键词是"比较""制度"和"分析"，刻画出它的"新制度经济学"特性。虽然新制度经济学与旧制度经济学都是研究制度，但两者的差别在于旧制度经济学多是描述性的，分析性不足。要有深入分析，非有较强的理论基础不可。在二十世纪七十年代和八十年代，博弈论和信息经济学等微观经济理论获得重大突破，为分析制度提供了强有力的理论工具。八十年代的另一特点是经济更加市场化和全球化，经济体制改革和多元化逐渐显现，比如日本的崛起，苏联、东欧和中国的改革等，为制度比较，特别是跨国比较和跨文化比较提供了大量素材。这是建立比较制度分析领域的学术和现实背景。

青木是"比较制度分析"最积极的推手。除了青木和米尔格罗姆二位资深教授外，最初斯坦福经济系参加这个领域的有三名年轻教师，我是其中之一，另两人分别是一位经济史学者和一位苏联问题学者。这是一个有趣的组合：其中有三位将经济理论应用于日本、中国、苏联等不同地区，还有一位研究欧洲经济史，而米尔格罗姆是微观经济理论学家。每个星期有一场学术研讨，邀请经济学家围绕这个主题来讲论文，主要是来自校外的经济学家。刚进入九十年代，日本经济仍处于顶峰时期，东欧和苏联的转型已经开始，中国的经济改革从1992年开始呈现高潮。这些地区自然对新制度经济学尤其重视。所以这个领域从一开始就相当活跃。

在学术方面，这个时期新制度经济学在经济学界获得越来越多的认可。科斯在1991年获得诺贝尔经济学奖，诺思在1993年获得诺贝尔经济学奖，这两位都是新制度经济学的开山鼻祖。他们的获奖对“比较制度分析”领域是一个很大的促进。之后另一位获得诺贝尔经济学奖的新制度经济学重要贡献者是2009年获奖的威廉姆森。他是“新制度经济学”这个名称的发明人，他就在附近的伯克利加州大学任教，也是来参加“比较制度分析”研讨会的常客。

制度改革在中国经济改革中有特殊地位，这是经济体制改革的必然要求。相应地，制度经济学在中国经济学界有突出的位置，远比在发达国家受到更大重视，这也很自然，因为发达国家的制度已经经过较长时期的演变，相对比较完善。我在1992年写了一篇文章《国外经济体制比较研究前沿》，发表在《经济社会体制比较》上，其中就介绍了斯坦福的“比较制度分析”这一领域的情况。吴敬琏老师对此特别关注，经常引用其中的研究方法。1994年夏天，我同米尔格罗姆到珠江三角洲访问，参观乡镇企业，访问大学。之后我又同他和青木到北京，参加了“京伦会议”。这两位推动“比较制度分析”的资深教授都对中国有了接触。

这是我第一次同青木一起来中国，我把他介绍给吴敬琏、周小川、楼继伟、陈清泰、李剑阁等中国经济学家。1994年8月23—26日，国家经贸委与吴敬琏、周小川、荣敬本所领导的“中国经济体制改革的总体设计”课题组和楼继伟领导的“中国税制体系和公共财政的综合分析与改革设计”课题组，在北京京伦饭店联合召开了“中国经济体制的下一步改革”国际研讨会。有人将它与“巴山轮会议”相提并论，如果说“巴山轮会议”推动了宏观经济政策在经济改革中的研讨，那么“京伦会议”就推动了微观经济学最新发展在中国的传播。

为了推动比较制度分析的学术研究，青木还推动麻省理工学院出版社开设了“比较制度分析”系列丛书。这个系列中的第一本是罗兰在2000年出版的《转轨与经济学》，第二本是下面要讲到的青木在2001年的著作。

下面我来简要介绍青木在比较制度分析方面的主要学术研究贡献。

青木的开创性贡献是用现代经济学，特别是博弈论理论研究以及比较日本经济与日本企业的制度结构。他那篇发表在《美国经济评论》上的论文《企业的横向与纵向信息结构》是重要的原创性研究。这篇论文比较了两种信息结构和相应的决策模式：美国企业中的纵向信息结构和等级制激励及决策机制，日本企业中的横向信息结构和“准树形结构”及横向协调机制。这篇论文推导出这两种信息结构导致的效率不同，取决于“基层”信息处理能力（即一线工人的水平）、信息传递技术、经理人员的专业能力等因素。与这一理论相对应的经验证据是日本丰田生产方式中的“看板制”（Kanban），即基于“精益管理”（lean production）和“准时生产”（just-in-time）的库存控制系统。这篇论文以美国和日本企业为比较对象，运用信息经济学的理论来解释现实中观察到的企业的不同特性，在组织和制度经济学中有很大影响,并为“比较制度分析”提供了重要的必读内容。

在此基础上,青木在 1988 年由剑桥大学出版社出版了 *Information, Incentives, and Bargaining in the Japanese Economy* 一书,中文版是商务印书馆 1994 年出版的《日本经济中的信息、激励与谈判》。这本书不仅分析了日本企业中的横向信息结构,还分析了日本企业中的层级制的激励方式,公司股权结构和银行作为持股人的监督作用,利益相关者之间的谈判机制,企业集团组织,以及政府组织和官僚体系与企业关系中表现的“官僚多元主义”等各种制度安排的经济含义。在这本书中,文化虽然重要,但是分析文化现象完全可以从经济理性和效率角度来进行。

这本书的开创性贡献在于,青木运用取得最新进展的信息经济学和博弈论来研究快速崛起的日本经济和企业——这个看上去与欧美经济和企业非常不同的组织和表现。这应该是运用微观经济理论解释并比较不同制度和组织结构的开先河之作。在此之前,人们既对日本经济高速增长的奇迹感到振奋,也对日本经济的组织方式感到很神奇。人们通常会认为日本的经济制度与教科书上的市场经济模式完全不同,更有不少人用日本独一无二的“文化”来解释日本经济和企业的运行。但是青木的研究工作是用一般性的经济学分析方法和工具来细致地比较和分析日本的微观经济结构。

这一研究不仅使我们对日本经济和企业的运行获得了深入理解,同时也扩展和丰富了微观经济理论,因为他对企业的内部结构做了深入分析,而在二十世纪八十年代或之前,除很少数的经济学家(比如科斯、威廉姆森、钱德勒)外,微观经济学的主流是研究市场,而不是企业。青木的研究工作推进了产业组织理论。

进入九十年代,青木与世界银行经济发展研究所合作开展了四项跨国研究。这些研究基于东亚经济发展的经验,从比较视角研究发展中国家和转轨国家包括中国的经济改革和发展,对这些国家的经济发展和改革政策具有影响。

在我刚到斯坦福后不久,青木就同我谈关于开始一个企业与银行关系的研究项目。该项目的背景是日本的主银行制度,在这一制度下,主银行在监督公司管理层上具有特别的作用。这种监督机制不同于美国式的监督机制,后者通过资本市场和收购兼并来监督大公司的管理者。在发展中经济和转轨经济中,由于资本市场通常都不够发达,而银行系统通常是企业融资的主要渠道,所以通过银行监督公司管理层就是一个较为现实的选择。这项研究后来形成了他主编的《日本的主银行体系及其对发展中经济和转轨经济的启示》(*The Japanese Main Bank System and It's Relevance for Developing and Transforming Economies*)一书,该书于1994年由牛津大学出版社出版。

青木主持的第二个研究项目是关于公司治理。在1994年的"京伦会议"上,青木宣讲了他的论文《转轨经济中企业的内部人控制问题和治理结构》。会后我又陪他和哈特去上海访问。正是在这次访问中,我和他决定以世界银行研究所在1994年出版的*Corporate Governance in Transitional Economies: Insider Control and Roles of Banks*一书为基础,编辑出版一本中文的关于公司治理的书。这就是1995年由中国经济出版社出版的《转轨经济中的公司治理结构》。这本书应该是最早在中国出版的专述公司治理的书,并首次提出了"内部人控制"问题。"内部人控制"是"委托—代理"问题的一个应用,它通常发生在股权高度分散的大公司中,或在所有者缺位的国有企业中。在这种情况下,公司治理结构就是一种制度安排,提供了解决“内部人控制”的改革思路。这本书在九十年代影响了不少中国的经济学师生和经济学家。

青木主持的第三个研究项目以若干东亚高速发展经济为对象,分析政府在经济发展中的作用。研究政府在经济发展中的作用的经济学论著很多,主要思路都是从市场失灵的角度,来看政府如何通过纠正市场失灵,从而提高效率。但是青木从比较制度的分析框架入手,提出了一种不同的分析视角,就是政府的市场增强型作用(market-enhancing role)。它超出了垄断和外部性造成的市场失灵的框架,侧重分析在制度不健全、产权不安全、信息不对称、金融市场监管不到位等情形中,政府干预不是为了简单地弥补市场不足,而是为了增强市场的作用。所以,政府是通过市场发挥作用,而非替代市场发挥作用。这项研究体现在 1997 年青木等人主编的《东亚经济发展中政府的作用:比较制度分析》(*The Role of Government in East Asia Economic Development: Comparative Institutional Analysis*)一书中,该书也由牛津大学出版社出版。

青木组织的第四项研究是后来在 2001 年出版的《经济发展中的社区与市场》(*Communities and Markets in Economic Development*)。这样,基于这四项研究的四本书就形成了一个完整的比较制度分析的应用研究系列:从金融到公司治理,从政府到社区和市场。这也是青木的一个长期规划,从市场经济中的各个方面来分析制度,比较制度。

与此同时,在九十年代青木一直致力于运用博弈论来概括有关制度的一般性理论。这既是他在之前所做的理论研究的延伸,也是对他的四项应用研究的概括。它集中体现在他的专著《比较制度分析》

（*Toward a Comparative Institutional Analysis*）中，英文版于2001年由麻省理工学院出版社出版，中文版由上海远东出版社在同年出版。

这是一部计划宏大的书，试图用博弈论来全面概括制度研究。第一部分描述和分析制度的基本类型，从最原始的习俗性产权和社区，到中世纪长途贸易中私人秩序的交易合同，到现代企业组织和治理结构，以及作为政治稳定均衡的国家。第二部分引入制度分析的博弈论框架，把观察到的制度现象解释为某种博弈的均衡，并由此研究制度的动态变化。这部分高度抽象，并连接文献中对制度的多种不同的研究成果，体现了青木的主要理论贡献。第三部分分析制度多样性，比较多种公司治理结构，比较多种融资方式（比如银行与资本市场），比较不同的创新模式（比如硅谷）。青木对制度多元化的解释基于各种制度之间的“互补性”（complementarity），并预测这种制度多样性将持续演化。

* * *

在1994年之后的二十一年间，青木几乎每年都来中国访问，同不少中国经济学家建立了深厚的友谊。特别值得一提的是他同肖梦的友谊。在他们相识之后，我记得有一天在斯坦福，他兴致勃勃地拿了一本日文的有关中国“文革”的书来找我，给我看密密麻麻的日文中有肖梦名字的汉字。青木年轻时曾是日本大学中的学生领袖，很有革命激情，并心怀天下。这也许是他们之间的“化学反应”（chemistry）吧。

在青木的直接推动下，在丰田公司的慷慨支持下，2005年在清华大学公共管理学院建立了“清华大学产业发展与环境治理研究中心”，由陈清泰出任理事长，青木与吴敬琏担任学术委员会联席主席。今天我们纪念这个中心成立十周年，唯独缺少了青木教授，实在是巨大的遗憾。

青木是在今年7月15日去世的。在此之前的3月和4月间,他三次访问中国:3月21—22日参加中国发展高层论坛(近年来他每年都参加);4月5日参加“清华大学产业发展与环境治理研究中心”第14次学术委员会会议(十年来他每次会议都参加);4月21—24日他与福山(Francis Fukuyama)一起访问中国,到外专局、《比较》辑刊、清华公管学院做学术交流,并在4月23日会见了中纪委书记王岐山,4月24日上午又到清华大学参加了学生社团的交流活动,并为学生们写下了“新结合:Innovation for Students of Qinghua”几个大字。他从中国回日本与百寿高龄病重的母亲做了临终告别,然后返回美国,之后就住进了斯坦福大学校医院。

令人震惊的是他在住院后仅仅两个多月就离开了我们。这使我们失去了一位推动比较制度分析领域并做出开创性贡献的经济学家,一位热衷于建立中日友好关系的日本人。清华失去了一位坚定的支持者,我失去了一位良师益友。今天在他所创立的“清华大学产业发展与环境治理研究中心”十周年的纪念会上缅怀青木昌彦的学术贡献、制度建设贡献,以及对中日关系的贡献,是对他人生贡献的最好纪念。

诺思的遗产[1]

诺思(Douglass North)于2015年11月23日在美国密歇根州去世。我最后一次见到诺思是在2010年2月17日,我与他和温加斯特(Barry Weingast)在斯坦福大学附近门罗帕克(Menlo Park)的Left Bank(左岸餐厅)一起午餐。诺思那时已经年近九十。在此之前不久,他与沃里斯(John Wallis)和温加斯特的新书《暴力与社会秩序:解释人类有记录历史的概念框架》(*Violence and Social Orders: A Conceptual Framework for Interpreting Recorded Human History*)刚刚由剑桥大学出版社出版。温加斯特是我在斯坦福大学任教期间多篇论文的合作者,沃里斯是我在马里兰大学任教时的同事。所以我一直都清楚地知道他们花了很长时间去完成这部著作。这也是诺思生前出版的最后一本书。

我们从他们的新书谈起。这本书把人类社会历史归纳成三种状态:原始的无秩序状态、"有限准入秩序"(limited access orders)的"自然国家"(natural states)状态,以及"开放准入秩序"(open access orders)的"现代社会"状态。自然国家状态比无秩序状态更有利于经济发展,因为国家垄断的暴力阻止了无秩序的暴力,这使得社会比较

[1] 本文原载于《财新》2015年第50期。

有秩序，有利于人们的生产激励。但是，在自然国家状态下，国家不受限制而个人受限制，因此私人产权在本质上是不安全的，市场竞争也不公平，经济发展因此受限。在现代社会的开放准入秩序下，由于国家权力受到制约，私人产权得以免受国家的侵犯，由此私人有激励进行投资和生产，市场公平竞争，经济得以快速发展。在每一种状态中，政治制度和经济制度是相互决定并互为增强的。比如在现代社会中，经济的开放准入与政治的开放准入并存，经济上的竞争与政治上的竞争也一同出现。在人类历史上，从自然国家到现代社会的转型是一个非常偶然的事件，它首先发生在欧洲，并逐渐传播到全球。

我们由此谈到当代中国。中国在过去的三十多年中，以市场为取向的改革和开放引发的高速经济增长，让诺思十分兴奋。一方面，中国从计划经济到市场经济的转轨带来的经济高速增长印证了他关于产权、交易成本、激励等的一系列论说。另一方面，中国在经济开放和政治开放上的不同步与他的"开放准入秩序"并不一致。诺思认为，中国目前正处于转型时期，还不是一个稳定结构，一切都在发展过程之中，因此不能太快下结论。他推荐我阅读摩尔（Barrington Moore）1966 年出版的经典著作《独裁与民主的社会起源》（*The Social Origins of Dictatorship and Democracy: Lord and Peasant in the Making of the Modern World*）一书。这是一本社会学和政治学著作，并不是一本经济学著作。但是他仍然对我不知道这本如此经典的著作感到惊讶，我也乐意承认自己的无知。

我最早认识诺思是在二十世纪九十年代初。我 1990 年到斯坦福大学经济系任教，在那里结识了温加斯特，并通过他认识了诺思。温加斯特曾经在圣路易斯华盛顿大学（Washington University at St.

Louis）任教，与诺思曾是同事。诺思在二十世纪六十至七十年代在华盛顿州西雅图的华盛顿大学（University of Washington）任教，与张五常是同事。他在八十年代到了密苏里州的圣路易斯华盛顿大学任教，与前面的华盛顿大学是在两个不同州的两所大学，前者是州立大学，后者是私立大学，尽管都叫华盛顿大学。进入九十年代，诺思在圣路易斯华盛顿大学任教的同时还兼任位于斯坦福大学的胡佛研究所（该研究所独立于斯坦福大学）的资深研究员，所以我经常有机会在斯坦福见到他。九十年代初，先是科斯在 1991 年获得诺贝尔经济学奖，两年后的 1993 年诺思又获得诺贝尔经济学奖，对制度经济学研究是很大的促进。1997 年我去圣路易斯华盛顿大学参加了新制度经济学学会的成立活动。那次会议科斯、诺思、威廉姆森三位大师都到场，科斯当选第一任主席。之后诺思和威廉姆森分别也担任过该学会主席。

九十年代初我读到温加斯特与诺思 1989 年发表于《经济史杂志》上的论文《宪政与承诺》（Constitutions and Commitment：The Evolution of Institutional Governing Public Choice in Seventeen-Century England），印象非常深刻。他们运用博弈论和“可信承诺”来解读十七世纪英国光荣革命实现的对君主权力的限制，如何保护个人激励，促进经济发展，同时也有利于君主的经济利益。在他们的论文中，在君主与贵族或私人的博弈中，如果君主不受任何限制，他的任意权力太大，他事先做出的承诺（比如减税）就是不可信的。在这种情况下，贵族或私人就没有激励去投资，因为害怕事后被君主剥夺投资回报。但是，当君主的权力受到限制后，承诺变得可信，贵族或私人的投资激励上升，君主反而可以从做大的饼中通过税收或发债获得更大的利益。从数据中他们发现，在英国光荣革命限制君主权力之后，英国资本市场上的借贷利率下降,融资成本下降。这反映在英法战争中英国政府能以较低利率发行大量国债为战争融资,而法国国王的绝对权力则阻碍了他的发债能力。这是我最早读到的运用博弈论解释历史和制度的论文之一。

诺思是经济史学家,本科(人文学,1942 年)和博士(经济学,1952 年)都毕业于伯克利加州大学。他在二十世纪五十至八十年代研究经济史,聚焦于产权、政府、交易成本和制度演变对经济发展的贡献。他的几本著作,比如 1961 年出版的《美国的经济增长:1790—1860》(*The Economic Growth of the United States: 1790—1860*),1973 年出版的《西方世界的兴起》(*The Rise of the Western World: A New Economic History*,与罗伯特·托马斯合著),1981 年出版的《经济史中的结构与变化》(*Structure and Change in Economic History*),都是开创性和奠基性的研究工作。他最广泛流传的是在 1990 年出版的《制度、制度变迁与经济绩效》(*Institutions, Institutional Changes, and Economic Performance*),总结概括了他的前期工作。这本书中的第一句话给出了他对制度的定义:"制度是社会的游戏规则,更正式地说,制度是人类设计出来的规则,用以规范人与人之间的交往。其结果是制度提供了人们在交易中的激励结构,不管是政治的、社会的、还是经济的。制度变迁影响社会随着时间的演变,因此是理解历史的关键。"[1] 这是目前经济学家普遍接受的对制度的定义。

---

[1] 英文原文为:"Institutions are the rules of the game in a society or, more formally, are the humanly devised constraints that shape human interaction. In consequences they structure incentives in human exchange, whether political, social or economic. Institutional change shapes the way societies evolve through time and hence is the key to understanding historical change."

诺思对我关于中国制度变迁的研究一直非常感兴趣并热情支持。1992 年以后，中国的经济改革出现高潮，经济学家开始关注中国经济发展中出现的一些特殊的制度安排。诺思毕竟是经济史学家，所以他对历史上的大事件都不放过，尽管这是发生在中国的事件。这与多数经济学家不同，他们更多地关注发达经济中某一个专门领域中的细节，并用最新的方法和工具做精致的分析，却较少关注其他经济体中的重大变化。诺思对我研究的两个问题特别感兴趣：一是当时兴起的乡镇企业中的产权问题；二是中国地方政府的激励，特别是对地方官员热衷于经济发展的激励与行为。产权和政府行为是诺思研究经济历史中的核心问题，而中国的经济快速增长也与这两点关系很大，但是中国的具体形式却与西方历史上的发展又有不同之处。他虽然能够理解中国许多制度安排的特殊性，但是他始终问一个最终问题：如果没有正式的、基于法治的合同和制度安排，没有独立的司法体系，长期来看产权在中国是安全的吗？如果没有安全的产权，中国经济增长能够长期持续吗？我无法回答他的这个问题。

2007 年 7 月 12 日诺思访问清华经管学院，就“人类历史与制度变迁”做学术报告。在那次报告中，他首次介绍了他同沃里斯和温加斯特研究的主要思想，那时他们的书还只是手稿，尚未完成，但是基本思想已经形成。在那次会上，已经在清华任教的我、李稻葵、白重恩、王一江和正在清华访问的李宏彬、杨涛以及北大的林双林等与他对话，探讨中国发展路径的特点，引发学术争论，十分有趣。

产权和制度经济学在中国的传播与八十年代开始张五常和杨小凯的介绍与推广分不开。张五常和杨小凯认为产权、制度、交易成本是市场取向改革中的根本性改革。张五常是 1969 年诺思在担任华盛顿大学经济系系主任之时被聘前往任教的，直到 1982 年离开美国到香港大学任教，在华盛顿大学经济系执教十多年。在我和诺思的交谈中，多次听到他赞赏张五常的才华和经济洞见。科斯、诺思、威廉姆森三人是新制度经济学的创始人，各自的侧重不同。科斯最为深刻，科斯关于企业实质的阐述第一次提出企业与市场边界的问题，科斯定理则第一次阐述了产权、交易成本和效率的关系，对经济理论和法律实践都影响巨大。诺思的研究侧重西方经济发展史，用制度理论、交易成本理论解释西方经济的崛起，既有理论，也有实证。威廉姆森的研究重点在企业与市场的关系，企业内部结构，他把企业组织放到了经济学的中心。这三人的贡献奠定了新制度经济学（这个名称是威廉姆森发明的）的学科基础，也使他们分别获得了诺贝尔经济学奖。

新制度经济学对中国的影响远超出其他经济学分支，诺思在中国的影响远超出在美国的影响。这是因为制度在中国的改革和转型过程中有着十分重要的地位。相比之下，一般均衡理论，这一研究市场作为资源配置机制的最基本的价格理论，并没有像制度经济学那样深入人心。这也形成一种现象，就是在中国，关于价格扭曲和市场扭曲的问题往往说不太清楚，而关于制度缺陷和激励扭曲的问题却能够得到很多评论。在成熟的市场经济中，制度相对健全，激励相对正确，所以多数的经济学分析把制度作为给定的事实（taking for granted），注意力更多地放在资源的市场配置以及市场扭曲带来的成本上。中国作为从计划到市场的转型经济，市场扭曲和制度缺陷同时出现，而后者更为根本。所以新制度经济学在中国的影响更大，就不足为奇了。

经过三十多年的快速经济增长，中国已经从一个穷国成为一个中等收入国家。中国的经济和社会转型也随之进入一个新的阶段。在这样大的社会变动时期，人们对历史研究的兴趣随之增大，不仅对中国自己几千年的历史，也对世界历史，特别是发达国家的现代化历史和发展中国家的现代化转型历史特别关注。诺思以一个经济学家的严谨，以经济增长为切入点，研究现代化过程中政治、经济、社会之间的关系，并以制度经济学特有的视角和分析方法，获得开创性的研究成果；他对中国经济崛起提出的一系列尚未解答的问题，都是留给我们的智识遗产（intellectual legacy）。可以预见，在接下来的几十年中，随着中国经济从中等收入逐步迈入高收入，制度和制度变迁将成为越来越重要的理论和现实课题。在中国的历史性转型过程中，诺思的遗产将不可避免地伴随并帮助我们继续探索。

拉丰对经济学和经济学教育的贡献[1]

从2006年9月起至今，我担任清华大学经济管理学院院长整整十年。这些年在推动教育改革中，我时常会想到一个人，因为在我心中他一直是我的榜样。他就是法国经济学家让-雅克·拉丰（Jean-Jacques Laffont）。

拉丰英年早逝，在2004年去世时年仅五十七岁。他不仅对经济学研究贡献重大，而且是二十世纪后二十年在欧洲推动现代经济学教育的先驱者。2007年4月8日，在我刚刚担任清华经管学院院长后不久，我到斯坦福大学参加一个本科生组织——斯坦福中美交换论坛（Forum for American/Chinese Exchange at Stanford, FACES）的活动，我在那天的开幕晚宴的发言中曾经这样说：

> 如果你能做一件改变世界的事，这件事是什么？许多人都这样回答：改变中国的教育体制，或者说高等教育体制。眼下，我还没有那样的雄心壮志，但是我可以集中精力在一所学院——清华经管学院。这并不容易。我的好友、法国著名经济学家让-雅克·拉丰，在上世纪七十年代中获得哈佛大学经济学博士学位后

[1] 本文原载于《比较》2016年第6辑，总第87辑。

回到法国。他曾告诉我,他的一生梦想就是要改变法国的教育体制。他经常访问斯坦福和中国,我们在斯坦福还一起合写了一篇论文。三年前他去世了,留下了未圆的梦。

这些年来,拉丰的榜样一直都激励着我全身心地投入中国的教育改革。

拉丰对经济学的贡献

我最初认识拉丰是从他与梯若尔合写的论文开始的。拉丰与我的导师马斯金在二十世纪中期同时在哈佛读博士,他们两个人既是诺贝尔经济学奖获得者阿罗的同门弟子,也是同住一个宿舍的好友,而梯若尔则是马斯金在麻省理工学院任教时的第一个博士生。拉丰和梯若尔同是法国人,经常在一起合作写论文,他们写的论文是以Laffont-Tirole命名的。梯若尔获得了2014年诺贝尔经济学奖。2014年12月8日,梯若尔在斯德哥尔摩大学发表诺贝尔奖演讲《市场失灵与公共政策》,这个题目脚注中的第一句话就是:“此演讲是为了纪念让-雅克·拉丰。”在这篇演讲所引用的36篇论文中,其中有8篇是梯若尔与拉丰合作写成的,足以看到拉丰对经济学的贡献。再加上2014年的诺贝尔经济学奖只颁给了梯若尔一个人,难怪经济学家们普遍认为,如果拉丰多活十年,这个诺贝尔经济学奖很可能就是梯若尔与拉丰共同获得。

拉丰的主要贡献是在信息经济学,特别是激励理论以及与此相关的公共经济学、产业组织、规制经济学、政治经济学、发展经济学等领域中的应用。他一生发表了二百多篇论文，出版了十几本著作，包括《激励与政治经济学》（*Incentives and Political Economy*）（2000）、与梯若尔合著的《政府采购和规制中的激励理论》（*A Theory of Incentives in Procurement and Regulation*）（1993）和《电信竞争》（*Competition in Telecommunications*）（1999），以及与马梯芒（David Martimort）合著的《激励理论：委托代理模型》（*The Theory of Incentives: The Principal-Agent Model*）（2000）。可惜的是，本来计划与马梯芒合作的三卷本巨著，只完成了第一册，第二册只完成了一部分。

为了很好地理解拉丰对现代经济学的贡献，还要从二十世纪七十至八十年代微观经济学的演变历程说起。1971 年，阿罗和哈恩（Frank Hahn）出版《一般竞争分析》（*General Competitive Analysis*）一书，这是在完全信息、完全竞争之下的一般均衡理论的集大成之作。同样是阿罗，在六十年代就引入了不完全信息的基本概念，比如“道德风险”和“逆向选择”，这是他从保险业的术语中引进的。在七十年代，对不完全信息的研究获得了一系列突破性进展。最早的贡献者有在 1996 年获得诺贝尔经济学奖的莫里斯和维克利，在 2001 年获得诺贝尔经济学奖的阿克洛夫、斯宾塞和斯蒂格利茨。值得一提的是，在 1996 年诺贝尔经济学奖的颁奖典礼上，由于维克利获奖三天后不幸去世，应该由他做的诺贝尔奖演讲改由拉丰来做。拉丰曾说“这是一个非常尴尬的经历”，但经济学界都知道，这无疑是一种荣誉。到了 2007 年，赫维茨、马斯金和迈尔森又因在不完全信息下机制设计理论方面的成就获得诺贝尔经济学奖。2014 年，梯若尔获得诺贝尔经济学奖，因为他成功地将不完全信息理论应用于产业经济学、政府规制（regulation）等方面，其中的很多研究工作正是与拉丰合作的。至此，阿罗—马斯金—

梯若尔弟子三人获奖。正值本文撰写之际,2016 年的诺贝尔经济学奖揭晓,哈特和霍姆斯特罗姆由于他们对合同理论的重要贡献而获奖。

正如梯若尔在诺贝尔奖演讲中所说,在二十世纪七十年代后期和八十年代初期,作为研究必备的两种工具,博弈论和信息经济学取得了一系列突破。这就为研究产业组织问题,即建立反垄断和规制理论,提供了机会。正是使用这些分析工具,现代产业组织理论诞生了,由此也对公共政策的制定提供了理论基础。这些突破都是使用数学模型的。这些数学模型对我们理解市场结构,以及制定相应的规制,都是必要的。理论模型的建立是为了简化,聚焦最重要的问题。

下面举一个例子来说明构建数学模型的意义。由拉丰和梯若尔建立的不对称信息模型是一个经典模型。在这个模型中,合同是完备的,但信息是不对称的。所谓信息不对称,就是合同的双方中,一方比另一方掌握的信息更多。比如被监管的企业比政府监管当局的信息更多,再比如企业管理者比投资者的信息更多,等等。这是显然的。但是如何深入研究呢?拉丰和梯若尔通过建立一个简单的数学模型,揭示了信息不对称时在资源配置决策中面临的一对矛盾,就是为有信息的一方提供信息租金(从而提供激励)和资源配置扭曲之间的矛盾,以此为切入口,就可以用模型来分析许多经济问题。

很多问题,比如公司治理和电信管制中,都存在这一矛盾,而这在信息对称的情况下是不存在的,因为价格调节就可以达到最有效率的资源配置,不会产生扭曲。但是当信息不对称时,为了给掌握信息一方足够的激励做出正确决策,没有信息的一方就不得不故意在一定程度上扭曲资源配置。这是为了提供信息租金从而提供激励,让掌握信息的一方把真实信息披露出来。以这个模型为基础,就可以研究在信息不对称情况下的很多问题，推导出最优或次优的规制政策。以此为基础，还可以扩展到动态情况。比如人们熟悉的“棘轮效应”或称“鞭打快牛”就在这个模型中完全被解释了。从中又引出“可信承诺”(credible commitment)的效率意义，得出“反直觉”的结论，比如，在限制一个人的权力之后，反而可以增加他的收益，而不是减少，因为承诺变得可信了。如果没有数学模型，这些深入的研究就不可能。

拉丰对法国和欧洲经济学研究和教育的贡献

1975 年，拉丰获得哈佛大学经济学博士学位，并获得威尔士(Wells)奖，这是哈佛大学经济系授予的最佳博士论文奖。作为一个法国爱国者，他获得学位后立即回到法国。在法国服完兵役之后，开始在巴黎的大学教书。为了他的学术理想，面对法国僵化的教育和学术体制，他不得已而参加并通过了法国的国家考试，成为国家认可的教授。而不少法国著名的经济学家，包括梯若尔在内，都由于没有参加国家考试，所以都不是国家认可的教授，而只是当地大学的教授，这也是当年拉丰常常哀叹的一件事。

在巴黎任教的经历，让拉丰意识到法国官僚体制的顽固性，他感到在巴黎推动大学教育改革无能为力。于是他毅然决然回到了他的故乡，位于法国南部的图卢兹。对很多人来讲，图卢兹作为空客飞机的总部所在地闻名。在当地，拉丰家是一个非常有名望的家族，他父亲是一位著名的数学教授，可谓家学渊源。在图卢兹，拉丰开始了他传奇的学术生涯和经济学教育使命。起初，因为当时法国的经济学教育非常落后,甚至没有合适的法语经济学教材,他不得不花费了很多时间编写教材,这些教材后来都被翻译成英文,由麻省理工学院出版社出版。之后,由于法国的体制无法与现代经济学教育相容,他开始了一系列试验,先后创建了几个不同性质的研究机构,有的在大学体制内,有的是完全独立的,其中最著名的是于 1990 年创建的,既与公立的图卢兹大学有非常密切的关系,又完全是私立的"产业经济研究所"(Industrial Economics Institute, IDEI)。他凭借自己的学术地位和个人魅力,通过各种方法创造条件吸引人才。其中最典型的也是让拉丰最为得意的是成功说服梯若尔放弃麻省理工学院的终身教职回到法国,来到他创办的产业经济研究所工作。经过十年的发展,到 2000 年,这个研究所已经闻名全球。2006 年,在这个研究所的基础之上又成立了"图卢兹经济学院"(Toulouse School of Economics),由梯若尔担任第一任院长。今天,拉丰从零开始建立的图卢兹经济学院,已经成为欧洲乃至全球顶尖的经济学研究和教育机构。

很多经济学界同人不仅敬仰拉丰惊人的学术成就,更加敬佩拉丰在经济学教育实践方面的成功。在拉丰回到法国之前,法国的现代经济学研究,除了与法国优秀的数学传统比较密切的计量经济学和数理经济学等少数领域外,其他领域都比较松散且不规范,更谈不上成体系。拉丰通过一己之力,把现代经济学的研究方法和博士培养模式从美国传到法国。图卢兹不仅产生了诺贝尔经济学奖获得者梯若尔,而且成为欧洲大陆培养经济学博士的重镇。拉丰的学生马梯芒就是在法国理工毕业后在图卢兹获得的博士学位。现在清华经管学院任教的白亚来(Alexander White)也是在那里获得的博士学位。

拉丰在法国的影响不仅局限在图卢兹,甚至波及整个欧洲。传统上,欧洲经济学研究重镇主要集中在英国,在伦敦经济学院、剑桥大学、牛津大学,但是现在欧洲大陆的经济学教育开始具有世界竞争力。在拉丰和图卢兹榜样的影响下,我在哈佛的同学、比利时人德瓦特里庞(Mathias Dewatripont)从哈佛获得博士学位后回到比利时,于 1991 年在布鲁塞尔建立了"欧洲经济学高等研究中心"(European Center for Advanced Research in Economics, ECARE)。我在哈佛的另一位导师马斯-克莱尔辞去哈佛大学的终身教职,于 2006 年在西班牙创建了"巴塞罗那经济学研究生院"(Barcelona Graduate School of Economics, BGSE)。2006 年在巴黎成立的"巴黎经济学院"(Paris School of Economics)更可以看作是巴黎学界或者说法国传统领地对图卢兹经济学院崛起的直接反应。参与创建巴黎经济学院的经济学家中就有皮凯蒂(Thomas Piketty),他担任了首任院长。他的《21 世纪资本论》在近年成为全球畅销书。这些研究机构已经成为欧洲大陆经济学研究和教育的重要阵地,吸引欧洲流失到美国的人才回到欧洲。

拉丰在美国,特别是在欧洲的经济学界非常有影响。由于他对经济学的开创性贡献,他被选为美国经济学会的荣誉会员(1991)、世界计量经济学会主席(1992)、美国艺术与科学院外籍院士(1993)、欧洲经济学会主席(1998)等。值得一提的是,在 1993 年,他同梯若尔一起获得了欧洲经济学会与芬兰的一个基金会联合首次颁发的于尔约·杨松奖(Yrjo Jahnsson Award)。在美国,美国经济学会从 1947 年开始每两年颁发一次克拉克奖(John Bates Clark Medal)给四十岁以下对经济学做出显著贡献的美国经济学家(自 2009 年起每年颁发一次)。萨缪尔森在 1947 年获得首次颁发的克拉克奖,在 1970 年获得诺贝尔经济学奖。与此相对应,欧洲经济学会自1993年起,每两年颁发一次于尔约·杨松奖给四十五岁以下对经济学做出显著贡献的欧洲经济学家。在梯若尔同拉丰一起获得首次颁发的于尔约·杨松奖的十九年之后,梯若尔在2004年获得诺贝尔经济学奖。

拉丰对中国经济改革政策和经济学教育的贡献

拉丰第一次到中国访问是在1990年。那一年在北京的奥林匹克饭店举行了纪念颐和园研讨班十周年学术研讨会,拉丰作为世界计量经济学会的当选主席,应邀来中国参加此次研讨会。早在1980年,在邹至庄和刘遵义等华人经济学家以及此后的诺贝尔经济学奖获得者克莱因(Lawrence Klein)的组织和在福特基金会的支持下,在颐和园龙王堂举办了计量经济学讲习班。这是改革开放后现代经济学最早系统性地被介绍到中国,是以数学和统计学在经济学中的应用形式引入的。这在当时是很容易理解的,因为从数学和统计学切入现代经济学可以避免意识形态之争。我记得1984年,社科院数量经济研究所邀请赫维茨来北京在北京友谊宾馆讲学也是讲数理经济学,就是他的机制设计理论。我那时在美国读研究生,夏天回国休假,为他全程做翻译。虽然那时我刚刚开始学习经济学,但由于我是数学出身,所以他讲的数学我还能听懂并能翻译。

拉丰在这次研讨会上做了有关新计量经济学理论的发言。由于他当时还不是很了解中国听众,所以他的演讲充满了数学公式,估计当时能听懂的听众寥寥无几。但从此之后,拉丰结下了他的中国之缘,经常来中国做学术访问,并且越来越深入地参与中国经济改革和经济学教育实践。1994 年初,他第二次来中国访问,当时他正承担一个 OECD(经济合作与发展组织)研究中国改革实践的项目,同时他的新规制经济学著作也刚刚出版。为了更加深入地了解中国,拉丰安排了长达两个星期的访问时间,在清华、北大、社科院、电信研究院等机构举行学术讲座,通过访谈了解中国的经济改革和经济学教育情况。正是通过这次访问,拉丰结识了社科院的张昕竹。当时张昕竹刚结束在斯坦福大学的访问回国,根据社科院的安排参与接待他。通过两个星期的密切交流,张昕竹给他留下了很好的印象,并成为他最终选择的研究合作者。在拉丰的积极推动和帮助下,张昕竹于 1995 年去法国图卢兹留学,正式成为他的博士研究生,也是他唯一的中国弟子。

1996 年 8 月 31 日至 9 月 2 日,我参与组织的"现代企业理论与中国经济改革国际研讨会"由中国社科院数量经济研究所主办在北京召开。这个会议参加者除了拉丰以外,还有马斯金、霍姆斯特罗姆、穆尔(John Moore)、博尔顿(Patrick Bolton)、罗兰,他们都是活跃在微观经济理论和应用前沿的经济学家。应该说这是九十年代在国内召开的学术水平最高的微观经济学研讨会。正是在这次会议上,马斯金宣讲了他与梯若尔合作的挑战不完备合同理论基础的著名论文的初稿,而穆尔作为长期与哈特合作的不完备合同理论的创始人之一,做了精彩回应。有趣的是,在这次会议召开的整整二十年之后的 2016 年 10 月,哈特与霍姆斯特罗姆一起获得了诺贝尔经济学奖。

在会议期间,我同拉丰有不少交流。他对参加会议的一些中国经济学界的学者型官员印象非常深刻,其中包括周小川、楼继伟、郭树清、李剑阁等。他说,中国的经济学界虚心学习现代经济学,对中国经济改革有历史使命感,是这个国家的希望。他还特别拿中国的情况与俄罗斯的情况做了对比,他感到俄罗斯政府官员和经济学家就非常不同,虽然当时他们也在推进向市场经济的转轨。

正是在这次会议上,他向我介绍了他在法国图卢兹办学的经历。他特别谈到中国改革、文化和现代化历程。从他的经历可以看出,他把美国先进的经济学研究和教育引入法国和欧洲,同时,他又是一个具有爱国主义情怀的欧洲人,并不想照抄美国的一切。他对中国的文化非常尊重,结识了不少知名的中国画家和文化名流,并收藏了一些中国书画。他同我说,中国是非宗教的文化传统,在这个传统下搞现代化不同于宗教传统下的现代化。但他相信是可以走出来的。他希望我能推动中国的经济学教育事业,并邀请我去图卢兹访问。

中国从二十世纪九十年代中期开始全面建立市场经济的基本框架。到了九十年代末,正值中国即将加入 WTO 之际,在全球化和放松管制浪潮的背景下,中国借助开放为推动力,加速了改革的步伐。2000 年,在朱镕基总理的主导下,中国开始对垄断行业进行系统改革,在电信、电力、铁路和航空等行业,通过以“打破垄断,引入竞争”为基本思路的改革,试图建立适应市场经济发展的新的规制框架。作为中国垄断行业改革试验田的电信业是当时改革的突出案例。

电信业是一个传统的“自然垄断”行业。但是,随着技术进步的变化,特别是八十年代美国的 AT&T(美国电话电报公司)被拆分,电信行业面临重组,其中有很多经济学的道理都是在改革实践中发展起来的,而拉丰正是这个领域的国际顶尖的经济学家。他那时非常关注和关心中国的电信改革,并想以电信改革为例来推动中国建立市场经济中的规制制度。而那时在中国的经济学界,对电信行业改革的争论大多停留在政府垄断还是自由市场的主张,没有深入到政府如何监管和规制这个层面。拉丰和梯若尔的著作《电信竞争》的英文版在 1999 年由麻省理工学院出版社出版。这本书的中文版在 2001 年出版后，立即成为国内的热销书，电信业的政府官员和企业管理者当时几乎人手一册，有点像 2015 年在“大众创业、万众创新”热潮中热销的《从 0 到 1》一样。那时正是一个电信改革的火热时代和黄金年代。

2000 年，在社科院举办颐和园研讨班二十周年纪念会时，拉丰又一次来到中国。针对中国当时的改革实践，他向时任社科院院长李铁映建议，加强规制方面的研究，并愿意提供帮助。正是在他的推动下，世界银行启动了帮助发展中国家建立规制新框架的一系列资助计划，使得中国也被纳入这个计划，获得了世界银行赠款和技术援助。

2001 年，拉丰又一次来中国访问。他在北京大学光华管理学院做了一场学术报告，之后又访问了武汉大学。他再一次深感中国经济学界对现代经济学基础理论认识的欠缺，并萌生了要系统地为中国学生和青年老师讲一门激励理论课程的想法。2002 年夏季，在邹恒甫的安排下，他结束在非洲的访问后来到武汉大学，连续讲了四个星期的课，其中前三个星期面向全国的学生和教师讲授激励理论，包括安排一周讲解文献并讨论；最后一周连续五天，面向全国电信行业的官员和企业管理者讲授规制理论，全程由张昕竹翻译。正是在那段紧张的讲课期间，他还同张昕竹合写了一篇论文，后来发表在 2004 年《发展经济学杂志》(*Journal of Development Economics*)上。

在武汉大学讲课结束时，拉丰发现身体有些不适。他显得非常疲惫。这似乎有些异常，因为他从来都是效率奇高、身体超棒的人，几乎没有人怀疑他的身体会出什么问题。非常不幸的是，在拉丰此次访问结束回到法国后，不久就被查出患了癌症。但即便如此，他在开始治疗的同时,并没有放下研究工作和事业,仍然一如既往地高强度工作。

在拉丰患病期间,他还一直惦记着中国的电信改革和中国经济学教育事业。那时,中国电信改革正好如火如荼,长期困扰中国电信行业的互联互通问题开始得到治理,中国电信业规制的新框架开始搭建。拉丰多次表示非常高兴看到中国的改革走到这一步,也很得意当初的努力开始看到效果。非常遗憾的是,他再也没有机会回到中国来了。在被查出患有癌症之后不到两年,他就于 2004 年 5 月 1 日在法国家乡去世。

2014 年 6 月,为纪念拉丰逝世十周年,马斯金、梯若尔、张昕竹组织在南昌的江西财经大学举办了一次规格非常高的研讨会,不但邀请了很多世界顶尖的知名经济学家莅会,还邀请了被认为当今世界最有前途的一些青年经济学家。我未能参加,深感遗憾。马斯金后来告诉我,这是一次非常好的会议。在这次会议的四个月之后,梯若尔获得 2014 年度诺贝尔经济学奖。

拉丰对我的教诲

二十世纪九十年代我在斯坦福大学任教时,拉丰经常来访,我们在那里相识。但是与他比较多的接触,还是在 1997 年访问图卢兹。在拉丰的邀请下,我于 1997 年 8 月 30 日至 9 月 7 日期间访问图卢兹。那时,他所创建的产业经济研究所已经有六年了,并聚集了不少一流的经济学家,包括克莱默(Jacques Cremer)、雷伊(Patrick Rey)、梯若尔以及拉丰在那里培养的博士生马梯芒等。我在那里访问的几天中,与这些经济学家有较多接触,让我切身感受到,拉丰付出了多大努力,在欧洲的一个地方，用美国的经济学研究和教育方式，创造出一个“特区”的发展。

在那期间，我目睹每天他的办公室前都有见不完的学生在等待，每天都有见不完的资助者和来访客人。他说他的白天时间全部去做行政管理，包括筹款。他与法国电力、法国电信、巴黎银行等法国国有企业有很好的合作关系，这些企业也对他的办学提供很多长期稳定的支持。在繁忙的行政管理工作之外，他只能利用晚上时间做研究。他说每天只有晚上 8 点到 11 点这三个小时，才是自己不被打扰的研究时间。正是每天这三个小时和令人难以置信的高效率，使得拉丰做出了惊人的研究成果。他因繁忙的行政工作少写了一些学术文章，少出了一些研究成果，但他一直认为这样做是值得的。他同我讲了不少法国教育体制的问题。法国的教育体制非常集权，一切都要经过教育部。这也使我意识到，与法国相比，中国的教育体制在某些方面倒显得灵活些。

我在那里有机会与他的学生张昕竹长谈。张昕竹是中国社科院数量经济研究所的研究人员，当时正在那里攻读博士学位，也是最早在西方学习政府规制的中国经济学者。我其实早就认识张昕竹。他 1992—1994 年在斯坦福大学做访问学者，我在斯坦福经济系任教。在拉丰的帮助下，他 1995 年到图卢兹大学攻读博士学位，师从拉丰。他是第一个在图卢兹大学用英文写博士论文的学生，为此拉丰付出了很多努力，需要与很多教育部门周旋，打破当时法国教育当局规定的博士论文只能用法语完成的规定，这也是拉丰推进法国大学改革和国际化的一个例子。后来，在 1997 年底博士毕业的时候，我是他的博士论文外部评审人之一。1998 年，张昕竹学成回国，在图卢兹和中国经济学界之间，特别是拉丰和梯若尔与中国的关系上，发挥了重要的作用。1999年中国社会科学院与世界银行发展学院联合成立“规制与竞争研究中心”，张昕竹担任主任，对规制经济学在中国的传播，特别是电信改革上，做出了贡献。

拉丰一直对中国的经济改革和政治经济学有很强烈的兴趣。我们在斯坦福的时候，就开始一起讨论中国的经济改革问题，特别是从政治经济学的视角来分析。在图卢兹的时候，我们一起合作完成了一篇短论文，后来发表在《欧洲经济评论（论文集）》。[1] 这本来是我们一个长期研究项目的开头，可惜在那以后我们没有时间继续研究下去。

我最后一次见到拉丰是2003年初在伯克利。那时我在伯克利加州大学经济系任教，他到斯坦福和伯克利访问。他告诉我他已经到南加州大学任教。他对他在图卢兹的成就感到满意，认为可以由其他人接班了。但是，他也向我感叹，他无法改变法国的教育制度，尽管他可以让图卢兹在经济学教育上崛起。他同我讲了他在武汉大学讲课的情况。我也告诉他我在2002年组织了一批海外华人经济学者到清华经管学院系统性开设现代经济学课程的情况。他对我的这一工作非常肯定，希望我能够坚持下去。当时他已经被查出癌症，但是他对自己的康复很有信心。我没有想到的是，这是我们的最后一次见面。

我自2002年开始在清华经管学院担任特聘教授，讲授现代经济学课程，主要讲授本科一年级的《经济学原理》。我于2006年9月起

[1] “The Dynamics of Reform and Development in China：A Political Economy Perspective,” (with Jean-Jacques Laffont) *European Economic Review*, *Papers and Proceedings*, April 1999, 43, pp.1105－1114.

担任清华经管学院院长，至今已经十年。拉丰在图卢兹创建产业经济研究所，从 1990 年到 2000 年也是十年。我想他如果活到今天，看到我在中国推动教育改革的工作，一定会感到欣慰。在拉丰去世之后，我曾经试图在清华经管学院建立一个以拉丰命名的讲席教授席位，但遗憾的是此事至今一直未能实现。

作为经济学家，拉丰对信息经济学和公共经济学等很多领域做出了开创性的贡献，这些贡献足以让他分享诺贝尔经济学奖。作为法国经济学家，他在法国图卢兹创建的经济学研究和教育机构已经成为欧洲现代经济学的重镇，从那里培养造就了世界级的经济学家。作为关心和投入中国经济改革和经济学教育改革的经济学家，他对中国经济改革政策的影响，对现代经济学在中国传播的贡献，尽管不太为国人特别是经济学圈外人所知，但是值得我们感激和珍惜。他对我本人而言，更是长者加挚友，在我研究现代经济学，在中国探索经济学教育改革，推动大学改革的征途上，他都是我永远的激励和榜样。

哈特、霍姆斯特罗姆：合同理论的中国意义[1]

今天我们讨论合同理论，当然跟今年(2016)的诺贝尔经济学奖授予奥利弗·哈特(Oliver Hart)和本特·霍姆斯特罗姆(Bengt Holmstrom)直接相关。而他们两人的研究与我们的很多理论研究和政策思考也是直接相关的。

合同理论同中国问题的相关性

我想用两个例子来说明哈特和霍姆斯特罗姆的研究如何延续到我本人的学术研究中。这一点非常重要，因为学术研究都是延续的，是在前人的基础上一步一步向前，而不是和前人的研究毫无关系。

第一个例子是我和车嘉华对中国企业所有制的研究。哈特认为，在通常情况下，合同是很难完备的，其中的主要原因可能是时间很长，有一些事件不可预测。在中国这样的转轨经济中，没有很好的法律体制，产权本质上不像成熟经济中那样安全，所以有额外的理由使得合

[1] 本文系 2016 年 12 月 3 日在 2016 财新峰会之合同理论与中国下一步改革学术专场上的发言。原载于《中国改革》2017 年第 1 期。

同更不完备。在这种情况下,控制权的配置就变得更为重要。这是逻辑上非常自然的延伸。基于这样的假定,我和车嘉华的研究要说明收入所有权在中央政府还是地方政府,或是在企业家手里,对企业的效率和企业的表现有什么不同的影响。

从研究的思路和理论的框架来讲,我们的研究和哈特的是一致的。但是,在哈特那里,其隐含的一个前提是成熟的市场经济,在这样的经济里,制度比较完善,产权能够得到保护,不需要有政府的太多干预,除非有外部性等原因,否则,政府的控制权从效率上讲确实是没有意义的。然而,只要改变一个假定,比如说产权从根本上是不安全的,从这一假定出发,我们就可以导出不同的结论。这个例子说明不完备合同在我们的制度环境中是可以用来研究很多问题的。

第二个例子与霍姆斯特罗姆的完备合同有关。霍姆斯特罗姆的一个非常重要的贡献,就是在完备合同下的最优激励合同设计是与描述不可观测行为的充分统计量有关的。我和马斯金、许成钢的研究工作就是要分析在 M 型和 U 型的不同组织形式中,这种充分统计量的比较。这实际上也是沿着霍姆斯特罗姆的路线在研究,得出了一些以前没有过的结论。

通过这两个例子可以说明这次获得诺贝尔经济学奖的合同理论,对我们思考中国的激励问题或者是由产权产生的企业问题或者是政府中的激励问题,都是非常相关的。

二十世纪九十年代中期的两次会议

这两位经济学家及其理论同中国改革非常相关,还在于他们曾经参加过影响中国改革进程的两次学术研讨会。一次是 1994 年的“京伦会议”,一次是 1996 年的“现代企业理论与中国经济改革”国际研讨会。哈特参加了 1994 年的京伦会议,霍姆斯特罗姆参加了 1996 年的会议。这两次会议我和许成钢、肖梦都是全程参与组织并参加会议的。从 1996 年的会议到现在正好是二十周年,我们一起来回忆九十年代中期的这两次会议,对我们思考中国现在面临的问题也是有帮助的。

这两次会议的宏观背景当然是九十年代中国的经济改革。1992 年 9 月,中国正式确定了社会主义市场经济的改革方向,并在 1993 年 11 月党的十四届三中全会提出了“五十条”,这是一个关于社会主义市场经济基本框架的整体设计。1994 年 1 月 1 日中国开始推行全方位的改革,首先出台了汇率并轨,引入了分税制,以此开始来构建社会主义市场经济的基本框架。可以说二十多年后的今天我们仍然是在这个基本框架内运作的。当时还特别提出了现代企业制度,对于到底应该建立什么样的现代企业制度,实际上是有很大理论需求的。

京伦会议是在 1994 年 8 月 23 日到 26 日召开的,会议的正式名称是“中国经济体制的下一步改革”,因为在北京的京伦饭店举行,所以简称为“京伦会议”。这次会议由两个课题组联合举办:一个是“中国经济体制改革的总体设计”课题组,一个是“中国税制体系和公共财政的综合分析与改革设计”课题组。如果说 1985 年的“巴山轮会议”是以宏观经济学为主线,那么“京伦会议”就是以微观经济学为主线。

会议有四场讨论,主题分别是:企业改革、公司化、公司治理与所有制;银行与企业的财务重组、破产程序;财税改革;1995 年的改革前瞻。与会的海外学者有哈特、米尔格罗姆、青木昌彦、麦金农、刘遵义,以及波尔(Roy Bahl)、黄佩华等。

哈特主要在银行与企业财务重组的破产程序这场研讨会上发表演讲,并做了评论。他当时把不完备合同理论应用到破产程序,特别是区分了“第七章破产”和“第十一章破产”,前一种破产是清盘的概念,后一种破产是重组的概念。这些概念都是第一次引入当时的中国。当然,哈特不仅引入了这些概念,还用剩余产权的配置来解释这两种破产之间的差别,因为不同的程序涉及不同的产权权利的分配。当时的朱镕基副总理在会议期间的 8 月 25 日会见了与会者,听取了他们对企业改革特别是企业债务重组的意见。

两年之后的 1996 年 8 月 31 日到 9 月 2 日,中国社科院数量经济研究所主办了“现代企业理论与中国经济改革”国际研讨会。这次会议的参加者有马斯金教授,他是我和许成钢、白重恩、李稻葵、王一江等人的共同导师,还有霍姆斯特罗姆,那时候他已经到麻省理工学院任教。此外,还有来自欧洲的约翰·穆尔、帕特里克·博尔顿、热若尔·罗兰、拉丰,他们都是活跃在微观经济理论和应用前沿的经济学家。应该说这是九十年代在国内召开的学术水平最高的微观经济学研讨会。1996 年 9 月 2 日,当时的副总理李岚清会见了参会者。

正是在这次会议上我第一次听到马斯金讲他和让·梯若尔合作的工作论文初稿,挑战不完备合同的理论基础。

穆尔是哈特的两个长期合作者之一,另一个合作者是格罗斯曼(Sanford J. Grossman)。哈特最早的文章是和格罗斯曼合作的,写完这篇文章之后,就跟穆尔合作。穆尔参加了 1996 年的会议,并作为答辩的一方。

从这两次会议中可以看到学术界真正的争论。学者们之间,比如马斯金和哈特，在很多学术问题上争论非常激烈、严谨，但他们又是非常好的同事、朋友，一起探讨学问。我觉得这种治学精神在这两次会议上得到了充分展现。

二十年之后，即今年的10月哈特和霍姆斯特罗姆两人一起获得了诺贝尔经济学奖。两位教授获奖后我给他们写了贺信，在回信中他们都分别提及对这两次会议印象极其深刻。

这两次会议还有两方面的意义：第一，来参加这两次会议的人都是九十年代活跃在微观经济学前沿领域的学者，为中国带来了新一代的现代经济学理论，特别是微观经济学理论的思想框架和分析工具。像哈特、米尔格罗姆、马斯金、霍姆斯特罗姆、穆尔、博尔顿、拉丰等经济学家，都是最顶尖的微观经济学家。其中有三位已经获得了诺贝尔经济学奖，如果拉丰不去世，他完全有可能在2014年与梯若尔一起分享诺贝尔经济学奖。而其他的学者也有可能得奖。

在中国的微观经济学领域，科斯、诺思、威廉姆森的影响很大。他们可以说是第一代产权和企业组织的创始人。科斯在概念上，诺思从历史上，威廉姆森在企业内部组织和产业组织上，运用交易成本理论来研究。第二代人继续他们的研究，特点是使用博弈论、信息经济学、激励理论，进行更加精密、更加深入也更加科学的研究，成果更加丰富，而且工具和框架一旦形成，可以对其他研究产生影响，比如对产业组织，对微观金融，对公司治理，对转轨经济，对国际贸易等等。这就是科学发展的路径。

第二，这些经济学家开始对中国发生的事情感兴趣，并以此为对象进行研究，来中国访问讲学。马斯金就是在这次访问后对M型和U型组织形式的比较研究产生兴趣，后来与许成钢和我合作，写了一篇论文。拉丰的故事更是突出。在会议期间,我同拉丰有不少交流。他对参加会议的一些中国经济学界的学者型官员印象非常深刻,这其中包括周小川、楼继伟、郭树清、李剑阁等。他说,中国的经济学界虚心学习现代经济学,对中国经济改革有历史使命感,是这个国家的希望。他还特别拿中国的情况与俄罗斯的情况做了对比,他感到俄罗斯政府官员和经济学家就非常不同,虽然当时他们也在推进向市场经济的转轨。正是在这次会议上,他向我介绍了他在法国图卢兹办学的经历。他把美国的先进的经济学研究和教育引入法国和欧洲,还把梯若尔延揽到图卢兹。

2002 年夏季,拉丰到武汉大学,连续讲了四个星期的课,其中前三个星期面向全国的学生和教师讲授激励理论,包括安排一周讲解文献并讨论;最后一周连续五天,面向全国电信行业的官员和企业管理者讲授规制理论。2014 年 6 月,为纪念拉丰逝世十周年,马斯金、梯若尔到南昌参加张昕竹组织的研讨会。在这次会议的四个月之后,梯若尔获得 2014 年度诺贝尔经济学奖。

合同理论的现实意义

哈特和霍姆斯特罗姆的理论和研究对现在也是有非常重要的现实意义。当然现在和二十年前不一样的是,中国经济改革在很多方面取得了很大的成功。但是,还有很多根本性的问题没有解决。哈特提出的不完备合同的分析框架是一种产权理论的分析框架,他特别强调剩余控制权的重要性。实际上,无论是私有企业还是国有企业都有很复杂的控制权配置问题,国有企业可能更复杂,简单的合同无法完备地写清楚利益的分配,但是这里面有一定的规律性。因此不完备合同理论对我们思考和分析企业问题,进而思考和分析更广泛的经济制度、法律制度、政治制度问题,都是相关的。

霍姆斯特罗姆关于完备合同下的信息度量,实际上也有非常重要的含义。在激励合同设计上,他有一个很重要的理论:如果有两个变量,一个可度量而另一个不可度量,如果给可度量的变量提供非常强的激励,不可度量的那个变量就不会有激励。这个理论最简单的应用就是教育,其中有两个变量:一个是容易度量的,如发表论文或者高考成绩,还有一个是不容易度量的,比如育人,培养人的素质、人的创造力。如果只给容易度量的高考成绩或论文发表提供特别强的激励,那就可能会摧毁育人的激励。在这种情况下,就要有意地减弱对容易度量的变量的激励,不让它那么强。霍姆斯特罗姆的这个理论很有洞见,它表明,并不是所有激励都越高越好,它取决于变量的可观察度以及变量之间的关系。这些年我在做教育,发现在我们的教育中一个非常突出的问题正是由于在育人和论文发表之间,在培养创造力和考试成绩之间的激励不同而产生的扭曲。霍姆斯特罗姆的理论对我们理解这个问题是非常有现实意义的。

总之,哈特和霍姆斯特罗姆都是合同理论:一个是不完备合同,一个是完备合同。他们的理论在很多方面都非常有用,而且也是经济学科的基础。除了有用的事外,作为学术研究,也应该在理论层面把问题搞清楚,因为理论基础很重要。

阿罗：现代经济学理论的奠基人[1]

阿罗（Kenneth Arrow）于2017年2月21日在斯坦福大学所在地帕罗阿图（Palo Alto）去世。我在当天听到这个消息，仍然感到很意外，虽然他已是九十五岁高寿了。不到一年之前的2016年5月9日，我在斯坦福参加有关中国经济的研讨会时，他坐在下面听我发言，之后我们一起拍照。他那时看上去身体很好，思路敏捷，问了我几个有关中国经济的问题。我们还谈到此前不到一年的2015年6月，他到重庆参加中国留美经济学会举办的国际学术研讨会。他对中国经济发展非常有兴趣。

我第一次见到阿罗是在1990年1月。那时我正在博士临近毕业期间找工作，到斯坦福大学经济系做"求职演讲"（job talk）。阿罗从1949年起就在斯坦福大学经济系任教，中间只有1968年至1979年间在哈佛任教。他是我的博士论文导师马斯金七十年代在哈佛的博士论文导师。我的博士论文的一部分是科层等级组织中的激励问题。在去斯坦福之前，马斯金同我说，阿罗对非市场组织内部激励问题很有兴趣，因此会对我的研究有兴趣，并且说"他是一个会认真读别人论文的人"。这句话我后来才明白它的意思，因为不少经济学家只听但

［1］ 本文原载于《比较》2017年第3辑，总第90辑。

不读其他人的论文。果然,在那次访问中,他对我的研究工作十分肯定,还在一起晚餐,愉快交谈。

我后来决定到斯坦福大学经济系任教。之后与阿罗的接触就多了。虽然我没有上过他的课,也没有与他合作写过文章,但与他共同指导过博士生,中国学生李波就是其中之一。阿罗在斯坦福的标志性动作有两个:一是每天戴着头盔骑着自行车来办公室;二是参加学术讨论会时,前一半时间总是在低头看刚收到的邮件,人们以为他没有在听,可是放下邮件就马上提出最尖锐的问题,令在场人都感慨万分。我从他那里学到了很多在课本上无法学到的东西,不仅是经济学,多是在讨论会上或者是在闲谈中。他的博学总是让人惊讶。还是在九十年代中期,当时个人电脑兴起,计算能力飞速发展,互联网也已经兴起,信息技术发展远远超越人们的预期。因此,在我看来,好像技术发展都是超出人们预期的。记得有一次我问他,有哪个方面的技术发展远远落后于人们一百年前的预期。他马上回答说:电池。这不是我当时的知识所能想到的,给了我很大启发,那就是我们的视野很有局限,非常缺乏历史的厚重。电池技术在近来有了重大进步,但仍然是一项技术制约。

诺贝尔经济学奖自1969年开始颁发。阿罗在开始颁奖后的第四年,即1972年获得诺贝尔经济学奖。他至今保持着两项纪录:他获奖时五十一岁,是诺贝尔经济学奖获得者中获奖年纪最轻的;同时,他也是在所有诺贝尔经济学奖获得者中获奖之后活得最长的,四十四年。早于他两年在1970年获得诺贝尔经济学奖的,也是获奖的第一位美国经济学家是萨缪尔森。八十年代我在哈佛读书时曾经到麻省理工学院拜访过萨缪尔森。他向我问起浦山,时任社科院世界经济研究所所长。浦山是四十年代哈佛的经济学博士，同萨缪尔森一样，也是熊彼特的学生。在《经济分析基础》一书中，萨缪尔森还特别感谢了浦山的帮助。阿罗和萨缪尔森是现代经济学泰斗级的人物。这两人还有亲戚关系：阿罗的妹妹嫁给了萨缪尔森的弟弟，他们的儿子是萨默斯(Lawrence Summers)，哈佛大学经济学教授，克拉克奖获得者，担任过哈佛大学校长、美国财政部长、美国国家经济委员会主席等职务。

萨缪尔森说过阿罗是二十世纪最伟大的经济理论家。说阿罗是现代经济学理论的奠基人，一点也不夸张。打开任何一本严谨的现代经济学教科书，都有两部分核心内容：一般均衡理论和社会选择理论。这两部分内容是分别关于市场经济中的资源配置机制和民主政治中的投票选举机制的基础性分析，阿罗都做出了根本性的贡献。

在社会选择理论中，阿罗开创性地运用严格的数学推理研究社会偏好与个人偏好之间的关系，推导出著名的“阿罗不可能定理”，揭示出投票选举这一集体决策机制中会遇到的基本难题。这是一个非常深刻且影响深远的研究结果，不仅为经济学，也为政治学奠定了科学基础。以阿罗的这一工作为起点而继续这方面研究的森(Amartya Sen)在1998年获得诺贝尔经济学奖。这方面已经有很多介绍，我不再赘述。

一般均衡理论是有关在充分竞争、完备市场中商品供求通过价格机制达到均衡的一整套理论。虽然这一理论背后的经济学思想是亚当·斯密早在二百多年前就描述过的市场的“看不见的手”，但是阿罗等人通过严谨的数学模型，精确地描述了消费者偏好和选择集合、生产者技术条件，并在此基础上推导出均衡存在的条件，还建立了“福利经济学第一定理”和“福利经济学第二定理”。在建立均衡条件中需要用到数学的不动点定理(fixed point theorem),在证明福利经济学第二定理时需要用到分离超平面定理(separating hyperplane theorem)。但是,并非数学的深奥性,而是经济学的深刻性,使得一般均衡理论成为现代经济学的支柱。

一般均衡理论受到的批评很多。因为它是建立在一些假设的基础之上的,而任何一个人都可以批评这些假设的非现实性。记得在一次斯坦福的研讨会上,阿罗对一般均衡理论有如此评价。他说,一般均衡理论有五组假设,而每一组假设从五种不同的角度看都是错误的。但它是经济学中最有用的理论之一。他当时讲这句话时,对我冲击很大。因为这是我从教科书中没有看到过的,而是亲耳从阿罗那里听到的,也正因为我们的文化背景不同,我很为之震撼。

这是非常有哲理的一句话,特别是对在中国文化传统中受教育的人而言。我们的文化中缺乏科学传统,尤其是缺乏社会科学理论传统。我们判断一个理论,很容易先看它的假设是否"现实",往往以假设不现实来否定理论的意义。正是我们的经验主义传统,使我们无法发展出建立在抽象假定上的理论,阻碍了我们的社会科学的发展。

在一般均衡理论的假设中,有人的理性假设、充分竞争假设、完备市场假设、生产技术没有外部性假设、没有收益递增假设等,现实中当然都可以发现这些假设是不对的。恰恰是这样一个理论体系,不仅可以应用于许多现实问题,而且后来的许多新理论都建立在它的基础上,比如投资学和金融学中的证券定价理论。可计算的一般均衡理论还运用到公共经济学中,计算税制改革带来的收益和成本;运用到环境经济学中,在有外部性的情况下研究环保政策的有效性;等等。

事实上,后来许多新的经济理论的发展,都要以一般均衡理论作为参照系或作为起点,包括阿罗自己的研究工作。我下面举两个例子,它们是阿罗在一般均衡理论的基础上开创的两个新领域。无论是社会选择理论还是一般均衡理论,阿罗都使用了在当时被认为很抽象的数学来做经济学理论研究,但如果就此认为阿罗只会用抽象数学来建模,那就错了。相反,这两个例子恰好说明了阿罗如何把现实中的经验观察上升到经济学理论的创造性过程,对我们从事经济学研究很有启发。

1963 年阿罗在《美国经济评论》上发表论文《不确定性和医疗保健的福利经济学》(Uncertainty and the Welfare Economics of Medical Care)。在这篇论文中,阿罗开创性地分析了医疗服务和医疗保险市场。他首先以完备市场的一般均衡理论作为参照系,对照发现医疗服务与医疗保险市场中最大的特征是不确定性,包括患病是一个不确定性的事件,同时治疗结果也是一个不确定性的事件。从这里就引出风险分担的问题。但是他发现,现实中这些风险并不是能够全部被分担的,所以就会得出偏离均衡点是福利最优的结论。

正是在这篇研究医疗保险问题的论文中,阿罗首次引入了"道德风险"和"逆向选择"这两个重要概念。他用一小节专门分析"道德风险"带来的问题。在有第三方保险的情况下,投保人就会减少预防措施,导致就医增加。他分析道,这是投保人的激励问题,因为保险公司无法观察和控制投保人的行动。阿罗接着分析了医疗保险中的几种费用支付方式。如果是完备市场,这些方式应该是等价的,但是在现实中,它们并不等价,由此说明市场的不完备性。特别是,如果医生的收入与保险支付挂钩,那么医生也有"道德风险"问题,比如为病人开过多和过贵的药,这是医生的激励问题,而保险公司无法确定病人的真实情况和真实需要的治疗。

他在这篇论文中谈及了保险公司遇到的另一类问题,即“逆向选择”问题。投保人中有低风险和高风险的人群,但是这个信息只有投保人知道,保险公司不知道。如果市场是完备的,那么高风险和低风险人群会被区别对待。但是在现实中,他们是无法被区分的,所以在同一保费下,就会更多地吸引高风险的人,导致“逆向选择”。

阿罗就是这样把“道德风险”和“逆向选择”这两个重要概念引进经济学,并开创了信息经济学这个新的研究领域。这些研究也对医疗和保险业有着实际的重要影响。已经有若干位经济学家因为信息和激励的研究而获得诺贝尔经济学奖。比如 2016 年获得诺贝尔经济学奖的霍姆斯特罗姆,他的最重要的两篇获奖论文的标题正是“道德风险与可观察性”(Moral Hazard and Observability)和“团队中的道德风险”(Moral Hazard in Team)。阿罗的重要贡献不仅是引入这些概念,关键是以一般均衡理论为参照系的系统性分析,为之后的研究奠定了理论基础。

1962 年阿罗在《经济研究评论》上发表《干中学的经济含义》(The Economic Implications of Learning by Doing)。早在五十年代,经济学家已经从经验数据中发现,经济增长并不是仅靠人均资本的增加,还要靠技术进步。但是在当时的理论模型中,“技术进步”只是一个外生变量,而不是模型内部产生的。阿罗在这篇开创性的论文中建立了一个理论模型,其中最重要的突破是他描述了一种“技术进步”的过程。具体地说,技术是由“学习”获得的,而他给出的机制是,学习是以往经验的结果,也就是说,干得越多,经验越多,人均产出也就越多。因此,在他的模型中,人均生产率随着经验的积累而提高。

这是一个突破性的发展。因为由此推导出的生产函数具有规模收益递增的特点，而不是一般均衡理论中假定的规模收益递减。当然，由于“学习”的外部性没有被市场作价，所以投资的私人回报低于社会回报，竞争市场的均衡并不是有效率的，这有别于一般均衡理论所推出的结论。但是，这是第一个“内生增长”的模型，是我们真正理解经济增长内生机制的开始，阿罗因此又开创了一个新的研究领域。八十年代和九十年代罗默(Paul Romer)等人推动的内生增长理论，正是以阿罗的这个模型为起点和基本要素的。由此可见阿罗研究的影响力之深远。

回顾并理解阿罗对现代经济学的贡献，可以帮助反思我们的经济学研究中常见的误区和软肋。一是我们对理论的忽视甚至鄙视。这里说的理论是抽象的，看上去与现实有相当距离的，通常以数学符号为语言的逻辑系统。无论是社会选择理论还是一般均衡理论，都是这样的理论。尽管这些理论中的假设与现实不符合，但是它们对我们认识现实中的经济问题和社会问题提供了重要的参照系和基准，是我们探究社会问题的入口，更是我们发展出与现实更为贴近的理论的起点。而我们急于求成的心态，我们的经验主义传统，容易造成我们对抽象理论的拒绝。但这只会使我们永远不能摆脱浅薄的陷阱，无法在科学的道路上前行。

二是如何把在经验观察中发现的现象和问题变为精确的概念，并转化为可分析的模型，使经验上升为理论。“道德风险”和“逆向选择”都是源于对现实的观察。阿罗把它们上升为精确的概念，前者是不可观察和控制的行动，后者是不对称信息，并把它们纳入可供分析的模型中，推导出不同于标准模型下的结论，这才是重要的突破。类似地，把“干中学”这样的经验观察转换成人均生产率取决于经验积累的条件，并植入生产函数，推导出不同于在标准生产函数下的各种结论，这也是重要的突破。在这些突破的背后，都是对比参照系，引入新因素，分析出新结论，为后续经济学家的研究提供了新的平台。这样一个科学研究的路径，也是我们十分缺乏的。

当我们回顾阿罗对现代经济学理论研究的贡献时，我们更加能够欣赏和理解像他这样的经济学巨人对现代经济学的根本性价值，并从中受到启发。阿罗的经济学研究路径应该激发和引导中国的经济学及社会科学研究者的研究方向与方法，并由此获得深刻的学术思想和洞见。

第三编

现代经济学在美国

经济学科在美国[1]

本文将介绍经济学科在美国的情况。由于美国代表了目前全世界现代经济学教学和研究的前沿,了解经济学科在美国的情况,对于如何参与国际经济学界的学术活动是很有必要的。我介绍以下四个方面的情况:第一,美国大学中经济学科的设置;第二,美国大学的经济学教育;第三,美国的经济学博士教育模式在欧洲;第四,中国学生申请留学美国攻读经济学学位时应注意的事项。

一、美国大学中经济学科的设置

首先,我们注意到的是国内的大学通常设经济学院,而美国的大学都是设经济系。经济系通常设在文理学院内(也有少数设在管理学院内)。文理学院一般分三个部:自然科学部、社会科学部和人文部。国内习惯把社会科学和人文统称为文科。但是社会科学和人文的研究对象和方法是很不一样的。人文主要包括文(学)、(历)史、哲(学)等,而社会科学主要包括经济学、政治学、社会学、人类学等。在一所大学内,文理学院是大学的核心,是最重要的部分。这是因为文理学

[1] 本文原载于《经济社会体制比较》2001年第6期。

院的主要教学对象是本科生和博士生，前者是大学教育的主要对象，而博士的培养与科研密切相关。所以文理学院是任何一所综合性大学的学术核心。这个核心之外是职业学院（professional school），主要有法学院、商学院、医学院和工学院，这些职业学院通常只招研究生（也有例外，特别是工学院）。美国不少大学的管理（商）学院是研究生院，没有本科生。如果本科想念管理（商）的话，可以主修经济学。经济学不仅是社会科学中最重要的学科，而且在一所大学里也是举足轻重的学科。所谓重要是说，相对其他学科而言，它的教授人数比较多，主修的学生也比较多。经济系在文理学院里是大系。相对而言，经济学科在社会科学的各学科中被认为是最"成熟的"学科，这也增强了经济系在整个学校中的地位。

那么，经济系内部又是怎样的呢？在美国，一个系是一个行政单位。虽然经济学科内有多个分学科，但经济系内并不正式划分教研室，只是有一些组织比较松散的"领域"（field），比如，宏观、理论、计量、产业组织、劳动经济学、公共财政、发展经济学、国际贸易和金融等。通常每一个领域每周有一次研讨会（workshop 或 seminar），请校内和校外的教授来讲论文，比如宏观研讨会、发展经济学研讨会等。如果某人经常去某个研讨会，那么他就会被认为是那个领域的。由于任何人都可以参加多个研讨会，所以他可以同时属于多个领域。

管理（商）学院中的经济学科是怎样的呢？以往美国的商学院以教学为主要任务，但是最近二三十年来，较好的商学院对研究越来越重视了。一般商学院内设有多个小组（group），如金融、会计、市场营销、组织行为、管理、信息技术等。有的商学院里也有经济学组（economics group），通常远不如经济系的师资力量强，但个别商学院中的经济学组特别强。需要注意的是，商学院中的经济学组与有些大学设在商学院中的经济系是不同的，前者面向MBA，后者面向本科生。商学院的某个领域研究好不好，首先看它招不招博士生。商学院的首要任务是培养MBA。培养博士是为教授研究与教学提供辅助，优异毕业生则成为师资来源。商学院中的博士班（所有小组累加起来）通常比经济系的小。MBA需要学一些经济学的基本知识，主要是微观经济学。因此，商学院中经济学以微观经济学为主，教学注重实用。MBA学生是不同的群体，他们交了很高的学费，是来学技能的。MBA学生听不懂的话，他们说你教得不好；而本科生或博士生听不懂的话，他们说自己学得不好。因此，对教授来说，教MBA学生要比教本科生、博士生花更多的时间。

比较国内和国外对经济学科内的领域设置，需要特别澄清什么是金融学（finance）的问题。我发现国内和国外对金融学这一领域的理解有很大的不同。一个国内学生说他是学金融的，到了国外会发现他学的在那里不被称为金融。相反，在国外学的金融，在国内又可能不叫金融。为什么会这样呢？这需要仔细的分析。

国内所说的金融是指两部分内容。第一部分指的是货币银行学（money and banking）。它在计划经济时期就有，是当时的金融学的主要内容。人民银行说我们是搞金融的，意思是搞货币银行。第二部分指的是国际金融（international finance），研究的是国际收支、汇率等问题。改革开放后，凡是以“国际”打头的专业招生分数都非常高，更不要说加上金融二字了。这两部分合起来是国内所指的金融。为了避免混乱，我们且称之为“宏观金融”。有趣的是，这两部分在国外都不叫作“finance”（金融）。而国外称为“finance”的包括以下两部分内容。第一部分是“corporate finance”,即公司金融。在计划经济下它被称为公司财务。一说公司财务,人们就会把它跟会计联系在一起,似乎只是做做表格。之所以应把“corporate finance”译成公司金融而不译成公司财务,就是因为它的实际内容远远超出财务,还包括两方面:一是公司融资,包括股权/债权结构、收购合并等,这在计划经济下是没有的;二是公司治理问题,如组织结构和激励机制等问题。第二部分是资产定价(asset pricing),它是对证券市场里不同金融工具及其衍生品价格的研究。这两部分合起来是国外所指的“finance”,即金融。为了避免混乱,我们且称之为“微观金融”。

根据这一分析,我们便清楚了。国内学生说自己是金融专业的,他们指的是宏观金融,但是按国外的说法,这一部分不叫“finance”(金融),而是属于宏观经济学、货币经济学和国际经济学这些领域。国外说的“finance”(金融),一定指的是微观金融。在美国,货币银行和国际金融通常设在经济系,而公司金融和资产定价通常设在管理(商)学院。经济系也会有一些研究公司金融的教授,因为这一领域与微观经济学,特别是产权和激励理论,有密切关系。事实上,很多研究公司金融的教授都是经济系毕业的。北京五道口人民银行研究生部的学生,按照国内的说法当然是学金融的。但是在美国,他们学的就不叫金融了。可见在金融这一领域,国内和国外的理解存在很大差别。

讲经济学学科设置不能不谈及经济学与数学的关系。我是数学系本科毕业的,后来转学经济学,我想从这个经历谈谈这一关系。数学对经济学非常有用,而且越来越有用,但是经济学不是数学。数学只是经济学的工具,数学与经济学是互补而不是替代的关系。我们用数学工具帮助做经济学分析。现在几乎每一个经济学领域都用到数学,有的领域用得多些,有的领域用得少些。但是多数主要领域是靠经济学知识而不是数学取胜。最终是经济学的想法决定一篇文章,而不是数学推导。整体上讲,国内的大学数学水平普遍很高。相比之下,美国大多数大学生的数学基础相当差,但是他们的经济学直觉(economic intuition)很好。

经济学是一门社会科学,它不是数学。从某种意义上讲,数学不是科学,而物理是科学。物理是研究自然界中的物质世界,经济学是研究社会中的经济世界,两者都是科学,其理论都必须经过经验数据的检验。而数学是不需要用数据来检验的。当然,经济学与物理学还是不可比的,原因是经济学无法像物理学那样做可控实验。二十世纪六十年代时经济学家过分乐观,以为有了计量方法,所有经济学理论就都可以检验了,像物理学了。现在发现并非如此。

二、美国大学的经济学教育

美国大学的经济学教育主要是大学本科生和博士生教育,而硕士生教育并不重要。如果说美国的本科生教育并没有什么突出的话,美国的博士生教育却已形成一套独特的、逐渐向全世界流传的模式。从课程设置、考试筛选到论文指导,美国的博士生教育模式的成功使得美国经济学教育在全世界占有绝对优势,这已是不争的事实。所以美国模式值得认真研究、借鉴。

1. 考大学不报考专业,考博士不报考导师

国内的惯例是考大学报考专业,考博士报考导师。比如,考本科

报考国际金融专业,考研究生报考某某导师。在美国,考本科不报考专业,考研究生也不报考导师。在美国,本科生考的是学校,本科生招生委员会是全校统一的,有一个校招生办公室。学生入校一年以后,再去选择主修专业(major)。但主修专业并不具体到诸如国际金融、财政学、保险学这样的分学科,而只是在经济学、政治学、数学等大类中选。

在美国,"研究生"(graduate student)是硕士生和博士生的统称。美国的主要研究型大学(research university)经济系的研究生教育通常不设硕士项目,只设博士项目,而它们颁发的硕士学位只是通向博士学位过程中的"过程学位"。因此,在研究型大学里没有"考研""考博"之分。在美国的研究型大学中,助理教授不是国内意义上的"助教",而是货真价实的"博导",因为助理教授有资格指导博士论文,一个博士生选择助理教授做论文委员会主席也是可以的。如果一所大学只有学士或硕士学位,那么就不是研究型大学。按国内的说法,只有设有"博士点"的才是研究型大学。不过,在美国的非研究型大学里,确实有以硕士为"终极学位"(terminal degree)的经济学硕士项目,要念一两年。

在美国的大学,报考博士是考这个学校的经济学博士项目,既不是考某某专业,也不是考某某人的博士。从这个意义上说,没有人考过我的博士,尽管我带过不少博士生。在培养博士的模式上,我们可以拿美国与欧洲做比较。欧洲通常是师傅带徒弟的模式,和我国基本相同。而美国在博士生教育上有重要的制度创新。它是一种大生产的模式,像批量生产汽车一样,而不是师傅带徒弟的小作坊式。两种模式,各有利弊。欧洲模式至少有一个优点,就是如果某个学生确实很出色，导师的个人关怀可以多些。但是实践证明美国模式总体上更有优越性，好处是博士生前期培养是大批量生产，标准化，保证基本质量，同大批量生产汽车是一个道理；而后期专业定向后又能得到数个教授的个人指导。因此，在美国，报考项目而不报考导师是有深层次的制度性原因的。

2. 本科生教育

美国的经济学本科教育，一年级实行通识教育，即学生必修公共课如各国文化、历史、生物学原理、心理学原理等，代表一个受教育的人应当具有的知识。一年级《经济学原理》也是作为公共课上的，往往是一个学期，有时是两个学期。二年级选主修专业后，经济学专业的学生首先必修中级宏观经济学、中级微观经济学、计量经济学（包括概率统计）、微积分和线性代数。完成以后要求修两门领域课，如国际经济学（包括国际贸易、国际金融）、产业组织、公共财政、劳动经济学，一般都是应用性的领域。

本科教育通常分两轨：一是普通轨，一是优等轨（honors）。普通轨的学生一般不需要写毕业论文。而优等轨的学生水平较高，要求分数高一些，有时为他们单独开一些课，比如，介于中级微观和高级微观之间的微观经济学。优等轨的学生要写毕业论文。他们的论文比较规范，特别是在主要的研究型大学中。这是因为他们有一流的经济学家指导做研究，这一点让其他国家较难效仿。其他国家可以把课程开全，开好。但是，指导学生做规范的研究就是另一回事了。因此，毫不奇怪，中国和俄罗斯的学生在美国学校中，往往课程学得很好，但是开始做研究后时常遇到很大困难，觉得无处着手。一个基本原因是他们在本国接受的本科教育中,通常来说,做经济学研究这一部分或是空白的,或是不规范的。

3. 博士生教育

美国的主要研究型大学的经济学博士项目每年一般招 20—30 名学生。第一年是标准化课程,有宏观经济学、微观经济学、计量经济学等。每一门课要上一年。这些课程的考试并不重要,重要的是在这些课程结束之后,大约在 5 月、6 月或 8 月、9 月,有一个综合性考试(又称资格考试),考这三门课程的内容。这是在美国念博士的第一关。一般给两次机会,第一次考不过,还可以考第二次。这将决定你是否可以继续学习。这是作为一个博士生基本知识的考试,通常得分 B 以上才能通过。考卷上不写名字只写代号,以保障评卷时没有偏向。考分也没有可以讨价还价的余地。这个考试是要淘汰人的,有时刷掉三分之一或四分之一。与此相比,很多欧洲大学的经济学博士教育中没有这种考试。

第二年选两个领域的专业课,一年后也要考试。由于是分领域,这一阶段的考试人数就比较少了,方式也多种多样,可以闭卷也可以口试。可以看出,头两年的教育模式是大规模生产的模式,它的目的是要求学生在写论文以前都受到一致的基本训练,并达到一个基本的专业标准。

第三年起就要开始写论文了。在美国,学生要找导师,导师也找学生,是“双向选择”,有一个“内部市场”。学生并不是找定一个导师,通常要找三个导师成立论文委员会,当然主席是主要导师。比如你想写一篇理论上借助博弈论工具来研究中国改革的论文,那么你可以找一个研究博弈论的,找一个研究转轨经济学的,再找一个研究制度经济学的。这样的话你就可以充分利用所有这些人的优势,又有非常大的灵活性。当然，这种“市场搜寻”方式也可能给你带来很大的困惑，有时中国学生不知该怎么办，因为国内那种一个导师对一个学生的关系显得比较简单。

论文大致有两类，一类是理论的（theoretical），一类是实证的（empirical）。如果写理论的，你就必须有新模型、新结果。如果写实证的，你就必须有新数据或新方法、新发现。仅仅是新观点、新思路是不行的，必须要有具体结果。论文答辩很大程度上与欧洲和国内不太一样。在欧洲和国内，博士论文答辩是一个很隆重的仪式，要把外面的人请来。这一点美国不一样，没有仪式。重要的是你的导师们决定你能不能答辩，他说你还没准备好，你就不能答辩。有的学校则要先通过“论文预答辩”（thesis proposal）。而论文答辩本身只是个形式，贴个布告，谁爱来谁来。多数情况下除了几位导师以外，没人来。美国的约束机制不是在论文答辩上面，而是靠答辩前导师们的把关和事后的市场机制，学生毕业求职时，由市场来检验质量。

美国的经济学博士教育模式已经非常规范了。不管是哪个大学，只要是主要的研究型大学，课程要求、淘汰机制、论文写作，就其模式而言基本上都是一样的。当然，教授和学生的数量与质量在不同学校是不一样的。

三、美国的经济学博士教育模式在欧洲

美国的博士生教育模式在世界上是独特的。追溯历史，是在二十世纪初从德国的研究生教育模式演变过来的。当时美国主流大学（比如东部的常青藤大学）的教育只重视人文知识，并不强调研究。在美

国最先开创现代研究生教育的两所大学是芝加哥大学和约翰·霍普金斯大学。经过几十年的演变,美国的博士教育模式——这里讲的是经济学——与欧洲的就很不同了。但是欧洲也有特例,比如英国的伦敦经济学院,它长期以来一直采用的是美国的经济学博士教育模式(此外,它的经济学硕士项目亦很有名)。

近年来,欧洲的不少大学在试图改革,向美国模式靠拢。特别引人瞩目的是欧洲大陆两个地方由从美国回去的经济学家办起了“特区”。它们的共同特点是打破传统方式,师资主要招聘美国毕业的博士,用英语教学,移植美国的考试、淘汰方式培养经济学博士。欧洲的其他大学中尽管也有归国的留美学生,但由于每一个地方的人数不够多,还谈不上在整体上推行美国的经济学教学模式。

一个是位于法国南部的图卢兹(欧洲空中客车集团总部所在城市)。拉丰教授在二十世纪七十年代中从哈佛大学取得博士学位后回法国。先是在巴黎大学试图推行改革,但阻力太大。后回到家乡图卢兹,在图卢兹社会科学大学内办起一个“特区”,后来发展成为研究所。九十年代中期,梯若尔教授辞去麻省理工学院的教职加盟拉丰的研究所,大大壮大了其实力。目前它已有一二十名国际知名的教授,它培养的博士可以角逐美国的经济学学术职位。它已成为一个受到国际承认的经济学教学研究机构。

另一个是位于西班牙巴塞罗那的庞培法布拉(Pompeu Fabra)大学。这所大学1990年才建立,几乎与香港科技大学同时建立。马斯克莱尔教授九十年代中期辞去哈佛大学的教职后回到故乡主办它的经济系。这个系虽然起步晚,但是起点高,学生来自欧洲和拉美各国,用英语教学。这是继图卢兹之后又一个按照美国经济学博士教育模式办学，并逐渐受到国际经济学界承认的教学研究机构。

这里还需要介绍一下位于比利时首都布鲁塞尔（也是欧盟所在地）的布鲁塞尔自由大学。八十年代末，德瓦特里庞从哈佛大学获得博士学位后回到母校创建“欧洲高级经济研究中心”（ECARE），试图在欧洲的首都建立另一个经济学上的图卢兹。经过几年的经营，到九十年代中期，这个中心已经具有相当实力了，比当时的庞培法布拉要强大。但后来，由于几位实力教授相继离开（埃里克·伯格洛夫[Erik Berglof]去了斯德哥尔摩经济学院，帕特里克·博尔顿去了普林斯顿大学，热若尔·罗兰去了伯克利加州大学），实力就大不如前了。这说明，在大学的教学、研究中，教授是最关键的。由于美国有全世界最多的经济资源和最好的研究环境，欧洲的大学还是很难与美国的大学竞争。因此，要在美国以外创办并且维持一个有实力的、受国际承认的经济学教学和研究中心，并非易事。

四、中国学生申请留学美国攻读经济学学位时应注意的事项

中国学生申请出国学习经济学有各种各样的理由。有的是对经济学有兴趣，有的是为了将来转到工商管理或其他专业，有的只是为了出国。本节谈一谈中国学生申请留学美国攻读经济学学位时应注意的一些问题。

1. 知己知彼

每年美国的主要研究型大学经济系收到的中国学生申请约占总

量的1/4。过去的七八年间,我在经济系的研究生招生委员会,发现每年500份申请表中约有150份是中国学生的。很多学校不招收直接从中国申请的学生,原因很简单,信息不对称。如果某些学校历年连续直接从中国招收学生的话,你就会发现一定是系里有着与中国有特殊关系的教授。一个美国教授判断远在中国的学生是很困难的。比如让我来决定一个委内瑞拉的学生是否应被录取,我也很难判断。申请者常感到非常困惑,不知如何申请才有效。同样,看申请表的人也感到非常困惑,不知怎么挑选。两边都有信息不对称问题。通常录取的最终决定权在一个由四五人组成的招生委员会。一个教授在百忙之中,看一份申请表不超过几分钟。你可能觉得挺冤枉,准备了这么半天,这么快就看完了。但是没办法,这么多表格,看得很辛苦。

现在美国大学中来自中国的教授逐渐增多,因此录取中国学生时,通常会征求他们的意见,即使他们不在招生委员会里。这就需要引起国内申请人的注意。因为这些人对国内学校的情况很清楚,对申请中的技巧也很了解。

2. 关于从国内申请

过去几年中,我看过几百份国内来的申请表。我觉得国内学生恐怕过高地估计了GRE(美国研究生入学考试)分数的重要性。如果GRE分数太差,可能有问题,但是在2 000以上就不大说明问题了。根据我个人的观察,中国学生的英语会话和写作能力与GRE分数(如果在2 000以上的话)基本无关。这是我的看法,可能别人不这么看。录取时看的几个分数中,GRE是一个因素,但现在它含的信息量越来越小了,尤其是中国学生的平均成绩远高于其他的国际学生。大学本科成绩（特别是国内名校的）是挺重要的，因为它是一个硬信息，特别是几门关键课程的成绩，像数学、统计学、宏观经济学和微观经济学等。

推荐信理应是最重要的，但国内的推荐信由于种种原因，大多内容空洞。无非是说这个学生非常用功，特别聪明，这些词没有什么信息量。具体地描述和比较，往往提供的信息量更大。如果我知道的一位教授写道“这个学生是五年来我所推荐的所有出国学生中最好的（或第几好的）学生，我过去推荐的学生现在在美国的某某大学学习或工作”，这样的一句话就非常有信息量。

说来奇怪，“个人陈述”（personal statement）是含有相当多的信息的。而现在有公司专门帮助申请人包装，甚至是一条龙服务，但是从那里出来的东西多是套话，没有什么实质内容。比如，前两年是说我们家祖宗三代，我爷爷就没赶上上大学，因为战乱；我父亲没上大学，因为赶上“文化大革命”；我们家只有我才上了大学，到你们大学是我的梦想。这两年又变了，开始先来一段诗，比如海明威的。这些东西没有传递什么有用信息。我觉得，写个人陈述应简明扼要。你要设身处地想美国人看那么复杂的东西很费劲，也没那么多时间。若你说你是山西高考第二名考到北京大学的，美国教授没有概念。若你说你是省里100万考生中的第三名，就清楚多了。除了说高考成绩外，还应谈你在大学的特别经历，以及对今后学习、研究的具体想法。至少要有一两处闪光点，这样才会引起注意。

这些年的一个事实是，国内的女生申请成功的比例远大于男生。如果从100份申请表中不看性别地挑出5份最好的申请表的话，恐怕都会是女生。女生的成绩单、个人陈述各方面往往超过男生。我在这里特别提请男生注意。过去总是说女生只是会考试,做研究就不如男生了。事实上,近几年来在美国的中国女生的博士论文水平不亚于甚至可能超过男生。在我看来,这有两个基本原因。一是女生的英语一般较男生好,因此与导师的交流也较畅通,所以在研究上容易上轨道。第二个原因是较深层次的。一些在国内学经济学的男生往往想做大战略、大问题,出国后不容易转变思路,安下心来做具体问题。这不仅浪费了宝贵时间,还容易给导师留下一些不好的印象。而女生往往一开始就踏踏实实找数据,做模型,论文很快上路,进展也快,自然又给导师留下好印象。加上较高的语言和交流能力,她们在美国找工作时,比中国来的男生就有优势了。

3. 关于转学

一般来讲,转学的最大优势是可以得到美国教授的新推荐信。如果继续用国内的老推荐信,学校就会有所怀疑。中国学生在申请转学时的一大顾虑是担心美国教授因不愿意看到刚来的学生走而不写好的推荐信。因此中国学生很不好意思去找美国教授写推荐信。这是一个错误。一般来说美国教授比较通情达理。你可以提两种理由:一是专业理由,可说自己的研究兴趣与这里教授的强项不太一致;你也可以提个人理由,比如女朋友或男朋友在别的城市。如果是这两种理由,通常教授会说"尽管我很不愿意让你走,但是,我仍然愿意推荐"。但要注意,如果你想去读MBA,在学术界工作的教授是会有点看法的,因为那是"职业学位"(professional degree),而非学术学位。但我很少听说某位教授因不愿意让一个学生走而把他说得不好的。

经济学家市场在美国[1]

我在“经济学科在美国”一文中介绍了经济学科在美国的四个方面的情况：美国大学中经济学科的设置，美国大学的经济学教育，美国的经济学博士教育模式在欧洲，以及中国学生申请留学美国攻读经济学学位时应注意的事项。在某种意义上说，那篇文章提供了经济学科在美国的“前半段”的信息。本文介绍的是经济学科在美国的“后半段”的信息，包括以下四个方面：第一，经济学博士毕业生求职论文的准备；第二，经济学博士毕业生的求职和招聘过程；第三，经济学家的学术职业道路；第四，经济学家的非学术职业道路。本文是有关在美国经济学家市场的制度和运行的介绍，既可以看成是一篇独立的文章，也可看成是一个续篇。

本文特别涉及即将毕业的经济学博士的就业市场在美国的运作，包括供给和需求两方面，即他们如何找工作和用人部门如何招聘。美国具有目前世界上规模最大的、运作效率最高的经济学家就业市场。了解美国的这一市场的运作情况，不仅很有趣，而且对于思考中国如何与国际市场接轨也很有必要。美国的经济学家就业市场是非常有组织的（金融学的情况与经济学相同）。这一市场的运作，每年有固定

[1] 本文原载于2002年3月《经济学家茶座》第9辑。

的时间、地点，并且遵循既定的方式。即将毕业的经济学博士若想在美国找到第一份学术工作，都会参与这一过程。

我于1990年在美国获得经济学博士学位，此后先后在美国三所大学的经济系任教，对美国经济学家的就业市场的运作和他们的职业道路的历程有不少亲身感受。美国经济学家的就业途径包括学术职业和非学术职业两大类。因为我的自身经历主要在学术界，所以这里的介绍以学术就业市场和学术职业道路为主。

一、经济学博士毕业生的求职论文

即将毕业的经济学博士要想找到一份学术工作，如大学教授职位(faculty position)，他最重要的准备是一篇"求职论文"(job market paper)。这篇论文通常是博士论文中最有分量的一部分。也许一个人已经写了多篇论文，但是就业市场只在乎这一篇。因为招聘人员在有限的时间内，只可能从一篇代表作中摄取信息。

求职论文的最低要求是通顺流畅，有意思，有新意。论文大致有两类：一类是理论的，一类是实证的。如果是以理论为主的论文，应有新模型、新结果；如果是以实证为主的论文，应有新方法(或新数据)、新发现。如果既有理论又有实证，既有新结果又有新发现，当然更好。仅仅有新观点、新思路还不够，必须要有逻辑推理出的或实证的具体结果。

什么样的论文是好论文呢？经济学论文的目的是为了改进人们对经济现象的理解。通常在一篇论文中，经济想法(idea)是最重要的，数学和计量方法是为了体现和执行经济想法。具体来说，一篇论文好坏与否至少取决于三个方面：一是看问题(issue)是否重要；二是看论理(argument)过程(包括逻辑和证据)是否巧妙(clever)、严谨(rigorous)和可信(convincing)；三是看结果是否正确、显著。如果论理和结果先是“令人惊讶”(surprising)，而后“激起共鸣”(resonant)，进而又使人感到“意料之外，情理之中”，便会引起较多读者的兴趣。

在美国学习经济学的中国学生在初写论文时会犯几种常见错误。

一是论文题目不够集中(focus)，论述泛泛。比如，有些学生思维方式偏于抽象的大框架，写出的文章宽而不深。另一些学生长于旁征博引，但论说的细节较含混。在美国，学术论文要求具体，题目要窄，但论述要深和细。

二是论文的书写不够清楚，很难被导师读懂。论文应该直截了当，开头几段以后要表述出属于自己的新想法。如果导师看了几节后还不知所云，就会问：“what's the point?（你想说什么？）”如果看完全文后仍不知所云，教授就会得到一种印象，即 he/she does not know what he/she is doing(他不知道他在做什么)。这不仅仅是单纯的语言问题，也反映了一个人对经济问题的思维和论述方式中的问题。

三是论文不能被合适地定位在文献之中。这往往使得读者看不清你的新贡献，也看不到你的工作与已有文献的联系。科学研究奖励的是“边际贡献”，因此论文中必须把自己的新贡献与文献中已知的结果分得一清二楚。

现代经济学发展到目前这个阶段，写博士论文是写论文而不是写书。即使当了教授，学术贡献也主要看论文而不是书。现在经济学家出书主要有三种情况：一是在某一领域成为权威后将自己的论文与观点整理成册，二是将自己的学术论文以较通俗的语言串写成书以得到更大的读者群,三是写教科书和畅销书。这是经济学科与其他一些社会学科的不同之处。比如,政治学里相当多领域的博士论文要写成书。经济学里几乎没有将博士论文写成书出版的。这恐怕是经济学科发展到成熟阶段的一个标志吧。写书需要自己来定义新概念,引进新框架,这就需要好几章的铺垫。但是经济学发展到今天的程度,有大家共知的概念和框架,不需要铺垫,可以直接上来就论述自己的贡献。

求职论文通常是博士论文的核心,而博士论文通常由两三篇相对独立的论文构成。如果是考虑某一年秋季开始的工作(通常学术工作从秋季开始),那么这篇求职论文必须在前一年的 11 月 1 日前准备好。不然的话就来不及找下一年的教职了。需要说明的是,学术就业市场非常看重求职论文的质量,远高于毕业生所在学校的名气。因此,并不是名校的博士毕业生就一定可以找到名校的工作,只要论文质量高,非名校毕业的博士也能找到名校的工作,事实上这种情况时有发生。

二、经济学博士毕业生的求职和招聘过程

经济学的博士毕业生可以同时在学术和非学术市场上求职。但是,指导教授总是希望最优秀的博士生去学术界工作,这是因为在美国,衡量一所大学博士教育水平的主要标准是看该校的博士毕业生有多少去学术界,特别是主要研究型大学就业。虽然在同等学力的情况下,学术界的工资收入平平,但是学术界有一些独特的吸引人的地方,包括从事学术工作在选择研究题目上比较自由,学术界聚集了很多

“智识”(intellectual)取向的人才因此具有浓厚的智识气氛,以及学术工作在时间安排上比较灵活。这就使美国学术界得以吸引许多最优秀的经济学博士毕业生就业。

在美国,博士毕业后的第一个工作是不留校的(特殊情况除外),这几乎已成为一种惯例。有时虽然留在本校,但也不留在本系,而是去本校的其他学院如商学院或公共管理学院。这样做可以促进学术交流,有利于学术发展。但这并不排除毕业几年后从其他任教的学校再回到母校经济系任教的可能性。事实上,这种情况不时发生。

经济学新博士的就业市场,从头一年 10 月开始到第二年 3 月市场出清,历时约半年时间。这其中可分为五个步骤。

1. 第一步: 内部分类(ranking)

经济学家市场是一个很大的市场。美国每年新毕业的经济学博士估计有 1 000 人以上。如果有 1 000 人去申请一个职位,那么招聘单位的工作量就太大了。这么大的市场如何实现有效率的资源配置呢?美国大学培养博士的经济系有这样一种制度安排。每年 10 月,经济系教授要开一次会,对本年度有意在美国找工作的博士候选人做一个内部分类,即根据学生的求职论文的质量以及其他因素,把他们按不同的就业目标分类。这些目标包括: 研究型大学经济系或职业学院(商学院、公共管理学院等)、独立的文理学院(liberal arts college)、其他大学、国际组织和政府机构、商业(包括金融)机构等。对于研究型大学,还可细分为顶尖大学(约前 10 名)、领先大学(约前 25 名)、主要研究型大学(约前 50 名)等。

一个系负责毕业生就业的教授(placement officer)会在 11 月间,

同各用人单位电话联系,根据系教授会议的这一分类向招聘单位推荐学生。比如,某某被列入顶尖大学经济系一类,那么他就会被推荐到这些学校。需要说明的是,这一排名只对争取到面试(即下面说的第三步)有用,而对以后的几步就没有什么用了。可见,这种分类机制大大减少了招聘单位的工作量,因为它们只需看少数被推荐的人的申请材料就可以了。

2. 第二步:寄出材料(mailing out)

通常在11月、12月间,招聘单位会根据负责毕业生就业的教授的推荐,向学生索取材料。学生寄出的申请材料一般包括如下三项:简历(CV)、求职论文和指导教授推荐信。一般来说,学生若自己寄出申请材料而无系里的推荐,找到学术工作的机会比较小。

招聘单位收到这些材料后,其"招聘委员会"成员分别阅读申请人的求职论文,并根据论文质量和本单位的需求,决定是否面试。通常每一空缺要面试10人以上。论文质量是决定是否面试的最关键因素。一个寻找工作的博士候选人在12月底以前若有10个以上的面试预约,那么机会就不错。

3. 第三步:面试(interview)

每年1月初,美国经济学会召开年会。这个年会的一个重要职能,是提供一个全美经济学家就业市场的运作场所。起初,参与这一市场的只是美国和加拿大的学校和机构。由于非常成功,后来便不断扩大,目前已经包括了不少欧洲、亚洲和拉美的国家和地区。近年来,我国的北京大学和清华大学也开始参与。在会议召开的三天内,全世界几千名经济学家和即将取得博士学位的学生们聚集在一起。学术和非学术的招聘单位在会场外面试候选人，众多的供求方在同一时间、同一地点见面交谈，效率非常之高，场面十分壮观。由于在很短的时间内进行很多面试，往往到最后双方都筋疲力尽。

面试通常持续半个小时。面试人包括3—5名招聘委员会的成员和某些与被面试人研究领域相同的教授。面试人通常会问三个问题：论文要点是什么？有什么其他研究计划？能教什么课？为了回答第一个问题，被面试人要在5—10分钟内概述其论文要点（这被称作“spiel”）。参加过面试的人发现，开始的一两分钟给人的印象最深刻，因此也最为关键。面试后，招聘委员会决定是否邀请该人到本校来演讲论文。通常一个空缺要邀请3—5人来演讲。因此，如果面试后，一个人得到3个以上这样的邀请，那么最终得到至少一个工作聘用的机会就比较大了。语言表达能力欠缺的人，在面试时会比较吃亏。

4. 第四步：校园访问（campus visit）

每年的一至二月是经济学家就业市场的繁忙季节。如果某系有两三个空缺，那么就要邀请10名左右的博士候选人来校访问。每一个候选人的访问通常是一整天。这其中最重要的是论文演讲（seminar），也称求职演讲（job talk）。在演讲的一个半小时中，演讲人各方面的能力，包括将来的教学能力将接受全面考验。校园访问的另一项内容，是候选人与系内教授的个别谈话，交流各自的研究兴趣。因此，一个人与同事的交流能力是校园访问中的一项重要内容。由于就业是双向选择，校园访问也是候选人了解该学校和系（院）的好机会。系主任和院长会借此机会介绍该校工资、福利、教学任务、科研支持等具体事宜。

面试时，参加的人有限，而论文演讲时，参加的人就较多，包括那些研究别的领域的教授。因此，候选人需花很大精力准备这场演讲。不仅要使你的研究领域里的人欣赏、喜欢，而且要能与那些在你的研究领域之外的人沟通，引起他们的兴趣。

5. 第五步：受聘协商（bargaining）

各校在接待完所有的访问后，由全体教授表决给出聘用信（job offer）。这通常在 2 月份。一般学校会给半个月到一个月的答复期限，特殊情况可延长。因此在 3 月份的时候，候选人将权衡各个职位的利弊，并与各个单位讨价还价。一般来说，对新毕业的博士而言，在薪水上没有什么讨价还价的余地，可讨价还价的主要是头几年的暑期补贴（在美国，教授的工资通常只是九个月的，不包括暑期），头一两年的教学任务、科研经费等。到 3 月底的时候，美国的经济学家学术就业市场就已基本出清了。

美国的主要研究型大学遍布各州，只有少数城市内有两家或以上的主要研究型大学。在许多大学城内，非学术就业机会不多。近十年来，由于职业女性，特别是女博士大量增加，学术就业市场上出现了一个新问题，即“显著另一方”（significant others）的工作问题，比如配偶的工作。“双职工”问题成为决定经济学家人员配置的一个重要因素，这在美国，过去是没有的。

三、经济学家的学术职业道路

经济学家的学术职业（academic career）通常指的是大学的教授职

位(faculty)。经济学科同一些自然科学学科(如物理、生物)不同,没有“博士后”的制度,博士毕业后直接进入教授职位,而博士学位是取得教授职位的必要条件。在美国,教授职位分为助理教授(assistant professor)、副教授(associate professor)和正教授(full professor),在日常称呼中都可称为教授。美国的大学中没有“博导”这一称呼,所有的教授都有资格指导博士论文并担任博士论文委员会主席,只要该校有该学科的博士项目(PhD Program)。有没有博士项目标志着一所大学在该学科领域内是不是研究型大学。需要说明的是,美国的助理教授不是国内的“助教”。事实上,在研究型大学中,助理教授是名副其实的“博导”。

取得博士学位只是学术生涯的开始。在开始工作的前一两年,需要把毕业论文修改、送交学术杂志发表。经济学的论文发表周期很长,从提交到发表需要两三年,甚至更长时间。学术杂志的文章采取同行评议,经过匿名审稿(anonymous refereeing)。

新博士找到学术工作后,在经济系的第一个工作合同通常是3—4年的期限,职称是“终身轨”的助理教授。第二个合同是又一个3年,通常仍然是助理教授。终身轨是说校方必须在第二个合同终止之前,决定是否给予“终身教职”(tenure)。这可以防止校方无期限地拖延给予终身教职。

终身教职的含义是,学校不能辞退有终身教职的教授。但有一种情况除外。在美国大学,聘用的单位和给予终身教职的单位,是系(或院)而不是学校。因此,如果学校决定关闭整个系,那么即使你是有终身教职的教授,学校也无法律责任留用你。但是,在任何时候,有终身教职的教授自己总可以另觅高枝。

在绝大多数学校，通常情况下副教授是有终身教职的，但有特例。比如，个别大学第二个合同给予的都是无终身教职的副教授职称。又比如，在有些大学，虽然大多数副教授是有终身教职的，但不排除无终身教职的副教授。特别是某人在获得终身教职前转换学校，新的学校会给予一个无终身教职的副教授职称。需要指出的是，有终身教职的副教授不应翻译成“终身副教授”，后者容易被误解为终身只是副教授。如果继续保持研究和教学的水平，经过五六年时间可从有终身教职的副教授升到正教授。在美国，所有的正教授都有终身教职。把有终身教职的正教授翻译成“终身教授”一般不会引起误解。

评终身教职（tenure review）是学术职业道路上最为关键的一环。它的过程复杂，不确定因素很多。评终身教职时，通常系主任先指定一个三人“临时委员会”（ad hoc committee），由委员会拟写一份详细的评审报告，提交给系里有终身教职的全体教授们讨论、表决。投票规则不是按照简单多数法则，而是要求几乎一致同意，有个别人反对即可否决。系通过后，由系主任拟写一份综合全系意见的报告送交院和校。这两级评审委员会中的任何一级都有否决权。只有当这两级评审委员会都通过后，校长才正式发出聘书。

评终身教职时，对待研究和教学的权重在不同类型的大学是不同的。一般来说，研究型大学的经济系重点是看被评审人的研究水平；职业学院（商学院、公共管理学院等）对教学非常重视，但领先的商学院和公共管理学院评终身教职也主要看研究水平；在独立的文理学院那里，教学则是最重要的。

系临时委员会的评审报告，对被评审人的研究水平做出评价，主要包括两方面内容。一方面，是由临时委员会的成员分别阅读被评审人已发表的和已完成但尚未发表的论文,对主要论文写出详细的综述,并在此基础上对其研究工作的整体水平做出评价。这可以被看作是“内部评价”。另一方面,是由系主任出面索取校外教授的评审信,通常在5—10封之间。这些教授,必须是同一领域或相近领域中世界范围内的权威,往往是顶尖大学或领先大学中的教授。这些信被认为是学术领域内、学校以外的专家的“外部评价”。这些信的内容,除了对被评审人的研究的创造性、重要性和影响力做出评价外,还拿被评审人与同一领域内、同一时期毕业的其他人(same cohort)做比较,包括判断被评审人是否有资格在写信人自己所在的大学被评为终身教职。这种“相对比较”,往往包含很多信息,对最终决定有较大影响。如果评审人说,被评审人比某某还要出色,而某某已在与被评审人所在的学校相当或更好的学校拿到终身教职,那么这就是一封有利的信。如果某封信说,被评审人不太可能在写信人的学校拿到终身教职,而该校并不比被评审人所在的学校好,那么,这就是一封不利的信。

由此看出,无论是内部评价还是外部评价,都是主观评价。在美国的学术界,由于“职业标准”(professional standard)已趋完善,这种主观评价方式通常来说运行良好。值得一提的是,在经济系评终身教职时,美国的顶尖大学和领先大学,并不采用关于论文发表的任何一种数量指标,也不按照某种公式计算分数(比如以刊物质量加权的论文发表的数量和)。原因是,虽然这些信息相对来说比较客观,但在衡量论文质量上都过于粗糙。还值得注意的是,现在在经济学学科内,单个作者的论文已经越来越少,甚至博士论文的部分章节都允许与其他人合写。一篇论文若是多人合作的话,按惯例,署名的顺序按照姓氏字母的顺序排列。因此,在美国,经济学论文的署名顺序不包含任何有关作者贡献程度的信息。

四、经济学家的非学术职业道路

非学术职业(non-academic career)是经济学博士的重要就业途径。非学术机构看重博士生所受训练及本身素质的价值。经济学博士毕业生流向的非学术职业包括两大类:一类是非营利性机构,包括国际经济组织(比如世界银行、国际货币基金组织)、美国政府机构(比如美联储、财政部)、智库(比如兰德公司);另一类是商业机构,包括投资银行、其他金融机构、咨询公司(consulting company)。经常聘用经济学博士的咨询公司有管理咨询公司(management consulting)、经济咨询公司(economic consulting)、法律与经济咨询公司(law and economics consulting)等。在这些机构中,经济学博士开始时通常做经济学家或经济师。一般来说,商业机构的工资比非营利性机构的高,但后者往往比前者的工作稳定,福利更好。

与学术职业不同,求职论文在找非学术职业的工作时并不十分重要。非学术机构在选择面试对象时,主要看重毕业学校的名气和学生掌握的技能(比如计量经济学的训练)。求职者一旦获得面试机会,就完全要凭自己的知识、表达和应变能力来过关斩将。要进入一些著名的投资银行(如高盛、JP摩根、美林、摩根士丹利)和咨询公司(如麦肯锡、波士顿顾问公司),竞争者不仅有其他博士,还有MBA,往往需要通过三四轮面试,最后一轮面试由公司高层管理人员亲自把关,因此非常不易。近年来,美国的主要投资银行和咨询公司聘用经济学博士的比例在上升。

在学术机构中,博士学位是工作的必要前提,而非学术机构看重的是博士所受的训练和博士的素质,而非学位本身。在商业机构,博士通常和 MBA 在同一起跑线上。博士在公司的研究部门,相对于 MBA 有优势,但他们的职业道路并不局限于研究。近年来,经济学博士就职于公司职能部门(如证券交易、咨询),和经济学博士在公司职能部门晋升高级管理层的人数,都大为增加。

在美国,由学术职业转换到非学术职业比较容易,也很常见。比如,常常听说,某某教授到政府部门或国际组织任职,或到金融界下海。但是,由非学术职业转换到学术职业,已经越来越难了。这在经济系,几乎见不到。商学院由于注重实用,经常从商界和政界聘请有实际工作经验的人来任兼职教授(adjunct/clinical professor),但是也很少有从非学术职业转到“终身轨”(tenure track)教授职位的例子。

美国大学的经济学教育[1]

今天我要讲的题目希望对所有学习经济学和管理学以及相关领域的学生都能够有所帮助。我在美国学习、工作二十一年,都是在美国的大学中度过的。先是在三所大学读学位,后来在三所大学执教。

“经济学”[2]在这里指的是经济学科。因为在国内,经济学这个词有很多不同的用法,比如说我们这里的经济学专业,就是一个比较窄的概念,它只是指一部分理论经济学领域。实际上,经济学科是一个宽泛的概念,比如,它包括金融、财政等。

一、经济学学科设置

首先从我们熟悉的情况讲起。根据我的观察,国内大学中的学科设置大致有三种情况:一种是经济学科设在经济学院,管理学科设在

[1] 本文摘自2002年11月5日在东北财经大学所做的报告,由东北财经大学研究生崔文杰整理。

[2] 本文中所指的经济学是按照国际惯例定义的经济学科,即国内所说的理论经济学和应用经济学这两个“一级学科”名下的全部“二级学科”,包括理论经济学下的政治经济学、经济思想史、经济史、西方经济学、世界经济,以及人口、资源与环境经济学;应用经济学下的国民经济学、区域经济学、财政学、金融学、产业经济学、国际贸易学、劳动经济学、统计学、数量经济学以及国防经济学。

管理学院，比如北京大学和复旦大学都是这种模式；另一种是经济学科和管理学科同设在一个学院，有的叫经济管理学院，也有叫其他名称的，像清华大学、南京大学；还有一种是包括东北财经大学在内的各财经大学和中国人民大学的模式，即经济学科分设在数个学院，比如经济学院、财政税务学院、金融学院等。

我们在专业设置上跟国外不一样，一般设置得比较细，比如东北财经大学有旅游专业。有的是以二级学科，甚至以三级学科为单位，比如金融是二级学科，下面有保险，有的保险也算一个专业，就是三级学科了。而且，理论经济学和应用经济学在学科目录上是人为分开的，比如说，金融财政是应用经济学，政治经济学是理论经济学。但是，金融财政中也有理论，而政治经济学中也有应用。

这是我们国内的情况，那么国外的情况是怎么样的呢？国外的大学情况也很多，我介绍的主要是国外综合性大学的情况。我不想给大家一种印象，国外的大学都是一种模式，实际上有各种各样的模式，但在教育理念上有很多共同的东西。当然，我所待过的 6 所学校都是综合性大学。

国外的综合性大学内部是有层次的。首先，国外大学内的学院数目远远低于我们。我去过吉林大学，有 34 个学院，非常庞大。即便不是这么大的学校，学院的设置也是非常之多。国外的情况不一样。一个层次是叫作文理学院，基本上包括了我们所说的基础学科，有三大部分：一是自然科学，就是我们所说的理科，数学、物理、化学、生物；第二部分是社会科学，经济、政治、社会、心理；第三部分是人文，即我们通常说的文、史、哲。通常这三部分放在一起，构成了文理学院。我之所以讲这个，是为了由此来看清楚经济学的位置：经济学属于社会科学,是其中很重要的一个部分。

文理学院之所以重要,首先是因为它通常是面对本科生的最主要的学院,甚至是唯一的学院,比如在哈佛大学、耶鲁大学。如果你被哈佛大学本科录取,就只能到文理学院。假如你将来想念管理,学MBA,那么本科时你没有别的选择,只有在文理学院,你可以选择经济学为专业。不过也有一些学校,比如我现在所在的伯克利加州大学,本科也招一些学商业管理的学生,但数量不多。所以不能一概而论,但大致差不多。还有一个就是关于本科金融专业,宾夕法尼亚州立大学的本科是有金融专业的,但其他著名大学的本科并没有金融专业,它是涵盖在经济学专业中的。

其次,文理学院之所以重要,是因为文理学院是培养博士的最主要学院。其他的学院也培养博士,但是数量远远不如文理学院。这很自然,因为文理学院覆盖的学科主要是基础学科。其他的学院有一个名称,叫作职业学院,这其中就有包括工学、农学、医学、法学、管理、新闻,其中管理又包括工商管理、公共管理,这些就比较实用,要解决实际问题,比如说力学是物理里边的,但要研究盖房子,就是一个工程问题。经济学在社会科学里边,但是具体管理一个企业,那就是管理学。也就是说,这里有一个基础学科和实用学科的差别。

还有一个值得注意的是职业学院多数是研究生院,不面对本科生。工学院比较特殊,既招本科生也收研究生。这也就是为什么很多商学院,像芝加哥商学院、斯坦福商学院等,干脆叫作"Graduate School of Business"(商学研究生院),名称上就规定了是研究生院,有点像我们这里的MBA学院,没有本科生。

国外的综合性大学一般设立经济系和管理学院,不设立单独的经济学院，经济系通常设在文理学院中，属于社会科学部。当然也有学校把经济系设在管理学院内，像普渡大学、伊利诺伊大学。美国没有教育部规定，一定要设在哪里，但通常是经济系在文理学院。虽然叫经济系，但它覆盖的领域非常广泛，包括了所有我们所说的二级学科，财政、金融、货币银行、宏观、微观、区域经济等。有意思的是，虽然覆盖领域非常广泛，但是系的下面不设教研室，所有的教授在一起，这个很重要。虽然经济学科内部有很多分支，并不人为地把它们分到其中的一个，稍后在讲到博士生的培养时，我们会发现这确实有好处。

管理学院有时也叫商学院，管理学院下设组（group），有时也叫系。用我们国内的话说，文理学院下面的系是实体，管理学院也是实体，但管理学院下面的组或系不是实体。主要的组包括会计、市场营销、组织行为、公司战略、人力资源、运筹和管理科学、管理信息系统、金融等。

跟国内的情况相比，有几点需要说明。首先，虽然管理学院设经济组，但通常经济组较小，教管理经济学等一些服务性的课程。因此，通常经济学的主要研究力量在经济系。

其次，我们会发现，国内管理学院，尤其是原工科院校的管理学院多是由运筹和管理科学（国内叫作管理科学与工程）发展而来的。很多工科院校的管理学院，是在 1985 年前后成立的，核心师资原来研究信息论、控制论、系统论，后来就形成了管理科学与工程这个一级学科，是工科背景。还有管理信息系统，在工科院校是很强的。相比之下，公司战略、组织行为、市场营销、人力资源、金融、经济就比较弱，这是一个普遍现象。这也与许多搞管理学的人，以前是由工程转过来的有关系。当然在东北财经大学，情况很不同，因为它原来的背景是财经院校。

这跟国外的情况很不一样。国外的管理学院,公司战略、组织行为、市场营销、人力资源、金融等与工程都关系不大。相反,与经济学和心理学关系非常密切。

2002 年诺贝尔经济学奖获得者之一是普林斯顿大学心理学家丹尼尔·卡尼曼。心理学在国外是一个很大的学科,很多本科生选择心理学为主修。在我国,由于过去跟随苏联,只有教育心理学,设在师范大学,一般的心理学是受批判的。在某种意义上,国外的商学院或管理学院中的学科受经济学、心理学影响大,受工程的影响小。国内偏重运筹学、控制论,跟工程有关。在清华、西安交大、上海交大,我猜想大连理工大学,都是这样。

二、经济学与金融学、管理学的关系

特别要指出的是金融学的定义。首先,它是经济学科的一部分,这一点国内外是一致的。金融学虽然有很多特殊的工具和方法,但它是研究经济中的一个市场——金融市场。当然它跟别的市场不太一样,比如它允许卖空,一般商品是不允许的。金融是许多人很热衷的领域,但对金融学的理解国内外差异很大。

什么是金融,为何国内外差别如此大?原因是经济基础决定上层建筑。原来我们所说的金融首先是指货币银行学。中国人民大学校长黄达是中国金融学会会长,是研究货币银行的权威。北京五道口中国人民银行研究生部研究的是货币银行。还有一部分叫国际金融,改革开放以后国际贸易变得很重要,其中有外汇结算问题、汇率问题。这两块在计划经济下就被定义为金融,大部分金融的师资、教科书都是关于这两方面的，这跟我们的体制有关系。然而，这两块在国外不被称为“金融”。这两部分都是比较宏观的，可称“宏观金融”，但我打了一个引号，就是说我并不认为它是一个领域，因为货币银行在国外称为货币经济学，国际金融是国际经济学的一部分。我在国外遇到过中国留学生，他说他在五道口是学金融的，美国人认为在他的成绩单上，找不到可以称作金融的课程。在美国，金融包括两部分，一部分称为公司金融，还有一部分是资产定价，研究企业及证券或衍生品在市场上的价格如何确定，以及由此导出的投资决策。他们所指的金融是指研究金融市场中的问题，都是微观的。二十世纪九十年代初期以前，所有国内研究金融的都是研究“宏观金融”。九十年代以后，经济基础发生变化，我们有了证券市场，公司、企业有了自主权，出现了融资问题，因此，现实生活中对“微观金融”的需求越来越大。

还有一个误解，我们认为学金融就是为了去金融部门，比如证券公司工作。不错，在美国是有一部分学金融的人去华尔街，但有人还是去公司，公司金融相当重要。公司金融包括融资、资本结构、公司治理结构等。

我们处在一个转轨时期，从供给方讲，在金融方面，学校专业设置、教科书，十有八九是货币银行、国际金融。而从市场需求讲，一个国家需要研究货币银行、货币政策的人是很少的。绝大多数市场需求是微观金融。那么金融在管理学院和经济系之间是如何设置的呢？经济系是一定有货币经济学、国际经济学方向的，也就是“宏观金融”；但微观金融领域不一定，有的学校有，有的学校没有。在管理学院，一定有金融组或金融系，这是因为对任何一个 MBA 的学生来说公司金融、资产定价、投资学都是必修课，但通常管理学院只有“微观金融”，没有“宏观金融”。

国内金融比较热,有些学校经济学院、管理学院是分设的,经常会出现争金融这个专业的“产权”,因为这个产权有价值,既可以办班创收,又可以招好学生。在过渡期间,有些重复建设也许并不是坏事,因为在微观金融方面市场需求缺口很大。

经济学与管理学两者关系非常密切,它们之间的关系就像物理和工程、理科和工科的关系。举几个例子,如市场营销中非常重要的定价策略极大地得益于信息经济学和博弈论,这都是近二三十年发展起来的微观经济学。人力资源管理运用组织经济学和激励理论来分析如何调动员工积极性、CEO 的积极性。会计过去被认为就是记账,现在会计学前沿受到信息经济学的很大影响,因为会计本身是一个信息的累加过程,你需要用比较少的数字来反映公司的业绩、成本。现在有了“安然事件”,我们发现,怎样防止假信息,减少假信息成本,会计学中有很多经济学道理。公司战略管理学很大程度上是博弈论和产业组织管理的延伸。东北财经大学有一个产业和商业组织研究中心,把产业和商业放在一起是很有道理的,因为博弈论的方法、产业组织的方法可以延伸到公司战略中去。大家知道,迈克尔·波特(Michael Porter)是哈佛商学院公司战略管理学专家,他也是哈佛大学的经济学博士。我们可以看到,管理学确实深受经济学的影响。事实上,管理学院受经济学的影响要远远大于受工程的影响。

三、经济学本科教育

中美教育差别很多,但基本理念差别是对本科教育的定位很不一样。我们以前受苏联的影响,经济基础是计划经济,我们大学以培养专业人才作为主要定位。美国本科教育定位是基础教育,理念的差别导致课程设置、院系设置等一系列差别。但并不是说中国一定要改成美国模式,因为经济基础确实不大一样,但是我们要了解人家的想法。如上所述,我们专业过细的模式是从苏联学来的,但更多是考虑到计划经济的特点。计划经济下分部门管理,从财经院校出来马上就能到一个岗位上工作。由于计划经济下没有市场的变化,分得很细马上就能用也有优势。如会计要分交通口的会计、工业口的会计、商业口的会计等,工作后就能用。但在市场经济中会出现问题,因为市场变化很快,比如2000年的信息技术和现在的就很不一样。

美国的本科生入校时不报专业,一、二年级采取通识教育,二年级以后选宽口径的主修(major),我这里不用“专业”是怕跟国内的专业混淆起来。主修经济学的本科生职业选择广泛。经济学专业的毕业生将来可以选择经济学、金融、工商管理、公共管理、法律、国际关系,甚至新闻传媒等。美国一个很有名的晚间新闻主持人,当有记者采访他:“你觉得大学哪门课现在很后悔当时没能学得更好?”他说:“经济学,因为工作中经常用到经济学知识。”

此外,美国的经济学本科培养比较简单。课程虽然不多,但很精练而且有层次。经济学的核心课,一年级是经济学原理,二年级是中级宏观经济学、中级微观经济学、计量经济学,三、四年级选几门经济学专门领域课,像国际经济学、公共财政等。数学也有基本要求,微积分、线性代数、概率论、数理统计、优化方法等,课程不是很多。因为它的指导思想是大学主要是教会学生思考问题的方法及分析问题的工具,而不是教你学会比如说外汇交易结算等具体技能,这些你可以在今后工作中学。这样的教学思路与它的理念是一致的。

反观我们国内,课程很多,而且许多非常具体的课程在国外是没有的。对于思想性、基本分析、工具性的课却开得很粗,有的学校只开西方经济学,把原理课的初级层次和中级层次合并起来。我最近看了国内出的一些微观经济学教科书,书中说:由于课时所限,我们把初级和中级合并在一起。这有一个问题:既不像中级经济学那样严谨,也不像经济学原理那样直观。顺便说一下,我这次回来在清华大学教一门课,很多人希望我教博士生的课,我自告奋勇教本科生一年级的《经济学原理》,超过500人在听课。我们的学生数学好,可他们的经济学直觉(economic intuition)是缺乏的。所以课不在多,在于有层次。

在美国大学,数学的基本要求不太高。美国的中学教育在数学方面要求不高。我们中学的基础教育加上高考制度,使得我们的大学生入学时数学基础训练很好。我们的学生数学能力远远强于美国学生,但在经济学概念和想法(idea)、直觉上不如美国学生。

四、经济学博士教育

美国(或北美)最有特色的是它的博士教育,这点不仅与中国不同,连欧洲都与美国不同。当然欧洲也有特例。欧洲的一个特例是伦敦经济学院,它基本上是美国模式。目前,欧洲的国家也在改革。像法国南部的图卢兹;还有西班牙巴塞罗那市的庞培法布拉大学,巧合的是,它在1990年成立,而香港科技大学在1991年成立,十年后这两个学校都很成功。这两个学校的特点是,都在原来非美国的教育模式中引进美国的博士培养教学体制。我国教育体制受欧洲和苏联的影响。博士生教育的特点基本上是“师傅带徒弟”模式，报考一个专业或一个研究方向，报考一个“博导”。“博导”是我们的发明，外国没有“博导”这个职称。除此之外，我国的情况与欧洲的情况差不多。考上博士后基本上是导师学生一对一，“产权”很清楚，一般来说课程要求不多，主要是做论文。

美国则不同，它有个制度创新，申请博士时是申请博士项目，不是报导师，看起来是个技术上的不同，但有实质性的差别。我经常收到邮件，说要报我的博士生，我说可以将来做我的学生，但我不能招博士。任何一个老师都不能自己招学生，一个系是一个项目，只有项目来招学生。而且在主要研究型大学都是硕博连读，硕士学位在这些学校只是个“过程学位”，即博士学位念到一定阶段“送”你一个硕士学位。当然不是所有的大学中硕士学位都是过程学位，这里主要指研究型大学。还有许多大学主要培养本科生，也有硕士，在那里硕士就不是过程学位，所以不能一概而论。原来美国的教育体制是从欧洲，特别是英国和德国学来的。后来发生了变化，美国的市场非常大，由此演化出一套办法，使它能大规模地培养高质量的博士生以适应大市场的需求。

接下来具体说一下博士生教育，通过与我们熟悉的情况做比较，来分析各自的优势和劣势，并解释在当前的市场状况下，为什么美国模式的优势比较大。美国的博士生教育分前期和后期。前期是课程的训练，第一年标准化基础课程，包括高级宏观、高级微观和高级计量经济学，然后是一个很严格的资格考试，这是要淘汰人的，试卷上不能写名字，只能写代号。淘汰率有的很大，有的不大，但我们学过经济学的人都知道，有淘汰制度的威慑力本身就产生激励作用。第二年的课程是两个专门领域课程的研究前沿。每个领域的老师要将最近一二十年研究前沿的问题系统讲给学生,把论文发给学生看。老师会告诉学生们哪些是热点问题,哪些是没意思的问题,哪些是太难的问题,通过这样一个过程把学生引到研究前沿。之后有一次研究领域的考试。经过这样两年的基本训练,学生就可以达到一定的标准。我们也有考试,研究生考试是在入校前。美国入学时没有考试,虽然也要看 GRE(美国研究生入学考试)、大学的成绩,但主要的筛选是入学一年后的考试。入学前考和入学一年后考有什么不同?其差别在于,博士生来源很多,进校时考学生,很难筛选,本校的学生知道老师出什么题,往往容易通过。经过一年的学习,大家在同一起点再考,筛选比较准确。像 1995 年诺贝尔经济学奖获得者罗伯特・卢卡斯,本科是学历史的,后来才学经济学。所以,在什么时候考,机制是不一样的。

“师傅带徒弟”的办法自古就有,它有一个好处:导师带学生时,在学生不太多的时候,他们的关系密切。这非常适合于天才学生,把导师的思想火花在交谈中领悟出来。但“师傅带徒弟”的办法有一个缺点,不适合社会化大生产。社会化大生产是美国的发明,从汽车生产开始的。汽车生产过去在欧洲是用榔头敲出来的,形不成规模。福特发明了大规模生产流水线、泰勒管理方法,既有技术革新又有管理体制的革新。结果以低成本生产出一模一样的车,而且每一辆车的质量标准都基本相同,以至于毛病要出都出在一个地方。这是制造业的例子,还有服务业的例子——麦当劳。它的成功在于你到任何地方,麦当劳的产品都一模一样,均值不一定很高,但方差很小,吃了以后很放心。比如我在巴黎,饿的时候脑子里首先想到的还是麦当劳,虽然那里有很多法国餐馆,但不知道它们做的饭菜怎么样。这里的思路是一样的,用大规模生产保证质量。美国把同样模式也用在“生产”经济学家上。一个博士项目招三四十人,前期标准化生产,大家一样训练,经过比较艰苦的考试,学过两个专门领域,对现代分析工具都有所掌握。这样做有时也会出天才,即使不出天才,基本训练是有的。

前期训练之后就是后期论文写作。导师制下个人关怀比较多,但也有坏处。导师通常一个人在专业上钻得比较深,知识面可能就不太广。美国学校在指导论文上也有其特色。学生经过前面两年的学习之后自由选择导师,事实上,有一个内部市场,是双向选择,老师选学生,学生选老师。通常是由三人组成论文指导委员会,当然有一位主要指导老师。

以我为例,二十世纪八十年代末我在哈佛大学读博士。我是 1977 级本科生,下过乡,插过队,对中国的很多社会问题很感兴趣,很有改革情结;同时,又很希望用当时正在兴起的信息经济学、博弈论做一些研究。找这样的导师在当时可以说是没有的。但是美国的这种制度,就给我提供了一个方便,我有三位导师,匈牙利人科尔奈教授,八十年代他有一本风靡中国的书《短缺经济学》,对社会主义计划经济的分析非常深刻。另一位是马斯金,在博弈论和机制设计方面是大师。第三位是研究一般均衡的权威,即《微观经济学》教科书的第一个作者马斯克莱尔。学生可以从各位导师身上吸收养分,吸收对问题的看法、分析工具,做自己的论文。在美国这种体制下会产生很多交叉学科的研究,这不是偶然的。跟我们国内不一样的是,在美国,论文答辩纯属形式,难的是三个导师说你可以答辩了,隐含的意思大致是你可以通过了。

在我们国内,5 月份的时候博导们很辛苦,要给别的博导的学生答辩,别人过来给你的学生答辩。在瑞典还得请海外的专家过来答辩。美国的制约机制不在答辩,答辩就是在系里贴张启事,通常只是三位导师,有时学生叫来朋友壮壮胆,前一部分公众是可以听的,真正讨论是否通过时,只能是导师在场。但美国有其他的制约机制。三位导师不一定都是同一领域,想要三个人认同就比一个人更难。更重要的是,美国主要依赖市场竞争的机制,论文是为了找工作,由市场检验。你说你的学生好,市场上一检验就出来了。这点国内外差异非常大,原因当然是体制问题。经济学家常批评这个市场不完善,那个市场不健全,但是,在中国,经济学家几乎没有人出来批评经济学家自己的市场状况。一个人本科、硕士、博士在同一个学校,并留校做教师,是普遍现象,这叫"近亲繁殖"。有三代、四代甚至五代"同堂",这样就不能造成大市场,而没有市场就会出现弊端。但是,改起来很难,它虽然是个效率低的状况,却是个均衡点。因为当所有其他的学校都把自己的好学生留下来做硕士生、博士生甚至做教师时,一个学校想不这样做就要吃亏。对其他学校来的人,你可能会认为,这个人是水平不行才到我们学校来的。但作为整体,这一均衡点是效率非常低的。总之,国内外的培养方式有很大的不同,这里面有很深刻的制度原因,改起来不容易,但改革方向是很明确的。

将来市场是全球性的大规模竞争市场,尤其是中国,市场很大,这一点与美国相似。一方面,潜在的市场需求大,我们有这么多的高校、政府机构、企业,需要大量的经济、金融、管理方面的人才;但另一方面,统一的竞争市场还未形成。

第四编

现代经济学在中国

中国高校的经济学教育[1]

胡坚： 教育部曾经提出过双语教学的要求。我们在某一座谈会上也对此进行了探讨。大家普遍反映，这一授课方式刚实行了没多久，学生们就都要求改回原来的做法。您对此有什么看法？

钱颖一： 我有过类似的经历。那是1993年春季我在你们学院开设信息经济学和博弈论的课程。第一节课我用英语授课，效果并不好，于是从第二节课起我就不再采取这样的方式了。因为我想，我传授的是经济学，而不是英语。用英语讲课，在目前的情况下，授课老师有难度，听课的学生也不易理解。所以，最后我采取的办法是：讲的是中文，板书的是英文。我觉得这是比较有效、可行的办法。

胡坚： 在一些研究机构的报道中，北京大学、清华大学在世界大学中的排名和地位都比较落后。您认为它们作为中国的一流大学，和世界一流大学的差距主要在哪些方面？

钱颖一： 有关这方面的排名我也听说过。说北京大学、清华大学现在在世界上的排名大约为二三百名，要在较长一段时间里才可能跻

[1] 本文系2002年3月25日在北京大学经济学院客座教授聘任仪式座谈会上与教师和学生的对话。

身世界一流大学的行列,即前100名。在我看来,世界一流的大学,最关键的是教授。一流的大学,就应该有一流的教授。我们北京大学、清华大学有一流的学生,至少在本科生进校时是这样。但是,教授如何,这个你们比我更清楚。我们中国的学生是一流的,因为有那么多的人口,从小就面对激烈的竞争。可是美国不同,美国的中小学教育存在着不少问题,本科生是大众教育,研究生是全世界最优秀的。当然,这一方面是由于美国的大学在"进口"世界各地优秀的博士生,另一更重要的方面是,它有着一套竞争力极强的博士生培养制度。现在欧洲的不少大学也都在向美国学习。归根结底,衡量大学、院系、研究中心和机构,最关键的是看它有没有一流的教授。

学生: 您认为经济学类的学生应该具备的最重要的素质是什么?

钱颖一: 要回答这一问题,我们首先应该了解经济学的性质。经济学是一门社会科学。社会科学是介于自然科学和人文之间的学问,对于这一点,很多人不了解,因而存在着误区。经济学的性质使经济学类的学生一方面要有逻辑思维和论证的能力,另一方面要寻找解决问题的途径和方法。这在素质上主要体现为三点:第一,对经济问题有敏锐的观察和意识,有自己的想法。第二,会运用数学的技巧和工具,我既不同意"数学至上",也不同意"数学无用"。第三,要有一定的语言基础,这里主要是指英语。只有具备了一定的语言能力,才能更好地阅读和理解英文著述,才能在英文刊物上发表文章,才能得到更多交流的机会。

学生: 您多年在美国的大学里学习和工作,美国有很多世界一流的大学。您认为,要建设世界一流的大学,应该依靠政府推动,还是应该依靠市场竞争?

钱颖一: 这个问题和经济问题相似。你说政府有没有作用?有。但最终是市场的竞争。美国教育的特点就是有竞争性,世界上其他国家好一点的大学都是公立(国立)的,而美国既有公立(州立)大学,也有私立大学。教员工资等也符合市场竞争的原则,还有校董会等一整套制度安排、学校的治理结构也符合市场竞争的原则。

曹和平: 中国的学生从小学习的是中文,这样的话是不是就可能长期处在一种不利的情况下,我们一定要用英语作为一种认可形式吗?另外,对于您说的教授问题,我们看到,虽然北京大学中国经济研究中心用高薪吸引外国教授,却越来越和实际脱节。经济学院分离出来的光华管理学院和中国经济研究中心,也有它们特有的制度优势。如果都这样的话,中国的大学是不是要在英语培训和高薪聘请国外教授等方面付出太多的附加成本?

钱颖一: 我谈到对英语的要求,是因为英语对学习和研究都很重要。另外,由于大量人才纷纷到国外去学习,很多人预测将会导致"人才外流"的状况。但是,现实中我们看到的不是"人才外流",而是"人才循环"的现象。相反,那些控制较严格的国家,如日本、韩国,为了防止"人才外流",要求出国人员马上回国,而这部分人由于知识结构单一和经验有限,回国后无所作为。而那些留在国外的人将他国先进的运作、经验引入本国,很快与本国较好地融合起来,推动了本国的发展。还有一个很重要的方面是,很多人回国不一定是看重工资这一部分货币收入,更多的是看重那些无形的价值获得,比如回国后可以做学术带头人,可以带最优秀的学生等。所以说,政策因素在吸引人才方面起着很关键的作用。

袁诚：您提到美国的大学不设教研室，您能不能给我们简单介绍一下？另外，您觉得我们应该怎样寻找外国经济学和中国经济学的交叉点？

钱颖一：美国大学的经济系不设教研室，如果你对哪个专门领域感兴趣，你就会去参加那个领域的学术研讨会，一般是一周一次。关于你的第二个问题，还是要从经济学的性质谈起。经济学是一门社会科学，它的研究对象是经济。中国有自己的经济，由此产生的经济研究反映的也应该是中国自己的问题。此外，现在中国的经济是全球化下的、与国际市场接轨的市场经济，既然我们现在是与国外基本一致的市场经济，既然我们同样都是经济全球化中的一员，那我们就没有理由不学习以市场经济为研究对象的现代经济学。当然，我们可以另找一套，但那样成本是不是太高，我们为什么不学习和利用已有的经验成果呢？当然，这种学习绝不是生搬硬套，必须把我们自己的实际情况加入进去。

学生：中国的经济学并不发达，中国的经济改革却是最成功的，您怎么看待这个问题？您认为理论对现实政策的贡献有多大？另外您能不能谈谈对中国农业问题的看法？

钱颖一：经济的实际操作和经济学的发展并不一定一致。比如日本的经济很好，可是经济学很一般；而印度的经济不发达，可是经济学研究在一些领域却很先进。经济学是一门科学，科学不等于实际操作。蒙代尔获得了诺贝尔经济学奖，他不一定能领导一个国家的宏观经济调控。所以,我们应该看到,经济学和实际的经济运行是不同的。研究科学的学者不需要具体操作,就像设计汽车和开车的不必是同一个人。学者要做的应该是不断地提出新的问题,进行新的思考。至于农业问题,因为不属于我的研究领域,所以我不适合回答这个问题。

学生: 您觉得您应该为经济学做些什么,您打算怎样履行这样的职责?

钱颖一: 我想我要做的,首先是告诉大家我对现代经济学的基本理解。虽然看法不一定对,但是既然是我的理解,就有责任告诉大家。我在国外从事经济学教育和研究多年,在国外待了二十年,和很多经济学大师有过较深入的交流,我觉得有必要把我的理解告诉大家。

学生: 中国教育的收费问题,可能把很多人排除在高等教育之外,您如何看待这个问题?能不能谈谈您对未来的预测?

钱颖一: 我认为教育应该由市场和政府互相配合,各自承担相应的责任。我们国家的高等教育是从过去完全由国家负担转变到现在的私人承担一部分,其中会有一些问题引起我们的担忧,但这种转变是不可避免的,这是一个动态的过程。也许在这一过程中走过了一些。我们经济学家有责任对此有所忧虑,并分析这样的问题,提出科学的配套措施。

学生: 您在硅谷生活了很长时间,也写过关于这方面的文章。您对硅谷当前的变化怎么看?您对大学的作用怎么看?

钱颖一: 我的确在硅谷生活了很长一段时间,也写了文章专门论述这个问题。在我看来,硅谷现在的变化是硅谷进行的第四次调整,而历史上硅谷的调整从来都是这样一个上上下下的过程,只是这次它的这种动态变化的波动比较大。谈到大学的作用,我觉得大学不应直接办校办工厂或校办企业,而主要是培养人才。

学生: 您能不能给我们介绍一下美国的教师的情况?

钱颖一: 我专门写了一篇文章(《经济学家市场在美国》)介绍这一情况。目前,这方面美国和中国的情况有很多不同,比如说,中国的博士毕业生,目前毕业选择时愿意先考虑金融机构,然后是政府部门,最后才是大学任教;而美国的博士毕业生,最愿意去的是大学,尤其是研究型大学,然后才是政府部门和商业机构。当然,这是一个变化的过程。我看到现在中国的教育工作者的地位和收入在过去几年中有了很大提高,而且这种提高还会继续。其实在美国大学任教的收入平平,远不如去投资银行多。但是在大学任教可以自由支配的时间比较多,选择研究课题也很自由,尤其是那里有一群"智识"型的人才,以探讨学术为乐趣。我觉得我们中国历史上有崇尚学术的传统,社会对学者是很尊重的。只是前一段太穷了,因此先要脱贫,是可以理解的。要有一个转变过程。

学生: 我们在学习或者做研究的过程中,常思考一个问题,就是经济学的社会效用到底怎样?另外,我们在阅读经济学文献的时候,碰到那些数学模型,常常觉得非常复杂,难以理解,您怎么看待这个问题?

钱颖一: 经济学的社会效用是怎样的?这无法精确衡量。比如说，一般均衡理论很重要，是主流经济学中最基础的东西之一。市场和计划的争论在中国延续了很多年。现在大家都认识到市场的重要性，而一般均衡理论是分析和理解市场的资源配置功能的基本参照系。如果我们把它放到计划与市场的争论之中的话，它的社会效应是很大的。至于阅读文章的问题，我建议有时间的话应该多读几遍，每读一遍，都一定会有更深的理解和新的收获。数学模型的背后是经济想法和思想，应该透过数学公式学习这些想法。

姚志勇：作为北京大学的一位年轻教师，我应该如何提高自身，缩短与这些一流学者间的差距呢?

钱颖一：我的回答就是学习。而且现在国内的学习条件和我们在八十年代时相比，已经是优越得多了。比如由于计算机和网络的发展，现在的制约条件已经不是信息不够了，我们要做的更多是如何对大量的信息进行筛选，选出对我们有用的信息。

学生：我想了解一下美国的学科设置情况。

钱颖一：在美国的大学，经济系涵括的经济学是“大经济学”的概念，即国内所说的经济学科，包括理论和应用。其中的各个领域(比如公共财政、国际金融、政治经济学)之间是相通的，不设专门的教研室。我们国家的专业和系划分得很细，其中有历史原因，就是过去学科设置为计划经济服务。随着改革和转轨的新需要，添设了一些新的专业。但是，这二十年来，在教育和学科设置上还没有做根本性的改革。

学生：您说的教师可不可以引进? 我觉得教师有三类：一类是完全本土的；另一类是先在本国，然后出国学习，最后又回国的；还有一类就是纯粹来自国外的。我们是否应该多引进一些教授,您怎么看?

钱颖一: 这三类教师可以互补,多样化是好事,教师不能太过单一了。

学生: 您是否愿意在北京大学系统地开几门课,以正式授课的方式?

钱颖一: 从"意愿"上来说,我当然是愿意的。但是要在资源和时间的约束条件下来安排。

学生: 转轨经济学中涉及一些制度经济学的问题,中国的学生在做论文的时候,常常以这个作为论题,答辩的时候老师和同学各自上去发一通牢骚,可是到最后也没解决什么问题。您对此怎么看?

钱颖一: 我想学生以制度问题为论文题目有两个主要原因:第一,制度问题是目前中国最基本的问题,大家对该问题的关注体现了它在现实中的重要性;第二,在过去几年中引进到国内的制度经济学的论著大都简单易懂,如科斯、诺思。所以大家在做论文的时候喜欢以此为题。我在美国跟一些同事谈话中说到这一点,他们都很惊奇。事实上,国外的制度经济学还有一系列更新、更深层次的探讨和研究,但这需要更多的预备知识和扎实的基础。因此,不能停留在现阶段。

学生: 我有一些学习上的困惑。我们过去接受的都是传统的经济学教育,所以现在阅读一些国外资料的时候,无论从语言上还是理解上,都觉得很困难,要改变的话,我又觉得成本太大,有没有什么更好的办法?

钱颖一: 办法只有一个,就是学习。没有免费的午餐。我一直认为,你们现在的学习条件比我们那时候好多了,可以借助很多先进手段。

学生: 请您介绍一下中国学生申请美国大学的情况吧。

钱颖一: 总的来说,从申请人来源看,现在申请的同学的专业更加广泛,各个知识结构和知识层次上都有。事实上,现在很多国内的大学,都经常使用国外的教材,所以同学们对国外的教材都知道,却不一定都理解透彻了。另外,中国学生还存在一个问题,就是会考试却不会写论文。美国的学生不同,他们考试不大行,可是论文做得很棒。一些中国学生在所有的考试都考完了以后,常常感到非常茫然,不知道该做什么。在做论文的时候,想做大课题,却不能把问题具体化。所以,我觉得,中国学生有一点是需要加强的,那就是要学会如何从单纯的考试过渡到做具体的研究。我发现,在这一点上女生往往比男生做得好,更踏实和精力集中。

胡坚: 学校和院系的财务支出与经费筹集一直是一个重要而困难的事情,我想了解一下美国大学这方面的情况。

钱颖一: 通常,美国大学校长的主要工作之一就是筹集资金,而教务长才是管理学校内务的。资金的募集很不容易,是苦差事。这就要求校长既要有较高的资信和威望,又要有较好的口才、交际能力并且任劳任怨。所以美国流传一句话,那就是校长必须是"足够聪明,使得他有资格来当,但同时又足够傻,使得他愿意来当"。

胡坚: 您对现在北大的经济学院、光华管理学院和中国经济研究中心的三足鼎立怎么看？

钱颖一： 有竞争肯定比没有竞争好，所以现在北京大学经济学科的发展状况就比清华大学好得多。国内一直在说要制止重复建设。但是，市场经济正是在不断地进行着重复建设中才产生竞争的，才能促进良性循环。虽然我们知道在正常情况下最优的安排通常应该是一所大学中只有一个经济学专业。但是在目前的转轨情况下，这种竞争确实带来了学科建设的发展，我觉得这是好的。当然，这不是长期的均衡，将来应该整合。至于以何种方式，则要看竞争的结果。

清华大学经济管理学院的特聘教授项目[1]

今天,我与其他海外教授对能够来参加清华大学九十一周年校庆和经济管理学院讲席/特聘教授聘任仪式,感到非常兴奋。对我个人来说,还有另一层的兴奋。二十年前,我从清华毕业,赴美留学。今天上午,清华77级校友开会纪念毕业二十周年。77级之特殊,在于它是从1966年到1977年十二个年级的积累。这不是通常的一届的概念,而是那特殊的十二年的浓缩。在我所在的“数七班”,入校时同学的年龄从十六岁到三十一岁,最大和最小的之间年龄相差了近1倍。我有幸成为清华“七字班”中的一员,备感自豪。今天是我二十年来第一次回母校参加校庆,同时,今天也是我回母校工作的开首。

清华的校、院、系领导有远见、有魄力,请来了二十几位由国内大学毕业、执教海外研究型大学的教授担任经管学院经济系和金融系的特聘教授。特聘教授们的研究和教学领域包括现代经济学和金融学中的主要领域。他们来清华大学从事教学和研究活动,开设本科生和博士生的系列核心课程,以及其他中高级课程,并参与指导博士生。清华大学设定了在2011年建校百年时把清华建成“综合性、研究型、

[1] 本文系2002年4月28日在清华大学经济管理学院讲席/特聘教授聘任仪式上的发言。

开放式”的世界一流大学的宏伟目标。清华聘请海外教授这一创举是力争实现这一目标的重要一步。如此强大阵容的经济和金融学家来到清华，不仅对清华，而且对全国的高校和经济学界定会产生重大的影响。这堪称我国高校改革开放、与国际一流标准接轨的一个伟大举措。

清华大手笔网罗人才，并得到海外众人热烈呼应，绝非偶然。我想这是基于两个基本理念。

第一，网罗天下人才是清华的传统。清华学子都记得清华老校长梅贻琦的名言：大学之所以为“大”，不在于有无大楼，而在于有无大师。在清华的历史上，不乏令后人铭记的求贤壮举，我在这里举出文科和理科各一例（记载于阿忆的《水木清华九十年》）：

1925 年清华成立研究院，从国学建设开始。当年曹云祥校长求贤心切，给王国维送上清华校方统一印制的聘书后，又觉不妥，致信王国维解释，并附手写聘书，信和聘书均请胡适转交。之后曹云祥校长又派研究院主任吴宓到王国维家中。吴宓是哈佛大学的硕士，他进门行三叩首礼，感动了王国维。此后便有清华“四大导师”梁启超、王国维、陈寅恪和赵元任，他们在二十世纪二十年代清华国学院和人文学科的辉煌，长垂史册，使后人永远怀念。

物理学一代宗师叶企孙于 1926 年创办清华物理系，1929 年创建清华理学院，几乎“一网打尽”天下名师，包括数学家熊庆来和杨武之（杨振宁之父），物理学家吴有训和周培源，以及化学家萨本铁。不到十年时间，清华物理系和理学院均成为全国第一。在 1938 年至 1946 年的西南联大期间，虽然没有大楼，教室简陋，这些年却是清华九十年校史上出科学人才最多的时期，其中包括“物理系四杰”：杨振宁、李政道、邓稼先和朱光亚。

当年清华国学院和理学院的鼎盛,靠的是网罗人才。今天的清华经管学院,力争办成世界一流,以清华特有的气派和胆略,发扬光大清华传统,同样靠网罗人才。国外一流大学之所以位居一流,就是因为教授一流。难怪人们会说,办大学的三大要素,第一是教授,第二是教授,第三还是教授。

第二,清华在目前全面建设经济学科有重要和广泛的意义。清华于 1926 年创建经济学系。同年,陈岱孙先生取得哈佛大学经济学博士学位并于次年回国,1928 年起担任经济学系系主任,1929 年起兼任法学院院长。法学院下设经济学和政治学(包括法律)两系。经济学系历经二十四载,到 1952 年全国院系调整时被撤销。1984 年经济管理学院成立,经济系恢复。在前年清华校庆活动中的陈岱孙塑像揭幕仪式上,王大中校长说:“今天的清华大学经济管理学院,同 1926 年建立的、以陈岱老为系主任的经济学系的历史渊源一脉相承。”从 1952 年算起到今年整整五十年,清华大学经管学院请来二十几位特聘教授,在全面建设经济学科方面又迈出了一大步。

清华经管学院是经济加管理学院,所以它的英文名称是“School of Economics and Management”。在其他一些大学,与此相对应的是经济学院和管理学院。清华经管学院包括经济和管理两大学科。在学科意义上,国内和国际的分类方法都把金融学作为经济学科的一部分。虽然经济学科与管理学科是两个不同的学科,但是两者有着非常密切的联系。特别是近年来,经济学不断渗透到管理学的许多领域。比如会计学,其前沿研究领域深受信息经济学的影响。又比如人力资源管理学大量运用组织经济学和激励理论的分析方法。再比如,市场营销学中的定价策略得益于信息经济学和博弈论，而公司战略学在很大程度上是博弈论和产业组织理论的延伸。

二十多年前我在清华念书的时候，清华就意识到只有工科没有理科是不行的。那时恢复了一批理科系，包括我就学的应用数学系。今天，清华进一步认识到，要有一流的管理学科，也要有一流的经济学科。无论是企业管理，还是行业和市场监管，或是宏观经济调控，都离不开经济学。经济学家喜欢引用的凯恩斯的那段名言直到今天仍然有效："经济学家和政治哲学家的思想，无论是对还是错，都比人们通常理解的更为有力。""那些自以为不受任何学理影响的实践者，其实通常就是某些过时经济学家思想的俘虏。"

超越经济学和管理学的关系，让我们从更广阔的视角来看经济学在人文和社会科学中的地位。清华从 1911 年建校到 1952 年是综合性学校。在 1952—1977 年间曾经成为多学科的工科大学。随着改革开放，清华大学不断重新恢复理科、社会科学和人文，重建综合性大学。但是由于那段特殊的历史，清华的人文气息与国内其他综合性大学相比，显得相对不足。它已成为清华培养一流人才的制约因素。我们期待清华重现当年清华"国学研究院""文学院"和"法学院"的辉煌。广义的"文科"包括人文和社会科学。萨缪尔森曾经把经济学视为社会科学的"皇冠"。这也许是经济学家自己的偏爱，但无论如何，经济学在社会科学中的重要地位是没有争议的。麻省理工学院虽以理工科著称，却同样有强大的社会科学学科，它的经济系是美国大学中顶尖的经济系之一。因此，在清华全面建设经济学科，对清华重振人文和社科，建成综合性大学，至关重要。

在清华建设与国际接轨的、一流的经济学科，其意义会远远超出清华园。特聘教授们将以清华一贯的干实事的作风，致力于在清华“建设学科，树立学风，建立学术标准”。这样做不仅有利于经济学科在清华的成长，也有利于推动经济学科在全中国的健康发展和繁荣昌盛。今天上午，在清华大学首届现代经济学系列研讨会上，清华的特聘教授与中国经济学界的济济人才相聚一堂，切磋今后如何把中国的经济学科建设好，如何进一步使中国的经济改革和发展与现代经济学相结合，便是明证。

我想，这就是我们大家共同分享的两个理念。有了这两个理念，就有了清华今天的系列活动。继续这两个理念，清华的经济学科在明天将是另一番景象。让我们为这一目标合力共勉。

推进经济学科建设的三条建议[1]

今年4月28日清华大学经济管理学院聘请了二十八名由国内大学毕业、在海外任教的学者担任特聘教授。该文是吴敬琏教授在清华当天为此举行的“现代经济学研讨会”上围绕“经济学与中国经济改革”和“经济学科建设”两个主题所做的发言。它切中时情,值得我们关注。

首先,该文引证我国经济改革的历程来说明,我国经济改革的成就是与我们对现代经济学的认识深化分不开的。反面的例子是二十世纪五十年代中期的改革尝试,当时完全缺乏对现代经济学的了解,没有走市场取向的改革道路。正面的例子是1978年以后几次重大的改革推进,都与对现代经济学的认识深化有关。吴教授列举了他亲身参与的三次重要的经济学国际研讨会,即1985年的“巴山轮会议”、1993年的“大连会议”和1994年的“京伦会议”,它们对日后的改革都提供了有意义的理论基础。我认为,现代经济学对改革的影响,体现在两个方面:一是它对改革可以有直接的指导作用,毕竟现代经济学是研究市场经济的学问;二是它提供了有用的分析框架和分析工具,

[1] 本文系对吴敬琏“中国改革的成就是和经济学的进展分不开的”讲话的评论。原标题为“改善经济学科工作的好建议”。原载于2002年8月《财经》总第65期。

可以在此基础上对特殊国情引发的情况做出较为科学的解析。

随着我国改革的深化和开放的加快，对现代经济学的需求增大。有感于此，吴教授提出了三条建议，用以改善我国经济学科的工作。

第一条建议：加强对现代经济学基础课程的教学。吴教授根据他在北京和上海向硕士生和博士生授课的体会，批评了那种追求“前沿”、忽视基础训练的倾向。当然，了解前沿是必要的，但是不打好基础，对前沿理论的理解就不会准确、不会深刻，甚至产生误解。什么是现代经济学的基础呢？它基本上包括大学本科的《经济学原理》《中级微观经济学》《中级宏观经济学》和《计量经济学》这四门课。《经济学原理》是入门课，讲的是现代经济学的基本想法、概念和方法；它不用数学模型，强调对现实经济的观察并侧重基于直觉的分析。后三门中级课程是原理课的深化，它们都借助数学和统计学作为工具。那些数学基础好，能看得懂中级经济学中数学的人，也应该学习《经济学原理》，因为数学推导能力不能替代经济学的直觉和对现实生活中经济现象的敏感性。那些已经读了一些经济学专著，包括名著的人，也应该学习这些基础课程，因为这是获得比较全面的、扎实的经济学基本功的一种系统训练。

第二条建议：形成惠风和畅、百家争鸣的宽松氛围和严肃、严谨、严格的学术规范。这是提高我国学术水准的相辅相成的两个方面，两者合一便是一种好的学风。一方面要有宽松氛围。经济学界的宽松氛围有赖于学界内外。侵害学术自由可以来自学术界之外，比如行政或商界的力量，也可以来自学术界内部的不正之风。另一方面需要学术规范。经济学的学术规范由谁制定？学术水平由谁评判？既不应是政府，也不应是媒体，而应是经济学的学术界。我理解吴教授提出的“三严”，即“严肃、严谨、严格”的学术规范，就是学术界不仅要学术打假和反学术腐败，而且要反学术浮躁。我不认为经济学的学术规范是指必须用一种格式或体裁做学问；我认为它的本质要求应该是理论分析要讲逻辑，实证分析要有证据。

第三条建议：不同经历和不同教育背景的经济学家加强交流和切磋。不同经历和不同教育背景导致经济学家具有不同的比较优势，这是很自然的。经济学家之间的交流和切磋可以长短互补，使学术水平得以共同提高。在这方面，吴教授本人的经历就是一个例证。他既同老一辈经济学家交流，也同中青年经济学家探讨；既同国内的经济学家论争，也同国外的经济学家切磋。正是在与不同经历和不同教育背景的经济学家的交流中，他和他的同事们，以及他们的学生们共同提高。因此，在不同的时代，他和他的课题组都能够根据当时的国情，运用当时的经济学的最新进展，提出一系列促进我国经济改革的政策或思路。比如，二十世纪八十年代时，运用讲求资源配置的新古典经济学为市场经济呐喊；九十年代时，应用关于产权、企业和制度的经济学推动企业改革；进入二十一世纪后，宣传关于法治和法律的经济学以推进改革到更深层次。

若这三条建议得到经济学界同仁的响应，我国经济学界的学术水准将会有一个新局面。

《经济学原理》课在清华[1]

在我当学生的二十年中，最令我兴奋的课程是我在上大学一年级时所选的连续两个学期的《经济学原理》。可以毫不夸张地说，这门课改变了我的一生。

——格里高利 · 曼昆[2]

从2002年秋季开始，在清华大学的课程表中，第一次出现《经济学原理》课程。这是国内高校中最早为经济学和管理学专业一年级本科生开设的两学期的《经济学原理》课程，也是清华经管学院实施本科生大平台教育和国际经管类本科生教学体系接轨后，开设的最有代表性的平台课程之一，同时也是经管学院特聘教授开设的首批课程之一。

在国外综合性大学，《经济学原理》是一门重要的本科生课程。它的定位是这样的：一方面，它是经济学专业教育的基础课程，它为本科二年级的《中级微观经济学》和《中级宏观经济学》打下基础，而后

[1] 本文写于2004年9月，系与钟笑寒合著。自2003年秋季学期起钱颖一与钟笑寒在清华经管学院共同为本科一年级讲授《经济学原理》课程。

[2] 格里高利 · 曼昆（N. Gregory Mankiw）是美国哈佛大学经济学教授，曾任美国总统经济顾问委员会主席。他是本课程采用的教材《经济学原理》一书的作者。

者又是研究生阶段的《高级微观经济学》和《高级宏观经济学》的基础。另一方面,它也是一门面向所有本科生,特别是社会科学类本科生的公共课程,上这门课便可对现代经济学有一个基本的了解。因此,原理课在很大程度上决定着学生们对经济学科的基本看法,影响他们将来的学术态度和职业选择。

经济学科在清华大学有着曲折的历史。早在1926年,清华就建立了经济学系,对传播西方的经济思想起到了推动作用,朱镕基总理就曾经上过陈岱孙先生的《经济学概论》课。1952年院系调整中,随着清华大学被定位为工科大学,经济学系被撤销。直到1984年,经济管理学院建院,之后经济系才得以恢复。在清华大学浓厚的理工科背景影响下,清华大学经济系成为数量经济学的重要阵地,其中计量经济学的学科地位处于国内领先。进入二十一世纪,随着清华大学确立了建设综合性研究型大学的目标,作为社会科学"皇冠"的经济学,其学科建设逐步受到重视。

从2002年起,经济系从海外聘请了十五名特聘教授,在国内经济学界产生了很大影响。这些特聘教授在清华大学每人开设一门现代经济学的课程,包括不同层次的核心课程。《经济学原理》就是其中一门最基础的课程。它主要面向经管类的一年级本科生,同时也吸收全校各专业本科生。课程开设至今刚两年,就获得了广大师生的热烈反响。课程被本院2003级本科生评为"最有收获的课程"之一,教学评估处于前列。在2004年该课程被评为清华大学教学优秀成果奖(二等奖)。该课程在清华大学以外也产生了不小的号召力,其他高校的老师、学生和社会人士纷纷前来听课。

《经济学原理》是现代经济学的入门课,讲授这门课力争达到三个目的：一是领会现代经济学的基本思想、概念和分析方法；二是培养对现实世界经济行为与经济现象的观察能力；三是训练经济学直觉。那么，如何达到这样的目的呢？我们从两方面着手：一是将现代经济学最本质的东西告诉学生，二是以一种简明有力的方式讲授。

经济学的主题是社会的，但它以科学的冷静来研究这个主题。阐明把经济学作为一门科学来学习，对学生非常重要，它可以澄清学生对课程性质容易产生的误解，例如，以为它是“经济学说史”，或“世界经济”，或“中国经济”。经济学之所以是科学，是因为它具备两个特征：一是有基于逻辑的理论，二是可以用数据来检验（或证伪）其理论。现实经济是纷繁复杂的，经济学作为一门比较成熟的学科也是内容庞杂的。但是，作为一种思维方式，经济学的核心理论是简单的、一致的。这就是“大道至简”。在课程中，通过将经济学定义为“社会管理其稀缺资源的学问”，点明了经济学的独特视角。这一视角下的几个重要思想（和概念）在整个经济学中反复出现，例如机会成本、边际决策、激励、贸易的好处、效率以及市场的资源配置。课程一开始就明确地列举了经济学的若干基本原理，并结合实例进行了深入浅出的解释。在整个课程中，这些思想经常被提到，以提醒学生，这些原理是大多数经济分析的基础。

要将经济学最本质的东西告诉学生，讲述的方式至关重要。总的来说，就是要求课程以一种简明有力的方式来进行。简明就要尽力避免那些干扰学生理解关键结论的噪音与冗长细节，有力就是要将经济学的思想和现实问题结合起来。这主要体现在三个方面。

一是将供求分析作为课程的核心内容。供求分析集中体现出经济学的基本思想和分析框架。中国有句俗话叫“半部论语治天下”，意思是治国的道理只包含在很少的一些原理之中（英文对应的是“A little knowledge goes a long way”），供求分析就是经济学的“论语”。

二是不用公式用图形。图形是表述变量之间关系的一种方法。用图形有两个目的：当建立经济理论时，图形提供了一种直观地表述思想的方式；同时，图形（包括表格）也提供了一种对经济数据进行简单总结的方式，以帮助人们发现变量之间的相关关系。不用公式用图形也是原理课程有别于中高级课程的一大特色。原理课程着重培养的图形分析能力，为学生在后续课程中培养全面的分析能力（包括公式分析的能力）打下了基础。

三是注重应用和政策。虽然原理课程只是提供了仅有的几个分析工具，而且使用图形表示，却能用来解释非常广泛的现实。课程把更多篇幅用于应用和政策，而把较少篇幅用于正规的理论。除了有专门的应用章节外，还随时穿插“新闻摘录”和“案例研究”，以说明经济学思想如何解释当前社会所面临的各种问题。

凯恩斯说过：“经济学家和政治哲学家的思想，无论是对还是错，都比人们通常理解的更为有力。的确如此，这个世界是被思想统治的。那些自以为不受任何学理影响的实践者，其实通常就是某些过时经济学家思想的俘虏。”[1]

中国的改革开放要取得最终的成功，依赖于能否培养好的经济

[1] 英文原文为：“The ideas of economists and political philosophers, both when they are right and when they are wrong, are more powerful than is commonly understood. Indeed, the world is ruled by little else. Practical men, who believe themselves to be quite exempt from any intellectual influences, are usually the slaves of some defunct economist.”

学人才、产生好的经济学思想。只有在认同经济学作为一门科学的共识上，充分借鉴国外经济学教育的成功模式，从基础抓起，逐步建立起科学的教育体系，才能让现代经济学的思想在中国的土地上扎根，培养出更多合格的经济学人才和优秀的经济学家，造福于这个国家。

培养经济学专业学生的现实观察能力[1]

有关"三农"的书很多,有记者写的,有学者写的,也有官员写的。《农民的故事》这本书不同。它是由清华大学经济学专业的大学生们写的,是关于农民的故事。这些学生中有不少本来就是农家子弟,他们利用寒暑假的时间,回到自己的家乡,客观地、中性地搜集身边的亲朋好友们的真实故事。学生们大多不用介绍信,也不用政府的关照,减少了调查中容易产生的偏颇。也因为调查者都是学生,农民们也没有顾忌。一切都在自然中。

这本书不是专门"揭黑"的,也不是刻意"歌德"的。书中汇集了六十多个故事。它们都是客观的记录,没有先入为主的偏见。在学生们做调查之前,指导教师钟笑寒对调查的框架做了统一的要求,要求必须具体到个人。所以,每一个故事都是有名有姓的农民个人的故事。不少故事在时间上跨越了改革前与改革后。这里有致富的农民,也有在贫困线上挣扎的农民;有坚守乡村的农民,也有走出乡村的农民,还有回到乡村的农民。这些故事发生在从北到南、由西向东的广阔的地域空间。这些案例大多没有太多的结论,但留给读者一个中国

---

[1] 本文写于2005年3月,系为钟笑寒编著的《农民的故事》(清华大学出版社2005年版)所作的序。

农民生活的总体轮廓。

经济学是一门社会科学。现代经济学已经发展到如此程度，严格的理论和经验分析的训练成为经济学教育中的必要环节。与此同时，培养学生对现实的观察能力仍然是经济学教育中不可忽视的一环。我在清华大学同本书编者钟笑寒老师共同教授本科一年级的《经济学原理》课程。我们制定了该课程的三个主要教学目的：领会现代经济学的基本思想、概念与方法；培养对现实世界经济行为与经济现象的观察能力；训练经济学的直觉。其中的第二个目的便是对现实的观察能力。

牛顿看到苹果从树上落到地上，引发了他对万有引力的思考，这是尽人皆知的故事。在经济学中，也有类似的故事。科斯自伦敦经济学院大学毕业后到美国旅行，途中观察到市场中有如此多的大企业，许多交易都是在企业内部而非在市场上完成的，由此萌发出他的基于交易成本的企业理论。据说弗里德曼当年在韩国访问时，注意到那里正在形成的通货膨胀，刺激了他后来的有关货币的数量理论的形成。这都说明了经济学的大理论起源于经济学家对现实的观察。

清华大学在本科生的经济学教育上强调基本功的训练，包括要求学生们系统地阅读教科书，并且做练习题。同时，清华大学也重视培养学生的观察能力。这本书中记载的便是学生们观察农村、农民的部分结果。虽然这类社会调查不一定能产生系统的数据以供统计分析之用，但对现实问题的观察和领悟可以激发新的想法，或者对已有的想法产生怀疑。如果是这样，《农民的故事》就不仅仅是故事了。

高水平年会推动高质量金融研究[1]

我非常高兴能够和各位一起参加在成都举办的2007年中国金融国际年会的开幕式。此次年会由清华大学中国金融研究中心和麻省理工斯隆管理学院共同举办,并由西南财经大学和电子科技大学合作承办。

这是第五届中国金融国际年会。我曾于2002年在北京参加过首届年会。自那时起,中国金融国际年会逐渐成为亚洲最具影响力的学术会议。很多在年会上宣讲的论文随后都发表于世界顶尖的金融学刊物。非常感谢麻省理工斯隆管理学院和清华经管学院的各位老师,同时也要感谢清华大学中国金融研究中心主任王江、联席主任宋逢明、常务副主任廖理,以及清华经管学院金融系主任李稻葵教授。还需要特别感谢的是由六十多位世界知名金融学专家和学者组成的这届年会的学术委员会,以及该委员会的联执主席,来自宾夕法尼亚州立大学的曹泉伟教授和来自圣路易斯华盛顿大学的周国富教授。他们也都是清华经管学院的特聘教授。我想感谢大家这些年来做出的贡献。

自成立之日起,清华大学中国金融研究中心就致力于推动高质量

[1] 本文系2007年7月10日在第五届中国金融国际年会开幕式上的讲话。译自英文。

的金融学术研究。在斯隆管理学院的大力支持下，中国金融研究中心逐步建立起在中国和世界金融学界的影响力。近期中国金融研究中心在中国教育部的支持下建立了金融研究数据库，并和路透社合作建设了清华—路透金融风险实验室。目前中心正筹备创立一个旨在推广中国私募领域教学和研究的学术机构。

为了更好地管理日常事务，中国金融研究中心新设立了一个执行委员会。除了王江、宋逢明、廖理和我之外，执委会的其他三位成员为中国人民银行长期分管政策研究部门的副行长吴晓灵女士，中央汇金投资有限责任公司政策研究部主管赵海英女士，以及清华经管学院校友、上海市金融服务办公室主任方星海先生。执委会将为中国金融研究中心提供战略指导。

在过去的四届年会中，我们有幸邀请到了富兰克林·艾伦(Franklin Allen)教授、斯图尔特·迈尔斯(Stewart Myers)教授、马丁·格鲁伯(Martin Gruber)教授和史蒂文·罗斯(Steven Ross)教授为大会做主旨演讲。这次年会的主旨演讲嘉宾是斯隆管理学院的罗闻全(Andrew Lo)教授。罗闻全教授不仅是金融工程和计算金融学领域的权威专家，同时也是麻省理工学院金融工程实验室的主任。他在金融学和经济学刊物上发表过多篇文章，同时也是《金融市场的计量经济学》(*The Econometrics of Financial Markets*)和《华尔街的非随机行走》(*A Non-Random Walk Down Wall Street*)两书的合著者。他获得的奖项包括艾尔弗雷德·斯隆基金会奖学金、保罗·萨缪尔森奖、美国个人投资者协会奖、格雷厄姆—多德奖、2001 年国际金融工程师协会年度金融工程师奖、古根海姆奖学金以及麻省理工学院的优秀教师奖。

这是我第二次见到罗闻全教授。上一次是在二十三年前的 1984 年春季。那时我刚被哈佛大学经济学博士项目录取,以被录取博士生的身份访问哈佛大学经济系。罗闻全是我在哈佛的博士生联络人。当时他刚完成哈佛经济学博士的学业,正准备前往沃顿商学院任教。我猜想也许因为我是一名刚从耶鲁转学到哈佛攻读博士的中国学生,而罗闻全之前毕业于耶鲁本科生院,所以他被指派来接待我。在那之后的二十三年间,我们没有再见过面。今天我有幸能够在这里作为主人欢迎他,并亲自对他在二十三年前给予我的帮助表示感谢。这实在是一个特殊的日子。

让我们欢迎罗闻全教授为我们带来他的主旨演讲。

建设经济社会数据平台[1]

清华大学中国经济社会数据中心从开始酝酿到今天诞生经历了三年多的时间。在这段时间里,我们得到了清华大学及社会各界广泛的支持和帮助。时任清华大学党委书记的陈希从一开始就亲自指导了数据中心的筹备工作。早在2007年3月,他就亲自带领我和人文社会科学学院院长李强专程拜访国家统计局的领导。胡和平书记对数据中心的建设十分关心,多次过问数据中心的筹备工作,提出了很多有指导性意义的意见。陈吉宁常务副校长和谢维和副校长对数据中心的筹备工作亲力亲为。他们两位亲自主持多次数据中心筹备工作讨论会,召集清华大学各相关院系,共商数据中心的建设大计。他们也为数据中心的建设机制、建设内容等提出了大量具体的建议。这些建议对中心的筹备工作具有提纲挈领的意义。

清华大学中国经济社会数据中心的诞生也是全校各院系集体努力和合作的成果。在三年多的筹备过程中,全校各院系老师多次坐在一起讨论,集思广益,大家提出了大量有针对性的建设意见和建议。正是这些讨论和建议使数据中心的建设方案逐渐完善,进而使得数据中心在今天成立。在此,我代表数据中心向全校各院系对中心工作的

[1] 本文系2009年11月22日在清华大学中国经济社会数据中心成立仪式上的讲话。

指导、建议和直接参与表示衷心的感谢,尤其感谢钱易教授、倪维斗教授、江亿教授等多位院士对中心工作的支持与指导。

中心的成立也得到了清华大学各有关部门的指导和大力协助。数据中心的筹备工作是在文科处苏峻处长的领导下进行的。数据中心的成立和工作开展也得到了学校各部门的大力支持和帮助,包括学科建设办(985/211办)、校办、机构办、科研院、房产处、财务处、设备处、计算机与信息管理中心等多个部门。我们在此深表谢意。我们也相信,数据中心今后的工作会得到你们一如既往的支持。

今天,数据中心的诞生为我们的筹备工作画上了句号,同时也标志着数据中心工作的正式开始。这是万里长征的第一步。我们深深感到肩上的责任和压力。数据中心是清华大学支持文科建设的一笔较大投入。我们希望将数据中心建设成为清华各学科学术研究的经济社会数据平台;成为清华与各有关部门紧密合作,为中国经济社会发展献计献策的智囊;成为清华与国际学术界广泛接触和合作,让世界了解中国、研究中国的学术交流平台。

清华经济系八十五周年：温故知新，饮水思源[1]

1925 年之前，清华学校是八年制的留美预备学校，后两年相当于大学一二年级的水平。1925 年清华学校成立大学部，开始招收四年制本科生，同时成立国学研究院，招收研究生。1926 年，清华成立了第一批学系共十七个，经济学系是其中之一，至今正好是八十五周年。

老清华的经济学系自 1926 年建立至 1952 年被调整出清华，共历二十六载。改革开放后，清华大学于 1979 年成立经济管理工程系，又于 1984 年成立经济管理学院，至今也有二十七年了。如果说经济管理工程系是经济管理学院的前身，那么 1926 年成立的经济学系就是经济管理学院的源流。正如时任清华大学校长的王大中在 2000 年所说，“今天的清华大学经济管理学院，同 1926 年建立的、以陈岱老为系主任的经济学系的历史渊源一脉相承”。

温故知新。这本纪念文集向读者展示了过去八十五年中，从老清华的经济学系，到后来的经济管理工程系，再到今天的经济管理学院的演进脉络。它让读者深切地体会到今天的清华经管学院的历史根基、传统底蕴。它告诉我们，清华经济学系建系之初，开设的课程就分

[1] 本文写于 2011 年 2 月，系为《清华经济系 85 周年》所作的序。

设“经济”和“商学”两组，覆盖经济学和商业管理学中的众多领域。它也告诉我们，在1926年至1952年之间，经济学系是老清华毕业生最多的一个系，占全校的1/5。历经八十五年坎坷岁月，如今的经管学院又重新成为清华大学中学生人数最多的学院，占全校近1/8。

饮水思源。在纪念清华经济学系成立八十五周年之际，我们特别怀念陈岱孙先生。他从1928年起担任经济学系系主任，一直到1952年院校调整，历经二十四年。经管学院首任院长朱镕基教授对陈岱孙先生极为尊敬，1995年恭贺陈先生九十五大寿时写道：“先生年高德劭，学贯中西，授业育人，六十八年如一日，一代宗师，堪称桃李满天下。”我本人在1993年回国讲学期间，曾到陈岱老在北大燕南园的住处看望、请教。也许是因为我们同是清华校友（毕业年份相差六十一年），同为哈佛经济学博士（毕业年份相差六十四年），所以相谈甚欢。他问我在哈佛时住哪栋宿舍楼，我回答是Perkins Hall（珀金斯楼），他说自己当年也是。当时未曾想到的是，十多年后我也追随陈岱老的足迹，回到清华任教，并于2006年出任经管学院院长。陈岱老的音容笑貌，至今历历在目。

在庆祝清华百年校庆之时，我们纪念清华经济学系成立八十五周年，回顾八十五年来清华在经济和管理领域的成长轨迹，希望对清华经管学院今后的发展有所承鉴。

清华大学"陈岱孙经济学纪念讲座"开启：最好的纪念[1]

这周我们一起庆祝清华大学的第一个百年。值此百年校庆之际，清华经管学院决定开办"陈岱孙经济学纪念讲座"，以庆祝清华百年校庆、清华经济学系建系八十五周年，并纪念长期担任清华经济学系系主任一职的陈岱孙先生。众所周知，世界上很多经济学系都有这样的署名讲座。来到陈岱孙经济学纪念讲座为我们学院的师生们做演讲，将是我们学院给予演讲人的最高学术荣誉。我相信开办这个系列讲座是纪念清华百年校庆的一个好方式，因为它会带来深远的影响。

这个纪念讲座是以陈岱孙先生命名的。陈岱孙生于 1900 年。他于 1920 年毕业于清华学校，然后前往美国的威斯康星大学攻读学士学位。他于 1926 年在哈佛大学获得了经济学博士学位。当时他在哈佛的同窗包括贝蒂尔·俄林（Bertil Ohlin），就是那位在国际贸易理论中建立了赫克歇尔-俄林模型的著名经济学家，同时也包括以其垄断竞争理论而著称的爱德华·张伯伦（Edward Chamberlin）教授。陈岱孙先生于 1928 年起任清华经济学系教授和系主任，直至 1952 年清华

[1] 本文系 2011 年 4 月 22 日在清华大学经济管理学院举办的陈岱孙经济学纪念讲座首讲之前的讲话。

经济学系并入其他大学。陈岱孙于1997年去世,享年九十七岁。

陈岱孙先生被公认为中国现代经济学教育之父。在他的领导下,清华经济学系成为当时国内顶尖的院系。在他的任期内,经济学系是清华大学所有院系中本科招生比例最大的(大约占总人数的20%)。为了纪念和缅怀陈岱孙教授,清华在我们现在所处的伟伦楼中树立了一座他的雕像。

今天,我们极为荣幸地邀请到埃里克·马斯金(Eric Maskin)教授作为陈岱孙经济学纪念讲座的首讲嘉宾。埃里克于2007年与列昂尼德·赫维茨以及罗杰·迈尔森一起因“奠定了机制设计理论的基础”而获得了诺贝尔经济学奖。埃里克于1976年在哈佛大学获得博士学位,正值陈岱孙先生在哈佛获得博士学位后的整整五十年。在同一年间,埃里克担任剑桥大学耶稣学院的研究员。在1977—1984年和1985—2000年期间,他先后任教于麻省理工学院和哈佛大学。2000年之后,他成为普林斯顿高等研究院的阿尔伯特·赫希曼(Albert O. Hirschman)讲席教授。2007年马斯金教授受聘为清华经管学院的名誉教授。

在二十世纪八十年代,埃里克是我在哈佛大学的博士论文导师。他后来也是清华经管学院的白重恩教授和李稻葵教授,以及学院特聘教授许成钢的博士论文导师。回溯过去,我在哈佛的时光,尤其是作为埃里克的博士生的那段日子,是最难以忘怀的。它改变了我的一生。

二十多年后的今天,我作为清华经管学院院长,非常荣幸地在清华百年校庆之际邀请到马斯金教授做客我们学院。让我们以热烈的掌声欢迎马斯金教授作为陈岱孙经济学纪念讲座的首讲嘉宾为我们演讲。

北京大学“陈岱孙经济学教育基金”成立：经济学教育者的使命[1]

今天我来参加“纪念陈岱孙先生112周年诞辰暨陈岱孙经济学基金发展论坛”，不仅深感荣幸，而且心情激动。因为我有着双重身份。一方面，我代表着清华经管学院，它的前身是清华大学经济学系，陈岱老曾经长期担任它的系主任，可以说是他毕生教育事业的起点。另一方面，我本人是一名从事经济学研究和教育的学者，与陈岱老有着相似的求学、任教经历，我们都曾在清华大学、哈佛大学求过学，在清华大学、北京大学任过教。我在此代表清华经管学院并以我个人的名义向陈岱老致以深深的怀念。同时，我祝贺北京大学陈岱孙经济学基金十七年来在资助经济学研究，支持、促进、兴办经济学教育事业方面取得的成绩。我以为这是纪念陈岱老的最好方式，是让他最为欣慰的事情。

我想借此机会讲三点感想。第一，陈岱老的一生是与中国的经济学教育连在一起的。他自己说过这样的话：“我这辈子只做了一件事：教书。”他一生从教，自1927年到清华任教，至1997年在北京大学去

[1] 本文系2012年5月10日在北京大学经济学院举办的纪念陈岱孙先生112周年诞辰暨陈岱孙经济学基金发展论坛上的发言。

世，整整七十年。他把毕生的精力奉献给了中国的经济学教育事业，被公认为中国现代经济学教育的一代宗师。当年，陈岱老带回了西方先进的教育理念和经济学知识，崇尚“通才教育”，并以严谨学风传授知识。他要求学生既要在理论方面打下坚实的基础，也应该对我国的实际状况“有相当之了解”，同时还要掌握为经济界服务所必需的技术，实现“理论、事实及技术三者兼重”。这些教育理念至今仍然适用。经济学教育是我们从事教育工作的经济学者的使命。我们纪念陈岱老，重温这一使命，把教书育人作为我们实现人生意义的根本。我以为，这是我们今天这个活动的重要意义所在。

第二，陈岱老的一生是与清华大学和北京大学这两所大学连在一起的，是与清华大学的经济学系和北京大学的经济系连在一起的。因此，通过他，今天的清华经管学院和北大经济学院也连在了一起。陈岱老在清华大学任教十七年，在西南联大这所包含了清华大学和北京大学的学校任教八年，又在北京大学任教四十四年。并且，他在这两所学校都长期担任系主任。陈岱老到北京大学工作后，仍然关心和支持清华大学的经济学教育。1979 年清华大学成立经济管理工程系，陈岱老帮助清华审查了专业课程设置。1984 年清华大学成立经管学院，陈岱老受聘为第一批名誉教授。清华经管学院的首任院长朱镕基对陈岱老极为尊敬，1995 年在恭贺他九十五大寿时致信写道：“先生年高德劭，学贯中西，授业育人，六十八年如一日，一代宗师，堪称桃李满天下。”在 2011 年清华大学百年校庆期间，经管学院启动了“陈岱孙经济学纪念讲座”，这是我们学院最高级别的学术讲座。为了纪念陈岱老，清华大学建了一尊陈岱老的塑像，立于经管学院伟伦楼大厅中。在北京大学的燕南园的松风花影中，也立有一尊陈岱老的铜像。两座塑像交相辉映，我们两所学院也因陈岱老的纽带有着不同一般的深厚情谊。

第三是我的个人感触。1993 年春季学期我回国在北京大学经济学院讲授一门博弈论与比较制度分析的课程。其间，我曾到陈岱老在北京大学燕南园的住处探望、请教，并且有幸留有一张二人合影。我们两人同是清华毕业生，毕业时间相差六十一年，也同为哈佛大学经济学博士，获学位时间相差六十四年。那时我又正在北京大学经济学院授课，我们相谈甚欢。他问我在哈佛大学时住在哪栋宿舍楼，我说是 Perkins Hall（珀金斯楼）。他说他自己当年也是住在那栋楼。当时我未曾想到的是，十多年后，我也继续追随着陈岱老的足迹回到清华大学任教，并同时在北大经济学院授课若干年。陈岱老当年在清华大学的住宅是新林院 3 号。我现在每天骑车从住处到学院时都要路过它。它会让我经常想起陈岱老，他的音容笑貌，他所走过的路。我现在做的工作，也正是陈岱老一生奉献的事业，那就是中国的教育，特别是经济学教育。我从他那里受到的鼓舞，一直是激励我工作的力量。

最后，让我再次对陈岱老表示最深的怀念，对北京大学经济学院表达由衷的祝福，同时祝愿陈岱孙经济学基金继续健康发展，祝愿中国的经济学教育事业更加辉煌。

经济学教育在中国[1]

2001 年大约这个时候,我从美国来到北京大学经济学院。刘伟副院长让我给老师学生做一个关于美国经济学教育的报告。我说讲什么题目呢? 他给了我一个题目,叫作“经济学科在美国”。后来,我以这个报告为基础,写了一篇同名的文章,发在 2001 年第 6 期的《经济社会体制比较》上,介绍了经济学科在美国的四个方面的情况: 美国大学中经济学科的设置;美国大学的经济学教育;美国的经济学博士教育模式在欧洲;以及中国学生申请留学美国攻读经济学学位时应注意的事项。在这之后,我又写了一篇“经济学家市场在美国”,发表在 2002 年 7 月的《经济学家茶座》上。如果说前面那篇文章提供了经济学科在美国的“前半段”信息,那么后面这篇文章介绍的是经济学科在美国的“后半段”信息,它也包括四个方面: 经济学博士毕业生求职论文的准备;经济学博士毕业生的求职和招聘过程;经济学家的学术职业道路;经济学家的非学术职业道路。这两篇文章后来都流传较广,对国内经济学界了解美国经济学教育的情况,提供了当时的第一手的信息。

十年过去了。现在,国内同行对美国的经济学教育都有了比较充

[1] 本文系 2012 年 5 月 24 日在北京大学经济学院中国经济学教育论坛上的讲话。

分的了解。而且,由于越来越多的留学生回国工作,特别是到高校从事经济学的教育工作,更是由于高校的经济学教育在过去十年中有较大力度的改革和发展,中国的经济学教育的状况与十年前大不相同。今天,借我们纪念北京大学经济学院成立一百周年举行的经济学教育论坛,我想以“经济学教育在中国”为题,提供一个观察和两个问题,与同行们一起探讨。

1. 一个观察:经济学教育进步的原因

这些年来,经过同仁们的共同努力,经济学教育在中国有了较快的发展,水平有了较大的提高。我在这里特别想强调这其中有两个基本原因。

一是经济学家作为中国经济体制改革在知识层面的主要推动力量,不仅对中国的经济改革和发展做出了重大贡献,在自己的学科领域中,也同样以一样的改革精神,推动高校中经济学教育的改革,取得了重大进展。如果我们对比一下其他学科,特别是社会科学领域内的学科,我们就应该对我们的成绩感到欣慰。我不是在批评我们的兄弟学科的状况,但是事实上在相比之下,我们的学科领域是很有成就的。

二是具有不同教育背景的经济学家齐心合力,相互学习,相互支持,共同推动经济学教育在中国的改革和发展。我们这一代人,基本上都是在国内接受的本科教育,其中有一些在国内接受的研究生教育,有一些在国外接受研究生教育,不过绝大多数都有在国外学习、访问的经历。特别是,在经济学的知识结构上,都是既有国外的经济学知识,又有对国内经济改革和发展的研究。这种良性互动,是形成目前较好局面的保障。

以我亲身经历为例。我在2004—2005和2005—2006的两个学年中，连续两年在北京大学经济学院开设《经济学原理1》和《经济学原理2》两门课程，就是与北大经济学院博士毕业的胡涛老师一起讲授的。我在过去的十年在清华大学经济管理学院开设的《经济学原理1》和《经济学原理2》课程，也是与清华经管学院博士毕业的钟笑寒老师一起讲授的。在两校的讲课效果都不错，是与我同这两位老师的愉快合作分不开的。

不仅是在北大和清华，在国内的主要高校的经济学院或经济系，过去这十年都经历了经济学教育的改革和发展，使得经济学课程有了更大的丰富，引入了更多、更前沿的研究方法，学术论文写作也更规范了。总体来说，经济学教育的水平与国际前沿大学相比，比十年前更接近了。这是一个普遍的现象。在本科阶段，除了传统的优势，比如政治经济学、数学、统计继续保持之外，现代经济学的基础理论和方法，比如《中级微观经济学》《中级宏观经济学》《计量经济学》等课程都成为各主要高校经济学专业的必修课程。在研究生阶段，高级经济理论和计量方法的课程都在逐渐加强，前沿研究的水平不断提高。

2. 问题之一：本科生教育的内容

经济学类的专业，包括经济学、财政学、金融学、国际贸易等很广泛的领域。目前，应该说在数学和经济学专业课上各学校都下了很大功夫，课程质量都在提高。我提出一个问题：培养经济学者，是否只学习好数学和经济学就可以了？我认为这还不够。

首先从经济学专业本身来考虑。我们都知道凯恩斯的这段著名的话："经济学研究似乎并不需要任何极高的特殊天赋。与更高深的哲学或纯科学相比,经济学不是……一门极其容易的学科吗?它是一门极其容易的学科,但这个学科中很少有人能出类拔萃。这个悖论的解释也许在于杰出的经济学家应该具有各种罕见天赋的组合。他应该同时是数学家、历史学家、政治家和哲学家,但是在某种程度上。他必须懂得符号,并用文字将其表达出来。他必须用一般性来深入思考特殊性,并同时触及抽象与具体。他必须根据过去、研究现在、为了未来。没有人的本性和人的制度会超出他的考虑的范围。他必须既是有目的的同时又是超脱的,要像艺术家一样超然而不流俗,但有时又要像政治家一样务实。”

要培养优秀的经济学家,仅学习数学和经济学的专业知识是不够的,应该对其他社会科学和人文学科,诸如政治学、社会学、法学、心理学、哲学、艺术,特别是历史,有很好的理解。除此而外,表达和沟通能力、写作水平都非常重要,而这些恰恰是我们学生的弱项。

我以出国留学为例,来说明目前情况的变化使得综合训练变得更加必要。过去,国内毕业的学生申请美国大学经济学博士项目时,主要是同美国学生竞争。美国学生的数理基础通常没有中国学生强,因此中国学生有一些优势。这几年情况正在发生变化。国内毕业的学生越来越多地是同那些在国内读过中学,后来到美国大学读本科的中国学生竞争。这些中国学生,既有很好的数理基础,又有在美国大学接受本科教育的经历,所以他们都是在通识教育的环境下学习的,知识面比我们自己培养的学生要宽得多。相比之下,我们培养的学生显得知识面较窄,思维能力较弱。

如果说上面的这个原因是功利性的,那么第二个原因是非功利性的。那就是,在本科阶段的通识教育本身,除了对专业教育有帮助之外,本身对于人的发展就有意义,与是否成为优秀的经济学家无关。虽然这不在我们今天讨论的范围之内,但也有必要指出。

我认为,我们的本科经济学专业教育,应该在一种通识教育的背景之下进行,才会搞得更好。以清华经管学院为例。这几年,经过努力,我们学院已经搭建起了一个本科通识教育的框架,除了英语和数学之外,在大学一、二年级,我们要求学生都要修中文写作、中文沟通这两门课程,还要求他们在人文、社会科学和自然科学这三大类学科中选八门课程,并且在大一要修一门讨论式的新生研讨课。

3. 问题之二:博士研究生的职业出路

至于博士研究生教育,除了要继续提高教育质量之外,我感到目前存在一个职业出路的问题,在这里提出来。由于目前国内没有形成一个有效的学术就业市场,博士研究生做学术的兴趣和激励受到严重的打击。没有需求怎么有供给?当然,国内高校对经济学博士有很大需求,但是大家都想要海外大学毕业的博士,因此就没有形成国内培养的经济学博士的市场。由于目前不少高校对海内外博士教师实行薪酬“双轨制”,国内博士与国外博士的待遇有较大差别。这样,国内博士去高校的待遇远不如去企业、特别是金融机构的待遇,造成国内毕业的博士对做学术、从事教育没有积极性。这种情况造成两种扭曲:有潜质从事经济学学术研究的人不愿意选择读博士,而在国内读博士的人则选择去业界而非高校。

这不仅是不公平的,也是没有效率的,是一种市场失灵。我们需要纠正这种市场失灵。我提出几种可能,供讨论。第一,创造机会,让信息更对称。比如,各学校推荐优秀博士生到其他学校做巡回演讲,让其他学校知道他们的研究水平。欧洲的杂志《经济研究评论》(*Review of Economic Studies*)就组织有类似的活动,每年邀请北美大学毕业的优秀博士生到欧洲做巡回演讲。第二,创造制度,使得国内博士毕业生有更好的提升水平的机会。或是安排他们有机会到海外短期学习,最好是在论文写作时间段,比较有针对性,并且创造他们与国外学者合作写论文的机会。或是利用国内的博士后平台,将它改变为由新毕业的博士通向教职的一个通道。第三,改革现有的教师人事制度。“双轨制”可以搞,而且在开始时是必要的。但是我认为不应该搞成“国内博士轨”与“海外博士轨”这样的双轨制。我特别反对一些国内大学明文规定不招收国内博士的做法。在清华经管学院,我们已经将教师人事制度的双轨制在机制上并轨,也就是说,不再根据海外博士和国内博士来区分,不论“出身”,只看水平。我相信,如果我们的学术就业市场建立起来了,我们国内高校会培养出优秀的经济学博士生。

今天借北大经济学院一百周年举办的中国经济学教育论坛,提出上述的一个观察和两个问题,与经济学界的同行们分享。这些都是来自这几年我在办学过程中的切身体会,反映的是现实问题。希望我们一同思考,共同改进。

北京大学经济学院一百周年：经济学人的历史责任[1]

今天，我非常高兴作为兄弟院校的代表，参加北京大学经济学院一百周年暨北京大学经济学科一百一十周年的庆祝大会。请允许我代表所有兄弟院校，向北京大学经济学院表示衷心的祝贺和崇高的敬意！

1902 年，北京大学的前身京师大学堂设立商学科。也正是那一年，严复翻译出版了亚当·斯密的《国富论》这本经济学的第一经典著作。1912 年京师大学堂改名为北京大学，严复出任第一任校长，正是他推动在北京大学始建经济学门。一个世纪以来，从当初的经济学门、到后来的经济系、至今天的经济学院，北京大学的经济学教育和研究一直没有中断过，成为中国经济学教育和研究的核心重镇。在这里，有诸如严复、马寅初、陈岱孙这样的经济学大师执教。在这里，理论经济学与应用经济学、经济史论与现代经济学高度融合。在这里，一批又一批优秀学子被培养成才，成为经世济民的栋梁精英。对北京大学经济学人一百多年来为中国的经济学教育和学术发展做出的卓

[1] 本文系 2012 年 5 月 25 日在北京大学经济学院成立一百周年暨北京大学经济学科成立一百一十周年大会上的讲话。

越贡献，中国经济学界的同仁由衷敬佩，并深怀感激。

综观历史，经济学教育与研究的发展，总是同一个国家的经济、社会、政治发展密切相关。过去的一百年间，中国的经济发展经历了很多曲折和起落。最近的三十多年的改革开放引发了中国经济的腾飞和中国经济的崛起，为中国的经济学教育和研究的发展提供了难得的机遇和广阔的空间。当前，中国正处于经济、社会、政治转型和发展的重要时期，这同样为经济学教育和研究提供了强大的动力。今天的中国已经成为世界上第二大的经济体，今天的中国经济已经融入全球经济的主流，今天的中国的经济学教育和研究也正在进入一个新的阶段。世界的经济学人对中国经济从来没有像今天这样给予如此多的关注。同样，中国的经济学教育和研究也从来没有像今天这样积极学习借鉴世界上一切先进的理念和方法，并用之于研究中国乃至世界的经济问题。中国经济与世界经济正在同步前行，中国的经济学教育与研究也正在与世界同步前行。在这方面，北京大学经济学院走在中国经济学教育改革和发展的前列，我们经济学界的同行们也期望你们继续成为引领。

作为清华大学经济管理学院的院长，我也借此机会表达对北京大学经济学院的一份特殊的祝福。清华大学经济管理学院与北京大学经济学院有着非同一般的情谊。清华经管学院的前身是清华大学经济学系，北大经济学院的前身是北大经济系。在 1938 年至 1946 年的抗战时期，这两个系同属西南联大的法商学院，两个系教师同堂执教，两个系的学生同屋求学。把清华的经济学系和北大的经济系连在一起的是一位前辈、著名经济学家陈岱孙先生。他先后在这两个系任教并担任系主任长达几十年。在清华，有一尊陈岱老的塑像，立于经管学院伟伦楼的大厅中。在北大,也有一尊陈岱老的铜像,位于燕南园的松风花影中。今天,我来参会的身份是兄弟院校的代表。不过,作为清华大学经济管理学院院长,我把北京大学经济学院视作兄弟学院,这里的“兄弟”二字恐怕就不是一个形容词了,它饱含了两所学院的兄弟之情的历史渊源和对未来的期许。

中国几代经济学人的命运随着世事变迁,荣辱沉浮,但他们始终以经世济民为追求,以人民福祉为己任。我们这一代经济学人对中国的经济学教育和学术发展具有不可推卸的历史责任。在我们这一代,我们将看到中国经济再次成为世界第一大经济体;在我们这一代,中国的人均收入将达到小康并开始迈向发达。可以预见,在中国从事经济学教育和研究的人员也会达到世界上最多。在经济学教育和学术发展上,我们这一代经济学人要对中国有贡献,也要对世界有影响。让我们相互支持,一起努力。

最后,再次祝贺北京大学经济学院成立一百周年。

《经济学报》创刊：提高经济学研究水平[1]

在清华大学的大力支持下，由清华经管学院主办的经济学学术期刊《经济学报》于 2014 年第一季度正式创刊并出版发行。《经济学报》是经济学门类的综合性学术刊物，覆盖经济学的所有领域，发表原创性和综述性的中文论文。

近些年来，随着全国高校在经济学教育和研究方面的快速发展，经济学研究中文论文的学术水平大幅提升。高校已经成为经济学学术研究的主要机构，而高校教师也成为经济学研究的主要力量。从国际经验来看，由研究型大学主办的经济学学术期刊，对规范经济学研究方法，提高学术研究水平，传播研究成果具有重要意义，尤其对高校的经济学教学和研究具有直接的推动作用。经济学已经发展到了如此阶段，其研究成果主要以在学术期刊上发表论文的形式首次发布。我们从诺贝尔经济学奖获得者的获奖引用文中就可以看到这一点。可以说，顶尖的学术期刊大致体现了经济学学术研究前沿的最高水平。

《经济学报》发表的论文，既包括一般性的经济问题，也包括有关中国的经济问题；既可以是理论性的文章，也可以是经验实证性的文

[1] 本文系 2014 年 3 月 30 日作者作为《经济学报》主编为该刊撰写的创刊词。

章。一方面,现代经济学研究市场经济,而市场经济中人的经济行为和经济现象有一般性的规律。现代经济学的分析框架,是世界各国的经济学家多年来共同智慧的结晶,是目前全世界经济学家普遍接受的分析工具。它是经济学研究规范的基础。这个分析框架也在不断发展和创新。另一方面,中国作为一个有全球影响力的经济大国,在面临与其他经济体类似问题的同时,也有自己的特殊国情,并形成一些较为特殊的问题。不过,研究中国的经济问题仍然可以被视为现代经济学的一部分,有两个主要原因。第一,不少经济规律,特别是基本原理,是普遍适用于所有经济体的。比如,人们对激励做出反应,贸易可以使每个人受益,通货膨胀是货币现象等基本经济规律,都具有一般适用性。第二,即使是那些在特殊国情的约束下形成的某些特殊经济行为和现象或特殊的经济政策,也可以用现代经济学的分析方法来研究和理解。总而言之,《经济学报》致力于用科学的方法研究一般经济问题和中国经济问题。

2014 年正值清华经管学院成立三十周年。1984 年成立的经管学院是清华大学自 1952 年院系调整后成立的第一所学院。经管学院以“创造知识,培育领袖,贡献中国,影响世界”为使命,集经济学科与管理学科为一体。学院把经济学科建设与管理学科建设放在同样重要的位置上。《经济学报》的正式创刊为提高清华大学经济学科的研究和教学提供了新的起点,同时也有助于中国经济学研究的现代化。

经济学教育与研究在中国[1]

2001年6月,我当时在美国任教,回国时去北京大学经济学院,与刘伟副院长交谈。他让我给学生做一个讲座,题目是他定的——"经济学科在美国"。后来,根据这个讲座,我写了一篇同名文章,在国内流传甚广。这篇文章讲了四方面情况:(1)美国大学中经济学科的设置,(2)美国大学的经济学教育,(3)美国的经济学博士教育模式,(4)中国学生申请留学美国攻读经济学学位。

十三年过去了。今天我们讨论的题目是"经济学教育与研究在中国"。这既与十三年前的讨论相呼应,又有很大反差,反映了时代的变迁。第一,到国外留学不仅人数增多,而且结构发生变化:本科生已经超出研究生,甚至中学生也留学国外。第二,留学生在国外获得博士学位,甚至任教多年后回到国内任教,有的担负行政责任。这就引发了经济学教育与研究在中国的重要变化:课程设计上有变化,学术论文发表也有变化。这是一方面。

另一方面是中国经济发生的变化,以及与经济相关的决策的变化。第一,中国成为全球第二大经济体,去年GDP超过美国的一半,

[1] 本文系2014年4月13日在清华大学经济管理学院建院三十周年活动之经济学院院长圆桌会议上的讲话。

若按照购买力平价，超过美国的3/4；中国人均GDP超过6 000美元，财政收入从2001年的1.6万亿元增加到去年的13万亿元。第二，我注意到，二十年前，当召开国际研讨会时，中方都是在学习，外方在讲解，而中方能听懂外方的寥寥无几。今天，中方阵容强大，从政府官员到学者，到业界经济学家和分析师，外方似乎已经不容易提出仍在点子上的新观点、新思路了。

中国经济自身的发展，中国经济在世界经济中的相对位置，以及近年来经济学教育与研究在中国的变化，对我们提出了新的挑战。主要有二：第一，如何进一步学习、吸收、发展国外主流经济学的精髓、方法，并且规范地使用，提高教学和研究能力，仍然是一个课题。第二，一个日益显现的问题是：虽然规范研究正在形成，方法也越来越到位，但是对中国问题的研究，对政策问题的研究，对大问题的研究，现在与二十世纪八十年代、九十年代相比，很不同了。不过，在重要问题上，有话语权的仍然是老一代经济学家，如吴敬琏、厉以宁，或当年的“京城四少”如魏杰、樊纲，新一代经济学家对中国大问题的把握、理解和有影响的研究，还有很大距离。

在某种程度上，目前的学术激励也有相当大的责任。在国际期刊上发表论文给教师带来很大的压力，而且国际期刊通常对中国问题兴趣不那么大，过度追求方法上的严谨，这对研究中国现实问题是个很大的障碍。国内学术期刊也有问题：一些期刊追求“数学模型”，另一些期刊仍停留在描述层面。昨天是“中国金融四十人论坛”年会，我担任学术委员会主席三年。论坛设置优秀论文奖，鼓励研究中国问题，每两年评一次，两年前空缺，今年三篇入围，但是仍没有选出一篇为一等奖。再比如，在清华经管学院，我们规范了教师职称提升和评选长聘的程序与标准的原则，但如何落实，如何确定国内期刊目录，就不是那么容易了。更难的是如何评价研究质量以及与现实的相关性，也只是开始尝试。今天请大家讨论“经济学教育与研究在中国”这个话题，是有现实意义的。

“比较译丛”：比较出思想[1]

2002年，我为中信出版社刚刚成立的《比较》编辑室推荐了当时在国际经济学界产生了广泛影响的几本著作，其中包括《枪炮、病菌与钢铁》《从资本家手中拯救资本主义》《再造市场》（中译本后来的书名为《市场演进的故事》）。其时，通过二十世纪九十年代的改革，中国经济的改革开放取得了阶段性成果，突出标志是初步建立了市场经济体制的基本框架和加入世贸组织。当时我推荐这些著作的一个目的是，通过比较分析世界上不同国家的经济体制转型和经济发展经验，启发我们在新的阶段，多角度、更全面地思考中国的体制转型和经济发展的机制。由此便开启了“比较译丛”的翻译和出版。从那时起至今的十多年间，“比较译丛”引介了数十种译著，内容涵盖经济学前沿理论、转轨经济、比较制度分析、经济史、经济增长和发展等诸多方面。

时至2015年，中国已经成为全球第二大经济体，跻身中等收入国家的行列，并开始向高收入国家转型。中国经济的增速虽有所放缓，但依然保持在中高速的水平上。与此同时，曾经引领世界经济发展的欧美等发达经济体，却陷入了由次贷危机引爆的全球金融危机，至今仍未走出衰退的阴影。这种对比自然地引发出有关制度比较和发展

[1] 本文写于2015年7月，系为中信出版社“比较译丛”所写的总序。

模式比较的讨论。在这种形势下，我认为更有必要以开放的心态，更多更深入地了解各国的发展经验和教训，从中汲取智慧，这对思考中国的深层次问题极具价值。正如美国著名政治学家和社会学家李普塞特(Seymour Martin Lipset)说过的一句名言："只懂得一个国家的人，他实际上什么国家都不懂。"(Those who only know one country know no country.)这是因为只有超越自己的国家，才能知道什么是真正的共同规律，什么是真正的特殊情况。如果没有比较分析的视野，既不利于深刻地认识中国，也不利于明智地认识世界。

相比于人们眼中的既得利益，人的思想观念更应受到重视。就像技术创新可以放宽资源约束一样，思想观念的创新可以放宽政策选择面临的政治约束。无论是我们国家在二十世纪八九十年代的改革，还是过去和当下世界其他国家的一些重大变革，都表明"重要的改变并不是权力和利益结构的变化，而是当权者将新的思想观念付诸实施。改革不是发生在既得利益者受挫的时候，而是发生在他们运用不同策略追求利益的时候，或者他们的利益被重新界定的时候"[1]。可以说，利益和思想观念是改革的一体两面。囿于利益而不敢在思想观念上有所突破，改革就不可能破冰前行。正是在这个意义上，当今中国仍然处于一个需要思想创新、观念突破的时代。而比较分析可以激发好奇心，开拓新视野，启发独立思考，因此是催生思想观念创新的重要机制。衷心希望"比较译丛"能够成为这个过程中的一部分。

[1] Dani Rodrik, "When Ideas Trump Interests: Preferences, World Views, and Policy Innovations," *NBER Working Paper* 19631, 2013.

中国的经济研究与经济学教育现状评估[1]

这一单元的主题是中国经济研究与教育现状评估。我用这个机会讲两个问题：一是中国经济研究和教育的历史性贡献，二是经济研究和教育如何与时俱进。

一、经济研究和教育的历史性贡献

过去三十多年，在中国，现代经济学的思想、学术、教育与中国经济改革、开放、发展共进，既直接受益于中国经济改革，更是积极推动了中国经济改革。三十多年来，中国经济从一个贫穷的、封闭的计划经济，高速增长为一个开放的、中等收入的新兴市场经济，在世界上能有今天这样的地位，中国的经济研究与教育应该说做出了历史性贡献。

为什么这么说？比较改革之前与之后，发生在中国最主要、最重要、最显著的变化，简单概括的话，就是“开放”和“放开”。开放就是对外开放，货物、人才、资本的跨境流动。放开包括两条：一是引入市

[1] 本文系 2015 年 9 月 12 日在思想中国论坛暨北京当代经济学基金会成立大会上的演讲。

场的资源配置机制，二是改变产权、所有权、治理等激励机制。而这里的基本思想、学术研究、政策研究都是经济学研究的贡献，同时也是经济学教育的贡献。想一想，这些经济学的专门术语，比如“市场”“价格”“产权”“激励”“宏观调控”“寻租”“三驾马车”“M2”等，今天已经成为中国老百姓的日常词汇，也成为党中央和国务院文件中的标准用语。如果没有这三十多年来市场导向的经济学家的工作，是绝对不可能的。再看一看十八届三中全会关于全面深化改革的决定中有关经济改革的部分，更是现代经济学在过去三十多年普及和深入人心的例证。如果我们比较一下另外两个社会科学的学科领域——政治学和法学，经济学在中国过去三十多年的作用就更加显而易见了。

我下面举三个例子——三次会议来说明经济政策研究如何推动中国经济改革。

第一次是 1984 年 9 月 3—10 日的“莫干山会议”。这是一批中青年经济学者在 1984 年 10 月十二届三中全会召开之前的一次学术讨论会。基于之前农业改革的成功，1984 年中国经济改革从农村走向城市。这次学术研讨会针对改革中的实际问题展开讨论和争论，重要话题有：价格改革的两种思路、企业自负盈亏、沿海十四个城市对外开放、金融体制改革、股份经济、粮食购销体制等，涉及了经济改革的主要领域。这次会议不仅对高层决策产生了很大影响，而且使一批主张以市场导向为改革方向的中青年经济学者脱颖而出。三十年后，当年的中青年经济学者已经成为中老年人，但是他们今天仍然是中国经济改革的学术思想引导者、政策制定者和推动者。

第二次是 1985 年 9 月 2—7 日的“巴山轮会议”。1984 年 10 月的十二届三中全会《决定》之后，经济改革出现高潮的同时也出现了宏观经济不稳定,如银行信贷失控、投资与消费增长过快、通货膨胀等问题。在此背景下,中国经济体制改革研究会、中国社会科学院和世界银行共同举办"宏观经济管理国际讨论会",在从重庆到武汉的"巴山号"长江游轮上召开。这次会议的重要意义在于首次引入了市场经济中"宏观调控"的概念、理论和方法。参加会议的海外学者有耶鲁大学教授詹姆斯·托宾(James Tobin)和哈佛大学教授雅诺什·科尔奈等。

第三次是1994年8月23—26日的"京伦会议"。1993年11月的十四届三中全会《决定》之后,建设市场经济基本框架成为重点。"中国经济体制改革的总体设计"课题组和"中国税制体系和公共财政的综合分析与改革设计"课题组在北京京伦饭店联合召开了"中国经济体制的下一步改革"国际研讨会。如果说"巴山轮会议"以宏观经济学为主线,那么"京伦会议"就是以微观经济学为主线,特别是围绕着转轨时期的产权、公司治理结构、债务重组和破产程序等。与会海外学者有哈佛大学的奥利弗·哈特、斯坦福大学的保罗·米尔格罗姆、青木昌彦、罗纳德·麦金农、刘遵义以及圣克鲁斯加州大学的黄佩华等。我和在座的许成钢也参加了那次会议。

我下面再通过三个例子来说明经济学术研究和教育在中国的演进。

第一个例子是1985年在美国成立的"中国留美经济学会",至今整整三十年。这个学会致力于中国经济改革和经济学教育,传播现代经济学学说。比如1989年出版的由学会成员汤敏和茅于轼主编的介绍现代经济学前沿的《现代经济学前沿专题》,在高等院校中很有影响。学会在1993年组织编写了一套"市场经济学普及丛书"共十四册,对普及经济学知识发挥了作用。同时,学会还组织了留美学者到国内大学授课，这也是在国内系统推动现代经济学教育的开始。

第二个例子是1994年由林毅夫、易纲、海闻、张维迎等在北京大学成立的“中国经济研究中心”，聘任海外经济学博士回国任教，系统讲授现代经济学。中心组织“中国经济学年会”，出版《经济学季刊》，为推动中国的经济学教育做出了开创性贡献。这是在中国主要研究型大学内以新开辟“特区”形式推动经济学教育的成功范例。

第三个例子是2002年我同在座的白重恩和许成钢等在清华经管学院创建的“特聘教授”项目，共有十五名海外经济学者到清华大学授课。这是在国内已有学院内，通过改革来推动经济学教育。从这以后，越来越多的大学在已有学院内推动经济学教育改革。清华特聘教授项目对中国经济学教育的影响还在于这十五人中的十人正在担任国内经济相关学院的院长和副院长，另外两人曾经担任。除了我和白重恩担任清华经管学院院长、副院长外，李稻葵担任清华苏世民学院院长，田国强担任上海财大经济学院院长，周林担任上海交大安泰经济与管理学院院长，洪永淼担任厦门大学经济学院院长，谢丹阳担任武汉大学经济与管理学院院长，白聚山担任南开大学金融学院院长，李奇担任首都经贸大学国际工商管理学院院长，王一江担任长江商学院副院长。此外，艾春荣曾担任上海财大统计学院院长，谭国富曾担任上海财大工商管理学院院长。通过这些岗位，这些在国外执教多年的经济学者为推动中国高校的经济学教育发挥了很大作用。

今天中国的经济学教育，不仅与三十年前不同，就是与二十年前、十年前都有很大不同，特别是在学习、吸收并且规范使用经济学的思想、概念、方法方面有了很大提高，在研究方法和分析工具上尤为突出。这可以从那些在国内经济学期刊上发表的论文中看出。现在参加国际研讨会,国内学者或学生也很难发现某一领域或某一研究方法是从来没有听说过的了。这些都是历史性的变化,趋势性的变化。再同其他社会科学的学科比较,就更能看清我们已经走了多远。

因此,我的判断是,伴随中国三十多年经济改革、开放、发展,中国的经济研究和教育有历史性贡献,也发生了历史性变化。

二、经济研究和教育如何与时俱进

在改革开放三十五年后,中国不再是穷国,但也不是富国,而是中等收入大国。中国经济已经进入"新常态"。中国的经济学研究与教育如何与时俱进?这里包括三个问题:如何为经济学的学术研究做贡献?如何为中国经济改革开放发展创新做政策贡献?如何在普及经济学教育的同时提高教育质量?这些都是值得系统探讨的问题。因时间关系,我在这里只对经济学的学术研究谈三点。

第一,研究大问题,特别是与中国经济相关的大问题。

无论是自然科学还是社会科学,科学研究有两种路径:问题导向和工具驱动。这两种都需要,分别都能做出好的研究,结合在一起能做出更好的研究。这些年来我们在分析工具方面进步很大,但现状似乎是过于偏向工具驱动,即依照工具找问题,通常并非是重大问题。给定这种现状,我们就应该积极推动研究大问题,特别是与中国经济相关的大问题。

不过,我们不应责怪学生和年轻教师在数理技术和方法论上的追求,以工具为驱动做研究。我们还是应该鼓励他们学习前沿方法,掌握先进工具。为什么?在我看来,人生职业中不同阶段应该有不同的侧重。对多数学者来说，在年轻时打下好的方法论基础是极为重要的，对日后研究有巨大帮助。对资深学者来说，则应该更多地思考和研究大问题。因此，中国的资深学者有责任把研究与中国经济相关的大问题，特别是深层次问题，放在首位。

中国经济中的问题越来越成为世界经济中的问题。这与十年前、二十年前的情况不同了。现在没有人可以无视中国经济。不过，经济与经济学不是一回事，经济搞得好与经济学搞得好也不是一回事。日本经济搞得好，德国经济搞得好，但并没有产生太多著名经济学家。而印度经济没有中国经济搞得好，却出了不少好的经济学家。经济大国不会自动成为经济学大国。况且，并不一定是本国人做出有关该国经济最好的学术成果。举一个管理学中的例子。日本丰田汽车的“精益生产”（lean production）的管理方式理论不是由日本人，而是由麻省理工学院的美国人总结出来的。

中国经济的发展路径为研究大问题提供了很多素材，中国学者在这方面有一些天然优势，比如对制度细节的了解、对数据的掌握等。但是我们也要看到，要把这些天然优势转换成学术优势并不容易。相对于自然科学，社会科学在中国有特殊的困难。社会科学与自然科学在中国的发展历史非常不同：自然科学从思想到方法早在一百年前就与世界接轨了，但是经济学只是近三十年来才开始学习世界主流。作为社会科学的一部分，经济学研究的经济问题是社会问题的一部分，所以经济学与哲学、历史、政治学、社会学等学科密切相关。而我们的教育和研究在这些人文和社会科学领域还比较滞后，经济学很难单科推进。所以，我们要花大力气，要经过几代人的努力。

第二，理解经济学创新，特别是中国经济相关问题的学术创新的含义。

在致力于研究中国经济相关问题时，我们容易看到中国的现象与现有理论之间的距离，但不容易看清其中的深层次原因，更不容易搞清楚其中的机制原理。因此，经济学的创新，无论是在理论、实证还是政策上，严谨、系统、深入的研究是必需的。

经济学的创新不是停留在表面现象上的描述，而是基于深入分析的创新，是不仅能够解释中国，也能有一般性意义的创新。中国特色是客观存在的，但是如何解读则大有学问。停留在表面的中国特色上而无深入分析是很难说服人的。进一步说，过度强调中国特点反而使得中国故事变成特例，缺乏一般性，缺乏解释力，缺乏可复制性。设想一下，如果工业化和现代化只有基督教文化可以实现，那还有一般性吗？假如日本丰田的管理经验完全基于武士道精神，那还有什么一般意义呢？事实证明，没有基督教文化，工业化和现代化照样实现；没有武士道精神，精益管理也能适用。这才是一般性理论的力量。起源可能是特殊的，但能否复制取决于一般性。

因此，基于中国问题的研究要想令人信服，要想摆脱“特例”困境，只有把它放到更宽广的分析框架和更多国家的经验中去。所以它应该是一个从一般理论到中国问题，再从中国问题到一般理论的过程。国外经济学家并不是对中国问题不感兴趣，但是他们评价中国问题的研究有些困难，一是因为他们不太清楚中国的制度环境和中国数据的可靠性，二是虽然绝大多数经济学家并无偏见，但是他们坚守一些基本的经济学理念，需要靠理论和事实去说服。所以我们要做有说服力的研究。

第三，中国经济相关问题的经济学研究创新案例。

我举两个我熟悉的清华经管学院经济系教师研究的例子，来说明经济学研究是如何在研究中国问题的同时又发展分析工具的。中国有许多经济政策出台或即将出台，其规模和方式都很有意义。对这些政策的评估和评价可以引发有意思的研究。弗里德曼当年就是从韩国的通货膨胀中受到启发而发现货币数量理论。

比如 2008 年中国的“4 万亿”经济刺激政策是一个有显著意义的政府干预事件。对此有各种判断，但都是基于感觉或猜测。清华经管学院教师欧阳敏与彭玉磊合作的论文是对 2008 年经济刺激政策的细致研究（“The Treatment Effects Estimation：A Case Study of the 2008 Economic Stimulus Plan of China”）。这个研究计算出这个刺激政策导致了 GDP 上升 3.2%，但只是暂时的。为了得出结论，现有的计量经济学工具是不够的，他们就扩展了现有工具。所以这既是研究大问题，又是在研究中发展工具的例子。

另一项研究是清华经管学院的白重恩、李奇和欧阳敏关于房产税与房价关系的研究。房价是老百姓关心的大问题，而房产税是政府关注的大问题。他们发表的关于房产税与房价关系的“双城记”论文（“Property Taxes and Home Prices：A Tale of Two Cities”），是对上海和重庆这两个城市引入房产税试点的研究。他们的研究发现引入房产税在上海降低了房价但在重庆却提升了房价，而这种相反的结果是可以用经济学解释的，它与具体的房产税设计方法，即对哪些住房征税有关。同样，这个研究需要使用和发展计量经济学的工具。这个研究虽然不乏“中国特色”，但是具有“一般规律”，因为背后的经济学原理并非中国特有。

最后,我提出一个可能引发创新和受到较大关注的领域:政治经济学。我说的政治经济学是研究现实经济中的政经关系、政企关系、政商关系。经济问题从来都不是单纯的经济问题,这在世界各国都一样。但是在中国,国家和政府的强大尤为突显,中国经济中的政经关系、政企关系、政商关系尤为复杂,这是政治经济学的研究范畴。毫无疑问,这是大问题。而我们中国的经济学者在这个领域有一些天然优势,因为外国经济学家最不容易了解的也正是这个方面。他们很容易用他们熟悉的情况来外推中国的情况,结果会导致判断错误。所以这可以是一个基于中国问题进行经济学创新的领域。不过创新并不容易,即使我们有一些信息优势,我们未必就有深刻理解,更不一定能够提炼出具有一般性的道理,非有严谨的、系统的理论和实证研究不可。这是我们中国经济学者的学术研究的使命。

经济学家的远见与洞见[1]

刚才杨斌副校长在介绍中已经提到,拉里·萨默斯(Larry Summers)[2]教授曾担任过美国财政部部长和哈佛大学校长等许多重要职位,我不再赘述。我想介绍的是他作为杰出经济学家的一些轶事。

身为清华经管学院院长,我非常高兴拉里能够接受清华大学和苏世民学者项目的邀请,担任杰出访问教授。这不但对清华大学和苏世民学者项目意义重大,而且对经管学院有益,因为我们学院是清华大学的经济学和管理学教授们的所在学院。

我感到高兴还出于个人原因。拉里是麻省理工学院的毕业生、哈佛大学的经济学博士、哈佛大学的经济学教授,也是我的老师。三十年前,我在哈佛学习了他与马丁·费尔德斯坦(Martin Feldstein)联合讲授的公共财政博士生课程(今天马丁正好也在北京)。我记得上一次与拉里的学术交流是于2006年在美国华盛顿的布鲁金斯学会,当时我报告了我和白重恩、谢长泰合著的论文《中国的资本回报》(The Return of Capital in China),而拉里在讨论中发表了评论。那篇文章在

---

[1] 本文系2015年11月4日在劳伦斯·萨默斯在清华大学演讲前的介绍词。译自英文。

[2] 拉里(Larry)是劳伦斯(Lawrence)的昵称。

当时颇有争议，因为我们测算出中国直到 2005 年时还没有过度投资。事实证明我们是正确的。

我首次见到拉里是在 1984 年，那时我刚被哈佛大学录取为攻读经济学博士学位的研究生。时任哈佛经济系系主任的是迈克尔·斯宾塞教授，他后来获得诺贝尔经济学奖。斯宾塞教授恰巧在几个小时之前在经管学院报告厅做学术报告。在我入哈佛两年前，拉里刚从同一个项目获得经济学博士学位。而在短短一年后的 1983 年，他就成为哈佛大学的终身教授，时年二十八岁。由于自己比拉里年轻不了多少，作为刚入学的博士生，我感到颇为沮丧。直至有同学告诉我，拉里的父母都是知名经济学家，而且他父亲是保罗·萨缪尔森（1969 年诺贝尔经济学奖得主）的弟弟，他母亲是肯尼斯·阿罗（1972 年诺贝尔经济学奖得主）的妹妹，我才稍觉释然。拉里本人也在 1993 年荣获美国经济学会颁发的克拉克奖，该奖授予四十岁以下最优秀的美国经济学家，每两年颁发一次。

有句关于教育的名言："教育就是当你忘记在学校学过什么之后还剩下的东西"。很多知名人士都引用过这句话，包括心理学家斯金纳（B.F. Skinner）、哈佛大学校长詹姆斯·布莱恩特·柯南特（James Bryant Conant）和爱因斯坦等。我想在这里跟大家分享一些拉里给我留下的记忆。

我记得八十年代拉里在一次同哈佛经济系的博士生们的闲谈中说到，他曾经告诉过本科生一个考试窍门：如果在经济学考试中被难住了，下面的办法经常能管用——对试卷上的曲线做条切线，正确答案往往就是切点。这其实不全是一个窍门，而是有经济学的洞见，因为切线往往代表市场价格。

我还记得在 1992 年,当拉里担任世界银行首席经济学家时,他给世界银行的《转轨简报》(*Transition Newsletter*)撰写了一篇名为"中国的崛起"(The Rise of China)的文章。其中谈到,"在一百年之后来撰写二十世纪后期的历史时,最重大的事件很可能是中国正在发生的革命性变化"。那是在 1992 年,他具有远见。

我记得拉里对哈耶克有关市场观点的评论:"从今天的经济学课程上能学到的最重要的事情是什么?我希望给学生们留下的观点是,看不见的(invisible)手要比隐藏的(hidden)手更强大有力。这是经济学家们的共识,这是哈耶克的遗产。"今天,中国政府也相信市场应该在资源配置中发挥决定性作用。

我还记得拉里的另外一句话:"熊彼特很可能是二十一世纪最重要的经济学家。"这在今天对中国人来说肯定会引起共鸣,尤其是因为大众创新和万众创业正在成为全国性的现象。而这是拉里在很久之前说的。

上述例子都是拉里给我留下的记忆。实际上,在过去十来年中,我在清华讲授《经济学原理》课时经常引用拉里的这些话。可见拉里的影响已经遍布我们的校园。

两年前的本月,拉里在国际货币基金组织的一次会议上让"长期停滞"(secular stagnation)的说法成为热议话题。他猜测美国经济的长期增长率有可能从每年的 3% 下降到 2%。这令保罗·克鲁格曼(Paul Krugman)不太高兴,但并非是因为他反对此观点,而是因为他后悔自己没有在拉里之前想到用这个术语。这是他对拉里的奉承。

美国前总统克林顿曾评论拉里说:"他对于正在成形的世界有罕见的观察力,并具有帮助其成为现实的技巧。"不过我更喜欢基辛格

(他目前正好也在北京)对拉里的评语:“应该在白宫设立一个职位,让他负责否决或者修正那些糟糕的主意”。

借此,我邀请拉里登上讲台,与我们分享他对关于美国经济、中国经济和世界经济的众多好主意和坏主意的看法,以及他对未来的展望。

《经济研究》六十周年：新常态下的经济学创新[1]

《经济研究》创刊六十周年来，见证了中国经济从计划经济体制走向市场经济体制并由此带来的三十多年的经济快速增长。伴随改革开放，《经济研究》积极推动了中国的经济学学术研究水平。在《经济研究》创刊六十周年之际，思考新常态下的经济学创新，对于下一个六十年经济学在中国的发展意义重大。

一、学术研究新常态与经济学创新

三十多年来，《经济研究》伴随中国经济的改革开放和发展迅速成长。《经济研究》作为中国最顶尖的经济学学术期刊，鼓励经济学者运用现代经济学的分析框架和方法，研究中国经济中的现实问题，这反映在《经济研究》上发表的论文的学术规范性和严谨性。《经济研究》在国际引用率上居所有中国经济学学术期刊之首，对提高中国经济学界与国际同行的交流发挥了积极作用。

[1] 本文系《经济研究》创刊六十周年“经济新常态与经济学创新”笔谈，原载于《经济研究》2015 年第 12 期。

经过这些年来学习和借鉴现代经济学的视角、方法、工具和学术规范，目前中国的经济学学术研究也进入了一种“新常态”。在这种新常态下，经济学创新变得更加重要。我在这里提出经济学创新在中国特别需要平衡以下三种关系：思想性与学术性的关系，聚焦重大问题和追求技术严谨的关系，以及研究一般经济问题与研究中国相关问题的关系。这三种关系可以表现为一种“得失交换”(trade-off)关系，或一种“矛盾”关系，也就是说容易顾此失彼。但是，经济学创新往往发生在这些关系的平衡中。

第一是思想性与学术性的关系。思想是对问题的深刻洞见，而学术则强调研究的规范。在以市场为取向的改革初期，中国的经济研究更多的是学习和研究市场经济的基本思想，以及由计划向市场转型的根本思路。那个时候的经济研究很具有思想性，但是学术性不够强。现在的情况不同了，学术规范大大提高，但是同时似乎思想性显得不够了。没有学术性和学术规范就不可能有科学性，学问就没有坚实的基础。但是如果思想性不强，尽管研究符合学术规范，研究成果的影响力也不会太大。我们渴望的经济研究是“有思想的学术”和“有学术的思想”。这并不容易做到。

第二是聚焦重大问题与追求技术严谨的关系。伴随中国改革开放成长起来的一代经济学者，他们能够提出并研究大问题，那些关系到中国经济改革开放和发展大局的根本性问题，尽管他们当时掌握的研究工具并不精致，方法也不很严谨。新一代经济学者的经济学技术功底要比上一代强很多。但是目前的倾向是多从文献出发和从工具出发，再去寻找问题；而不是从问题出发，特别是从大问题出发，去寻找工具以回答问题。基于文献和工具的研究方法并不错，科学研究也都需要运用已有的文献和工具,特别是前沿工具。但是如果从技术工具出发,从手头有的数据出发,去研究不是很有意思的小问题,那就有问题了。我们希望的是研究重大问题,同时能够使用最先进的方法和技术,并得到有创见的结果。

第三是研究一般经济问题与研究中国相关问题的关系。研究中国相关的经济问题不仅是我们最为关心的——因为它直接有助于中国经济发展,同时也是我们最具比较优势的——因为我们熟悉中国经济运行的细节,掌握较多的案例和数据。但是,研究中国相关问题容易过度强调中国特色而使研究结果失去一般性,这无疑会减弱其研究结果的力量。如果能把在研究中国相关问题中发现的道理上升到一般规律,这不仅能对经济学的一般理论有所贡献,反过来还能加深对中国相关问题的解释力和说服力。在研究中国相关问题的同时,我们也应该关注发现和发展新的研究方法和新的分析工具。诺贝尔经济学奖更多的是授予用新的科学方法研究一般性经济问题取得的突破,包括在研究工具和方法论方面的突破。这种一般性的突破反过来对研究中国相关问题也会极有帮助。

二、中国经济新常态与经济学创新

认真思考和平衡以上三种关系是取得经济学创新的一个重要方面。在中国经济和世界经济进入“新常态”之时,中国和世界经济面临一系列新的重大问题。这些问题提供了新的研究课题,这是经济学创新的另一个重要方面。

中国经济进入的“新常态”是经济发展从低收入进入中等收

入,进而向高收入迈进的一个长时期的状态。伴随这种新常态的是经济结构调整,发展目标多元化,经济增长更多地依赖创新驱动。不过,一个国家进入中等收入并从中等收入走向高收入本身并不是新问题,之前的德国、日本、亚洲四小龙早就做到了。在我看来,中国经济新常态带来的两个不同于以往例子的新元素是中国的规模和中国的制度。中国经济新常态中的这两个新元素会引发新的值得研究的重大问题,并且有可能产生具有思想性和一般性的研究结果。

第一是中国的规模导致的中国作为崛起的经济大国与世界经济的相互影响。中国进入人均中等收入与之前的国家进入中等收入(比如韩国)都不一样的原因是中国的总量:近 14 亿人口使得中国在只有接近美国人均 GDP 的 1/4(购买力平价)之时就已经同美国的经济总量相当(购买力平价),占到全球 GDP 总量的 16%。尽管中国经济增速下降,但是由于发达经济以及受其影响的全球经济都有可能出现"长期停滞"(secular stagnation)的状况,中国相对较高的增速使得中国经济增量部分占全球经济增量部分 1/3 左右或以上的时间有可能并不短。

中国的规模会引发一系列新的重大问题。中国经济发展对全球商品市场和贸易的影响,中国改革和市场变化对全球货币、资本和人才市场的影响,中国经济的崛起引发全球游戏规则的改变,都是新的具有全球意义的大问题。中国的市场规模和人才规模也有可能改变技术创新和商业创新模式。在经济全球化和技术进步的背景下,中国 14 亿人口的巨大规模和中等收入水平不仅提供了巨大的市场需求,也提供了巨大的创新供给,这类情况在过去是没有过的。回顾历史,美国经济在二十世纪初超越英国经济的时候全国人口只有 7 000 多万。

第二是中国的制度引发的转型过程中的政治经济学。中国经济制度中的最大特点或最显著的“中国特色”就反映在政治与经济的关系、政府与市场的关系、政与商的关系中。在过去三十多年中，世界上没有任何一个国家和地区（包括东亚高速增长的国家和地区）像中国这样，政府如此热衷于经济发展，政府如此紧密地与经济发展相融合，政府有如此强烈的激励去实现经济增长。一方面，这种政商关系成就了中国经济高速发展三十多年，政府成为推动经济发展的“帮助之手”。另一方面，这种政商关系也造成了一些政府官员以权谋私的腐败。如果经济“新常态”意味着这种政商关系的终结，那么未来政商关系的变化将如何影响政府官员的激励，如何影响企业和企业家，如何影响政府和市场的关系，都是经济新常态中的新的重要问题。

政商关系对经济的影响是政治经济学的一个方面。政治经济学的另一方面则是反过来的关系，即经济发展对政治和政府的影响。这是现代化理论的核心问题。而中国的制度演变，特别是经济发展与制度发展的互动，提供了验证已有理论假说和发展新理论的机会。从实证的角度，用比较的方法研究中国新常态下经济和市场的发展对政治和政府的影响会引发经济学的创新。因此，很有可能比较经济学和比较政治经济学将会由此出现新的生机。

对于以上这两类由中国的规模和中国的制度引发的新常态下的经济研究，中国经济学者有一定的优势。不过，要使得研究兼得思想性和学术性，既抓住大问题又符合技术严谨性，同时又达到一般性，非有创新不可。

世界经济学家对中国相关问题的兴趣从来没有像现在这样高。

随着中国经济更加开放,经济研究也应该更加开放。我们应该以开放的心态和方式,让世界经济学家与中国经济学家一起研究那些由新常态引发的新问题,共同驱动经济学的创新。我们期待中国经济学家在这个历史的机会中,对重大问题做出既有思想性又有一般性的经济学创新。

汇集世界顶级经济学家的研讨会[1]

作为清华大学经济管理学院的院长,我对在座各位前来参加此次研讨会表示热烈欢迎。我非常高兴这个研讨会在我们学院举行,原因有三:

首先,我看到很多老朋友出席此次研讨会。马丁·费尔德斯坦、杰弗里·萨克斯和迈克尔·斯宾塞是白重恩、李稻葵和我在哈佛大学博士学习期间的教授。刘遵义、约瑟夫·斯蒂格利茨和热若尔·罗兰是我先后在斯坦福大学和伯克利加州大学任教时的同事。简·斯维纳(Jan Svejner)和李侃如(Kenneth Lieberthal)是李稻葵在密歇根大学任教时的同事。梅里特·贾诺(Merit Janow)院长和我自2009年以来都担任中国投资公司国际咨询委员会委员。埃德蒙·费尔普斯是清华经管学院的名誉教授。

第二,此次研讨会参会者都是长期以来关注中国问题的学者以及对中国改革政策的建议者。例如,刘遵义第一次来华是在1980年出席经济计量学研讨班,在此后的中国改革进程中几乎每个阶段都有他的参与。我同斯蒂格利茨在1992年一起参加世界银行关于"东亚奇

[1] 本文系2016年3月18日在清华大学经济管理学院举办的"增长战略:国家角色的转变"国际研讨会上的欢迎辞。译自英文。

迹"(但未包括中国)的研究项目。费尔德斯坦参加了自2000年创办至今的每一届中国发展高层论坛。斯宾塞深入参与了"十二五"规划的讨论。费尔普斯一直担任位于福建的新华都商学院院长。

第三,此次研讨会的主题——"增长战略:国家角色的转变"——既是一个长久话题,又有现实针对性。国家在经济增长中的角色既是一个世界各国共同的题目,同时也受到各自国情的影响。在中国,计划经济历史以及强大和高度集权的政府提出了特殊的挑战:要让市场在资源配置中发挥决定性作用,同时更好地发挥政府的作用并不容易。这与许多其他经济体中国家能力较弱的情况显然不同。我从自己多年研究经历中得到的一个启示是,把经济学一般规律与本地具体情况相结合是非常重要的。我认为这正是在座各位经济学家思想和专业知识的优势所在,因为你们对两者都很熟悉。

此次研讨会是清华大学经济管理学院与哥伦比亚大学国际与公共事务学院的首次合作。非常感谢贾诺院长和斯维纳教授组织了如此出色的研讨会,汇集了这么多世界顶级经济学家,包括三位诺贝尔经济学奖获得者(斯宾塞[2001]、斯蒂格利茨[2001]、费尔普斯[2006])和三位美国经济学会克拉克奖获得者(费尔德斯坦[1977]、斯蒂格利茨[1979]、斯宾塞[1981])。我与该学院的初次接触是在整整三十五年前。1981年,我从清华大学毕业后到纽约哥伦比亚大学读研究生。我住在西118街和阿姆斯特丹大道交汇处的一栋公寓楼中,正对面就是该学院的大楼。那时我经常借用你们的自习室。今后希望你们也能多用我们学院的教室。

研究全球经济中的中美经济关系[1]

今天我们非常荣幸地接待美国财政部部长雅各布·卢(Jacob Lew)访问清华大学经济管理学院。我很荣幸在此介绍卢部长。

雅各布·卢自2013年2月以来担任美国的第76任财政部部长。他此前的职务是白宫办公厅主任。再之前,他担任白宫行政管理和预算局(Office of Management and Budget,OMB)局长,而在1998—2001年期间,他在克林顿政府中同样担任过这个职务,当时美国的预算实现了连续三年的盈余。在2010年重返行政管理和预算局之前,他在奥巴马政府中担任负责管理和资源事务的副国务卿。

在加入美国国务院之前,卢部长曾经在花旗集团的两个业务部门担任董事总经理与首席运营官。在此之前,他曾担任纽约大学常务副校长兼首席运营官,并同时担任公共管理学教授。卢部长获得哈佛大学学士学位,乔治城大学法律博士(JD)学位。

卢部长,欢迎你来到清华大学与经济管理学院。

清华大学与美国有着历史悠久的紧密联系,甚至可以追溯到1911年清华学校创办之前。经济管理学院成立于1984年,由朱镕基出任首任院长。2000年,在朱院长的推动下,经管学院成立了顾问委员会,

[1] 本文系2016年6月5日在雅各布·卢于清华大学演讲前的介绍词。译自英文。

由时任高盛公司 CEO 的亨利·保尔森(Henry Paulson)担任首任主席。保尔森先生在 2006 年成为美国的第 74 任财政部部长,并在那年开启了中美战略经济对话。目前的经管学院顾问委员会委员包括沃尔玛、通用汽车、IBM、微软、苹果和 Facebook 等美国公司的高管,以及哈佛、麻省理工、斯坦福和沃顿等美国商学院的院长。在经管学院的 159 位全职教师中,40% 拥有美国大学的博士学位。我本人也曾在六所美国大学求学和任教,历时二十五年,此后回到母校清华大学并于 2006 年 9 月起担任经管学院院长。

清华经管学院在与中国和世界相关的经济和金融问题的学术及政策研究上非常活跃,我们经常接待学者与政策制定者来访。去年我们邀请了中国财政部部长,也是清华校友的楼继伟先生来此做演讲,他讲了中国经济面临的一些关键性问题,引发了热烈讨论。两个月前,经管学院参与主办了关于政府在经济增长中的作用的学术研讨会,多位美国知名经济学家参加,包括马丁·费尔德斯坦(Martin Feldstein)、埃德蒙·费尔普斯(Edmund Phelps)、杰弗里·萨克斯(Jeffrey Sachs)、迈克尔·斯宾塞(Michael Spence)和约瑟夫·斯蒂格利茨(Joseph Stiglitz)等人。我们对能够成为讨论有关中国与世界的关键学术和政策问题的中心而感到自豪。

我们对中美经济关系的研究非常感兴趣。中美经济关系显然是当今最为重要的双边经济关系,并对全球经济有巨大影响。我在三十五年前的 1981 年从清华大学毕业,前往美国读研究生。1981 年中国的 GDP 仅为美国的 6%。而在去年 2015 年,中国的 GDP 已是美国的 60%。而且,中美两国的 GDP 之和已经占到全球总量的 36%。去年下半年发生的两件事凸显了这两个经济体之间前所未有的关联:8 月中国的汇率变动对美国市场的影响,以及 12 月美国的加息对中国资本流动的影响。

卢部长今天将讨论从明天开始的 2016 中美战略与经济对话以及中美双边经济关系的整体情况。他将分析中美双边经济议题中的关键问题,包括双边贸易和投资以及中国的经济和金融部门改革。他会强调中美战略与经济对话是一个管理和构建两国之间可持续和建设性关系的重要机制。他的讨论将使我们更好地理解美国对中美经济关系的看法,也将为我们的研究提供思考素材。

“长安讲坛”第 300 期：研讨中国经济问题的讲坛[1]

今天是“长安讲坛”第 300 期，值得庆祝，也值得纪念。“长安讲坛”是“中国经济 50 人论坛”在北京长年开设的有关中国经济政策的讲坛，由论坛成员以及其他经济学者和专家讲述他们的有关中国经济的研究成果。自 2001 年 4 月第 1 期开讲至今，每两周举办一期，已历经十五年，平均每年 20 期，共举办 300 期。自 2008 年以来，“长安讲坛”与新浪网开展战略合作，成为新浪财经频道的定期专栏节目，进一步扩大了论坛的覆盖面和传播力。

从 2009 年 2 月 26 日的第 148 期开始，清华经管学院加入“长安讲坛”主办方，讲坛定期在清华经管学院的教室和报告厅举办。今天是在清华经管学院举办的第 153 期，也就是说，“长安讲坛”自举办以来已经有超过一半的讲坛在清华经管学院举办。巧合的是，落户清华经管学院的第 148 期的嘉宾正是此次第 300 期的嘉宾——著名经济学家吴敬琏先生。七年前我很荣幸地主持了讲坛落户清华经管学院的第 1 期，也就是总第 148 期，并且很荣幸在今天致辞第 300 期。

“中国经济 50 人论坛”聚集了具有国内一流学术水准、享有较高

[1] 本文系 2016 年 6 月 30 日在“长安讲坛”第 300 期上的致辞。

社会声誉,并且致力于中国经济问题研究的著名经济学者和专家,被国内外公认为中国高层经济决策的“智库”。清华经管学院有三位教师是“中国经济 50 人论坛”的成员,分别是白重恩教授、魏杰教授和我。此次演讲嘉宾吴敬琏先生是“中国经济 50 人论坛”学术委员会荣誉成员。

清华经管学院在经济学教育上一直注重将经济学理论与中国经济改革开放和发展的实际相结合,鼓励学生了解中国经济中的重大现实问题,并把它作为思考和研究的对象。从 2007 年秋季学期开始,学院开设了《经济学专题》课程,外请各领域经济学者授课,聚焦中国经济问题。从“长安讲坛”落户清华经管学院之后的 2009 年秋季学期开始,学院将“长安讲坛”与《经济学专题》课程结合起来,使它成为学院本科第一学位和第二学位学生的学分课程。这样的结合至今已经整整七个学年,有近 2 000 名清华经管学院本科生修课,平均每学期近 150 人。因此“长安讲坛”除了向社会开放,吸引了大批听众之外,对清华经管学院本科经济学教育也起到重要推动作用,有益于中国未来经济学者的成长。

“长安讲坛”主题围绕中国经济发展的现实问题和政策选择,涉及范围广泛,讨论问题深入。演讲人介绍最新研究成果和前沿,听众即时提问与演讲者交流互动。这里既有对中国经济热点问题的分析,也有对中国经济未来挑战的前瞻性洞见,更是经济学理论与中国改革发展实践的结合。

今天吴敬琏先生为我们演讲的主题是“什么是结构性改革,它为何如此重要”。这是针对当前中国经济增长走势、经济中存在的扭曲、改革方向和具体措施方法等一系列关键问题的系统性探讨。关于这些问题，在经济学界有不同判断和分析十分正常，只有通过讨论、争论，甚至辩论，才能获得对问题的更加准确的把握，从而引导中国经济走向可持续的发展，这事关中国经济未来大局大势。

“长安讲坛”的意义正在于此。

中国经济50人论坛二十周年：我与论坛的三件事[1]

“中国经济50人论坛”聚集了具有中国一流学术水准、享有较高社会声誉并且致力于中国经济问题研究的著名经济学者和专家。在中国，这个论坛是经济领域中举足轻重的“智库”。

我于1981年从清华大学毕业后到美国留学、执教，2006年9月起回国担任清华大学经济管理学院院长至今。作为一个在海外学习、工作二十多年后回国工作的经济学人，我能够在“中国经济50人论坛”的第一个十年中成为50人中的一人，深感荣幸。我感谢论坛学术委员会和论坛成员的认可和支持。

“中国经济50人论坛”自1998年成立至今，走过了二十年的历程。它在中国经济改革开放二十周年时成立。在今年纪念改革开放四十周年的时间节点上，论坛走过了中国改革开放期间的一半时间。50人论坛的50人都是这四十年改革开放历史的见证者、参与者、贡献者。今天，我们纪念这个论坛二十周年，就是以纪念中国改革开放四十周年为背景的。

[1] 本文写于2018年7月，系中国经济50人论坛二十周年纪念文章，原载于《50人的二十年》，中信出版社2018年版。

我借此机会，回忆我与“50 人论坛”的三件事。

一、“长安讲坛”落户清华大学经济管理学院

从 2001 年 4 月开始，“中国经济 50 人论坛”在北京开设“长安讲坛”。这是一个有关中国经济政策的讲坛，由论坛成员以及其他经济学者和专家讲述他们有关中国经济的研究成果。“长安讲坛”主题围绕中国经济发展的现实问题和政策选择，涉及范围广泛，讨论问题深入。演讲人介绍最新研究成果和前沿，听众即时提问与演讲者交流互动。这里既有对中国经济热点问题的分析，也有对中国经济未来挑战的前瞻性洞见，更是现代经济学理论与中国改革发展实践的结合和碰撞。

自 2001 年 4 月“长安讲坛”第一期开讲至今，已历经十七年。截止到 2018 年 6 月 30 日，“长安讲坛”一共举办了 339 期，平均每年 20 期。自 2008 年以来，长安论坛与新浪网战略合作，成为新浪财经频道的定期专栏节目，使得论坛的覆盖面和传播力更加扩大。记得是在 2008 年下半年，论坛成员、清华经管学院魏杰教授找到我，建议把“长安讲坛”落地到清华经管学院来。我觉得这是一个好主意：一方面，我们这里有永远的听众，那就是学生和教师；另一方面，清华经管学院也可以借此推动经济学的教学和研究水平。之后我就积极准备，完成必要的程序，安排必要的场所。

从 2009 年 2 月 26 日的第 148 期开始，清华经管学院加入“长安讲坛”主办方，论坛定期在清华经管学院的教室和报告厅举办。在“长安论坛”至今举办的 339 场中，已经有近 200 场在清华经管学院举办。

落户清华经管学院的第一场是第 148 期，嘉宾是吴敬琏先生，我主持了那一期论坛。到了 2016 年，论坛举办第 300 期，嘉宾仍然是吴敬琏先生，那场也是由我致辞。这两场“长安讲坛”听众都是爆满，是我印象非常深刻的两场，它们都具有标志性意义。

我记得在 2016 年的第 300 期上，吴敬琏先生演讲的主题是“什么是结构性改革，它为何如此重要”。这是针对当时中国经济增长走势、经济中存在的扭曲、改革方向和具体措施方法等一系列关键问题的系统性探讨。关于这些问题，在经济学界有不同判断和分析十分正常，只有通过讨论、争论，甚至辩论，才能获得对问题的更加准确的把握，从而引导中国经济走向可持续的发展，这是事关中国经济未来大局大势的事情。

“长安讲坛”落户清华经管学院，对学院的经济学教学起到了直接的推动。清华经管学院在经济学教育上一直注重经济学理论与中国经济改革开放和发展的实际相结合，鼓励学生了解中国经济中的重大现实问题，并把它作为思考和研究的对象。从 2007 年秋季学期开始，学院开设了《经济学专题》课程，外请各领域经济学者授课，聚焦中国经济问题。从“长安讲坛”落户清华经管学院之后的 2009 年秋季学期开始，学院将“长安讲坛”与《经济学专题》课程结合起来，使它成为学院本科第一学位和第二学位学生的学分课程。这样的结合至今已经整整九个学年，有近 3 000 名清华经管学院本科生修课，平均每学期近 150 人。因此“长安讲坛”除了向社会开放，吸引了大批听众之外，对清华经管学院本科经济学教育也起到重要推动作用，有益于中国未来经济学者的成长。

二、探索供给侧结构性改革的理论基础

供给侧结构性改革在2015年11月举行的“中央经济工作会议”上首次提出，并在2017年10月写入中共“十九大”报告。它为中国经济新时代的改革确定了具体的改革方向。对作出这个判断的理论基础的探索，是与“50人论坛”的研讨密切相关的。

要想理解供给侧结构性改革的意义，我们必须回溯上个世纪九十年代的市场化改革的起步和与之相关的宏观调控政策。自上个世纪九十年代中期开始，中国开始建立社会主义市场经济的基本框架。当时经济高速增长，经济增长本身不是问题，突出的问题是经济增速的波动。从1993年开始，随着改革高潮的到来，经济出现“过热”，随之而来的是政府的“宏观调控”，当时是压总需求。到了1996年，终于实现了经济的“软着陆”。但是，紧接着就遇到了1997年亚洲金融危机，外需急剧下降。结果宏观调控转向，到了1998年，宏观政策改为增加有效需求，力争保住8%的增长速度。在此之后，中国经济再次进入高速增长时期。到了2008年，在全球金融危机爆发后，刺激需求又成为政策优先，这就是出台“4万亿”的原因。由此可见，从1993年到2008年期间，宏观经济政策大都围绕需求侧宏观调控的问题。

这段历史告诉我们，在中国经济向市场经济转轨的最初十五年，对宏观经济周期性波动的调控是宏观经济政策制定者的主要关注点。所以，经济学界和政策制定者很自然地使用需求管理的理论框架，这就是人们熟知的“三驾马车”框架：投资、消费、净出口。事实上，在标准的现代经济学教科书上是“四驾马车”：投资、消费、政府支出、净出

口。这是因为在以私有经济为主导的市场经济中,前两项的投资和消费都是指私人部门的投资和消费,因为政府不是投资主体。在我们国家,政府的投资作用非常大,而且很难区分私人和政府投资,所以我们把政府支出中的投资部分并入投资,把政府支出中的消费部分并入消费,所以"四驾马车"就变成了"三驾马车"。

由于经济波动反映经济增速的变化,所以通常人们就以为"三驾马车"的需求侧管理理论就是有关经济增长的理论。这对政策制定者来说,似乎合乎逻辑,而在相当长的一段时间内,经济学家也未提出过质疑。

大约在2010年左右,在一次50人论坛研讨会期间,吴敬琏与我交谈。他质疑"三驾马车"的理论框架,他说这好像不应该是讨论长期经济增长问题时应该使用的理论框架,但也说不清原因是什么。我记得我当时说,应该区分短期需求侧管理的宏观模型与长期供给侧决定的增长模型。前者的理论框架是凯恩斯提出的:在短期,由于市场调节的失灵,会出现有效需求不足的情况。有效需求是由"四驾马车"(即我们说的"三驾马车")决定。凯恩斯给出了增加有效需求的办法,就是要增加政府支出,并通过政府的财政政策和货币政策增加私人部门的投资、消费、净出口。而后者的长期经济增长理论是以索洛模型为代表的增长模型,其中经济增长是由供给侧的生产函数决定的。在长期,供给与需求是均衡的,不存在有效需求不足的问题。而生产函数中的产出是由资本、劳动力数量和质量、技术创新、制度等因素决定。在后来的多次讨论中,包括与秦晓的讨论中,我也反复讲述这两个理论框架的差异和对比。其实这些都是经济学原理中的基本理论框架。

2010 年之后，中国经济增速开始逐年下降。其实这反映了中国进入中等收入发展阶段后潜在增长率的下降，这正是增长模型预测的结果。不过，由于我们头脑中的理论模型仍然是短期需求侧的“三驾马车”模型，所以就出现了很多政策建议都是围绕如何增加需求以刺激增长的。当然，也有经济学家反对这种政策建议。这里争论的实质是，对经济增速下降的判断是周期的，还是趋势性的。反映在经济理论框架上，则是用凯恩斯的短期需求模型，还是用索洛的长期供给侧增长模型。

2014 年 7 月 16 日，我在全国政协经济委员会上半年宏观经济形势分析座谈会上发言，说明了我对以上争论背后的理论框架的选择。我说，“三驾马车”的理论框架是基于凯恩斯的理论，有两个特点：一是短期，二是需求决定。在凯恩斯理论中，经济周期的某些情况下，会出现有效需求小于供给的情况，而市场的自动调节机制由于某些原因不能快速地发挥作用。因此，政府的财政政策和货币政策可以增加投资、消费或净出口，以此增加有效需求，从而提高经济增长。由于消费和净出口不容易调节，所以政府增加投资就是最为方便的政策。

但是，这个以凯恩斯理论为出发点的“三驾马车”模型是一个用来分析周期性经济波动带来的短期有效需求不足的理论框架。然而，经济学家在分析长期经济增长时并不使用这个理论框架。经济学家分析长期经济增长是基于生产函数的供给模型。生产函数包括人口、资本存量等因素，也包括改革、开放、创新等因素。而后者的作用可以定量地反映在“全要素生产率”即经济效率上。因此它可以包括改革红利、开放红利、创新红利等来自供给方的效率提高因素。所以，如果不改革不调整，较高的投资也许能拉动较高的短期增长，但是会加大结构扭曲，影响长期持续增速。这是“三驾马车”的理论框架所不能推导出的。

这两个理论分析框架所推导出来的政策工具是不同的。对短期和长期经济增长出现的问题所使用的政策工具随之而不同。对于短期的周期性波动，政府可以通过宏观调控总量减小周期性的波动程度。这里，总量政策是指宏观变量，比如货币供应、利率、汇率、财政支出、税率等。总量政策不是针对行业的政策，更不是针对个别企业的政策。那种以为产业政策或其他微观经济政策可以调控周期性波动是一个误区。

对于长期的经济增长问题，总量政策通常是无法解决的。那种以为总量可以调控长期经济增长也是一个误区。促进长期的经济增长主要是靠供给方的制度和政策，加强企业和个人激励，减少资源配置的扭曲。这只能通过改革、开放、结构调整，以及鼓励创新创业来实现。比如，减少政府行政审批，建立政府权力清单这一改革，虽然不能解决短期的周期性波动问题，但是会促进长期经济增长，因为它减少了企业的成本。所以，认清政府政策工具的不同作用，并且在适当情况下使用适当工具，是转变政府职能的一个重要方面。

理论框架的转变有着重要的意义，它为后来提出的供给侧结构性改革提供了理论基础。从后来经济发展的实际情况来看，确实出现了中国经济增速持续下降的情况，而且政府和社会也把注意力从需求侧转向了供给侧。现在这已经成为经济学界和政策制定者的共识。近年来“三驾马车”说法的出现频率也越来越少。在某种意义上，“50人论坛”上的讨论起到了一定的思想引领作用。

三、推动有关企业家精神的经济学

在经济学的一般均衡模型中,市场经济被描述为一个供给需求关系中的资源配置问题,其中的企业是一个被简化为使利润最大化的假定。这对于研究资源配置的效率问题是合适的,但是对研究经济动态增长动力问题,显然就没有解释力了。在经济增长模型中,创新的作用是显而易见的,它是提高全要素生产率的推手。但是即使是在这个模型中,推动创新的力量并不被显示出。

中国是从计划经济向市场经济转轨的国家,民营经济从无到有,成为推动经济增长的主要力量。但是,传统的计划经济思维和国有经济的强大地位对民营经济和企业家依然还存在很强的歧视。特别是在供给侧结构性改革中,供给侧的重要推动力是企业的活力,而企业活力要依赖于企业家精神。

2016 年 2 月 19 日举行的“中国经济 50 人论坛”年会安排我发言,给我的题目是“企业活力与企业家精神”。我围绕企业活力与企业家精神这个话题讲了三个观点。

第一,关于效率与活力的概念。历史上有两位奥地利经济学家为我们提供了比较计划经济和市场经济的重要思想。一位是哈耶克,他论述了市场经济资源配置的效率来源于分散信息通过价格机制的有效使用。哈耶克在 1992 年去世,正是那年中国决定走市场经济道路。如今,市场在资源配置中起决定性作用已经在中国成为共识。由于二十世纪的一个核心争执是计划与市场,所以哈耶克很可能是二十世纪最重要的经济学家。

另一位是熊彼特,他是最早论述企业家精神(或称创业精神)的经济学家。他认为创新是经济发展和进步的核心动力,市场经济长期活力的根本在于创新,而创新则来源于企业家精神,来源于企业家开发新的产品,创造新的生产方式,这是一个“创造性毁灭”的过程。熊彼特在 1950 年去世,他的影响在他去世之后日渐变大。由于创新已经成为全球最为关注的问题,所以曾任美国财政部长和哈佛大学校长的经济学家萨默斯说,熊彼特很可能是二十一世纪最重要的经济学家。

从哈耶克的市场经济的效率,到熊彼特的市场经济的活力,都深化了我们对市场经济的认识。效率与活力,既相关,又不同。效率更多地是指在现有技术和生产方式下资源配置的有效性,是供给与需求两方面的结合。而活力,更多地是指改变现有技术和生产方式,使得企业更有生气。企业活力和企业家精神是供给侧的。效率与活力的结合是市场经济的精髓。

第二,关于企业管理与企业家精神的不同。讲到企业家和企业家精神,需要区分企业管理与企业家精神,区分管理者与企业家。一方面,一个好的企业管理者未必是一个好的企业家,也不一定具有企业家精神。因为把企业管好,不一定意味着企业创新。企业家精神不是单纯的企业管理问题,而是要创造出与前人不同的产品或生产过程。反过来,一个好的创业者也未必是一个好的企业管理者。

比如乔布斯,他起初是一个创业者。1985 年他被苹果公司解雇,因为他不是一个好的管理者。接替他出任苹果公司 CEO 的斯卡利是一个好的管理者,但他不是一个有企业家精神的管理者。乔布斯在 1997 年重回苹果时,他的企业管理方法有了很大改进,成为一个具有企业家精神的好的管理者。所以,我们要注意到企业管理与企业家精神的不同：在我们重视企业管理的同时，还必须大力提倡企业家精神；在我们鼓励优秀企业管理者的同时，更要推崇优秀的企业家。

第三，关于企业家精神与官僚主义的对立。企业管理是很难避免官僚机构和官僚主义的，而企业家精神却与官僚主义是不相容的。熊彼特当年在推崇企业家精神的同时，就担忧日益增强的政府和大企业中的官僚主义会扼杀企业家精神，从而窒息市场经济的活力。今天，虽然企业家精神仍在，但是他当年所担忧的官僚主义扼杀企业家精神的现象也比比皆是。因此，在我们提倡企业家精神，提倡创业精神，注重企业活力的时候，必须要减少官僚主义，就是要简政放权。这就是为什么简政放权与倡导企业家精神是一个硬币的两面。

我们的计划经济传统使得我们更容易依赖政府推动创新。但是企业活力必定主要靠企业家精神。在激发企业活力时，虽然政府应该发挥推动作用，但是来自政府部门的官僚主义依然是压抑企业家创新活力的主要障碍。所以，在推动企业家精神的同时，必须简政放权，减少官僚主义带来的束缚。

有关企业活力和企业家精神的讨论，直接导致需要出台加强产权保护的政策。2016 年 7 月 8 日，在习近平主持的经济形势专家座谈会上，我发言中提出产权安全性是一件大事。当时民营投资下降引起关注，我认为只要产权安全，企业家推动增长的动力就是无穷的。因此，出台产权保护的法律和政策有重要的现实意义。

2016 年 11 月 27 日，中共中央、国务院印发《关于完善产权保护制度依法保护产权的意见》，这是完善产权保护制度的纲领性文件。不到一年之后的 2017 年 9 月 8 日，《中共中央国务院关于营造企业家健康成长环境，弘扬企业家精神，更好发挥企业家作用的意见》文件公布，并把它的重要性上升到推动供给侧结构性改革、激发市场活力、实现经济社会持续健康发展的层面上。特别是 2018 年以来，检察院和法院更是通过纠正以往一些有社会影响的错案，为涉及的企业家恢复名誉，来展示中央保护产权、弘扬企业家精神的决心和勇气。从中我们也看到“50 人论坛”起到的一定的推动作用。

中国金融四十人论坛十周年：制度、包容、活力[1]

中国金融四十人论坛（CF40）自2008年4月12日成立至今十年。论坛经过十年的发展，已经成为中国金融界在政策、学术、行业等诸多方面的重要研究机构，在国内和国际上具有广泛影响。从论坛的规模，到研究的深度，论坛都保持了良好的发展势头，在中国众多民间智库中，凸显其优势。在论坛十周年之际，回顾论坛发展历程，总结论坛特点和优势，不仅有利于自身继续发展，而且也会对其他类似组织有所启发。

从2008年4月至2011年4月的三年中，谢平担任第一届学术委员会主席。自2011年4月至2017年4月的六年中，我担任了两届学术委员会主席。自2017年4月以来，黄益平担任学术委员会主席。回顾中国金融四十人论坛发展的十年，特别是根据我担任六年学术委员会主席的经历，我提出三条论坛的特点和优势，即制度、包容、活力，在此与大家分享。我希望今后论坛能够保持并进一步发扬这些优势。

---

[1] 本文写于2018年8月，系中国金融四十人论坛十周年纪念文章，原载于《中国金融四十人看四十年》，中信出版社2018年版。

一、制　　度

中国金融四十人论坛以研究中国金融改革和发展为己任。我们这一代人是伴随中国金融事业从计划经济走向市场经济的一代。中国的银行从计划经济时期的国家出纳到如今的市场经济中的商业银行，中国的资本市场从无到有快速成长，我们这一代人既是见证者，更是参与者和贡献者。在中国金融业的发展过程中，一直都伴随着制度建设，包括金融机构、金融市场、金融监管框架的制度建设，以及相关的公司治理的制度建设。我们理解制度建设的重要性，我们也是研究和实践制度建设的学习者和探索者。

在中国金融四十人论坛发展过程中，我们把推动金融制度建设的思路也运用到论坛自身的制度建设中。非常幸运的是，正是因为论坛同仁们对制度安排重要性和对机制设计的理解，这个建设过程进行得很顺利。制度是保障论坛可持续发展的基石。十年来，我们与时俱进，对论坛《章程》不断修改和完善。论坛按照《章程》定期开会，到期换届，平稳运行，充满活力。

经过十年的探索，论坛的制度日趋完善，目前论坛在组织结构上可以理解为有以下三层：

第一层是论坛参加者。论坛参加者包括成员、理事、学术顾问三类。这其中成员和学术顾问是论坛的学术研究主体，理事多是来自金融商业机构，他们既是研究的受众，也是论坛的财务支持者。

第二层是论坛决策层。在组织制度的建设上，论坛建立了常务理事会、学术委员会、监事会的架构。论坛《章程》确定了常务理事会负责决策、学术委员会负责学术管理、监事会负责监督的有效分权机制。自2015年起,论坛每年请普华永道、毕马威等四大会计师事务所之一对论坛财务报告进行外部审计,保障论坛运营合规合理有效。

第三层是论坛执行层。论坛的执行机构是秘书处,在常务理事会的领导下负责论坛日常运行。秘书处由秘书长领导,是论坛的常设机构,设有编辑部、会议部、研究部、国际交流与合作部、公共事务部等部门,为整个论坛体系做支撑。

但是这并不是论坛最开始时的治理结构。在论坛初建时,论坛的治理结构是理事会、学术委员会。第一届理事会主席是蒋超良,学术委员会主席是谢平。第二届理事会主席是陈元,学术委员会主席是我。由于理事单位很多,理事会很难成为一个真正的决策机构。所以在运行中,实际的决策权就都集中在学术委员会。在这种情况下,学术委员会就成为事实上的唯一决策机构。比如在操作中,学术委员会需要领导秘书处。

我们很快意识到,这并不是最优的治理结构。由于学术委员会委员都是学者,他们或是在高校、研究机构、商业机构中的研究者,或是在政府中的学者型官员,他们的专长是学术。另外,权力过于集中并不利于论坛的运行,这是经济学和金融学的基本原理。因此,这个治理结构需要进行改革和完善。

当然,改革的一个难点是它需要由学术委员会来推动,而改革的结果是削弱学术委员会自身的权力。如果从学术委员会本身的权力来讲,这个改革很难推动。不过如果是站在论坛可持续健康发展,站在论坛能够推动中国金融改革和发展这个大目标上来看,学术委员会就应该积极推动这个改革。

在我担任论坛学术委员会主席的第一个任期内，学术委员会经过讨论，形成一致意见，从长远可持续发展角度出发，论坛必须尽快完善治理结构。这项工作在论坛成立五周年之际的2013年启动并完成。

在2013年1月5日召开的第15次学术委员会会议上，学术委员会作出了关于“优化论坛治理结构”的决定：鉴于四十人论坛五年来取得的成绩，为进一步巩固成果、完善治理结构，学术委员会建议修改《章程》相关规定，于3月中下旬召开专门会议讨论后，提交金融四十人年度大会全体成员表决。

在2013年3月17日召开的第16次学术委员会会议上，学术委员会提出了常务理事会、学术委员会、监事会的基本框架。在这个框架下，秘书处作为执行机构由常务理事会领导。学术委员会根据这个框架提出了修改论坛《章程》的建议，并提请在4月召开的金融四十人论坛年会的全体大会表决。

论坛治理结构优化建议的核心内容如下：

1. 金融四十人年会全体大会由学术顾问、理事、正式成员构成。大会参加者可对论坛重大事项发表建议，但只有论坛正式成员有权就《章程》制定与修改、常务理事会选举、学术委员会选举、监事会选举投票表决。

2. 常务理事会是论坛的最高权力机构，常务理事、常务理事会主席由全体正式成员选举产生。常务理事会任免秘书长，审核年度预算，考核秘书处年度工作业绩，制定论坛发展规划，募集研究经费。

3. 学术委员会负责论坛的学术领导和管理工作。学术委员会委员由全体正式成员选举产生，学术委员会主席每届任期三年，可以连任。学术委员会每一季度（全体大会召开季度除外）召开一次会议。

4. 监事会负责审核论坛财务，对学术委员会主席、秘书长的履职情况进行监督。监事会每半年召开一次会议。监事会纪要须报送全体常务理事审阅。

5. 秘书处由秘书长领导，负责论坛日常运行。秘书处年度工作汇报报送常务理事会、学术委员会、监事会全体成员审阅。

在 2013 年 4 月 14 日召开的第六次论坛年会的全体会议上通过了论坛《章程》的修改。这次修改论坛《章程》获得了论坛参与者的广泛认可，为之后的论坛有序发展奠定了基础。在 2014 年学术委员会换届时，论坛成员又推选我连任一届学术委员会主席。

在此之后，学术委员会又对自身的制度建设进一步细化。在 2016 年 10 月 23 日召开的第 26 次学术委员会上，又增加了差额选举学术委员会委员的规定：由学术委员会提名七位学术委员候选人，由金融四十人论坛大会投票选出其中六位作为新一届学术委员会委员。之后又规定了学术委员会主席最多任两届。

学术委员会以身作则，严格按照《章程》规定运作。从 2008 年 4 月论坛成立至今年 4 月的十年中，共召开学术委员会会议 30 次，除了每年 4 月份的全体会议之外，每个季度一次，每年三次，从未间断。

论坛完善的治理结构决定了论坛能够高效、透明、持续地运转。十年来，论坛的绝大部分资源都用于支持研究研讨活动及论坛的发展。这使得在此基础上，论坛得以实现在上海、天津和青岛的实体机构布局，并形成了“四十人”和“新金融”两大实体智库系列，分别聚焦宏观经济金融与新金融领域的研究。

二、包　　容

在中国经济四十人论坛的十年发展历程中，“包容”成为一个重要特色。这其中有两类包容：一是在国内形成了一个学界、政界、业界之间的广泛、深入和频繁的融合，这种融合是建立在包容的基础之上的。二是与国际上的著名智库形成了定期的和紧密的交流合作关系，这种关系也是建立在包容的基础之上的。

无论是论坛成员，还是论坛学术委员会委员，都包括了来自学界、政界、业界有志于经济金融理论、应用，特别是政策研究的人员。这种参与范围和他们的参与度在国际上是少见的。这并不容易做到，因为来自不同界别的研究者有着不同的工作使命：学者的导向是发表研究成果，政府官员是为了制定和贯彻政策，而商业机构的研究人员要满足客户的需求。当然，他们也有共同的诉求，就是要搞清楚金融发展的规律和趋势。

在发达国家，学术界发展成熟，通常是自成象牙塔，与政界和业界的联系不能说没有，但是不够紧密。而业界与政界的关系往往表现为在法律框架下业界在国会的“游说”活动。当然，发达国家有很高水平的智库。不过这些智库往往是全时研究人员组成的研究机构，是“封闭式”的。

中国金融四十人论坛是开放式的。从形式上看，我们的论坛与美国的美国外交关系协会（Council on Foreign Relations）有些相似。不过，从论坛组织的活动来看，金融四十人论坛的活动更加频繁，研究互动更为深入。

这种跨学界、政界、业界的包容性有一定的中国国情因素。中国的学界、政界、业界的研究水平的提升几乎是同步的，都是伴随中国经济的改革开放，伴随中国经济的快速发展而进步的。虽然论坛的参与者来自不同界，但是他们都是在八十年代、九十年代随着改革开放一起学习和成长的。在此期间，在界与界之间的流动很常见，有些人在三个界都工作过。因此，论坛参加者个人之间的关系，学术之间的关系，远远比发达国家中类似群体之间的关系要密切。

除了时代特点之外，中国的历史和国家组织特征也是一个因素。中国的精英阶层比较紧密和集中，特别是北京集中了最多的精英，尤其是经济和金融精英。再加上中国国家组织的特征，金融四十人论坛能够发挥独特的作用。这也是与发达国家不同之处。

论坛有意识地保持来自学界、政界、商界参与者的平衡，避免某一界人员过多。在2016年10月23日召开的第26次学术委员会会议上，学术委员会发现潜在不平衡的问题，就决定来自政府、学界和商界的正式成员的比例应该大体维持在2∶1∶1，而且也对来自单一机构的正式成员数量做了限制。

包容的第二个方面体现在国际交流合作。国际交流合作需要包容的心态。各国有各国的利益，其中当然有不同的利益诉求。但是同时，各国之间又有共同利益，特别是在现代金融体系中，这些共同利益非常之大。如果没有包容的心态，总是用“阴谋论”看问题，视经济或金融为零和游戏，那就不可能有深入的交流和合作。

中国金融四十人论坛成立于2008年4月，正值全球金融危机酝酿爆发。中国亟须深入了解各国尤其是发达国家的经济金融状况以及政策变动，而国际社会也对迅速崛起中的中国充满好奇，极度渴望聆听来自中方的学者、市场人士以及政府官员、前政府官员的声音。因此自成立之初,金融四十人论坛就有拓展国际交流与合作的强烈愿望。

"CF40 - PIIE 中美经济学家学术交流活动"是目前中美两国经济金融领域最高端、最稳定的民间交流机制。中国金融四十人论坛与美国彼得森国际经济研究所(Peterson Institute for International Economics, PIIE)的合作始于 2012 年。2012 年 4 月 23 至 28 日,金融四十人论坛联合 PIIE 在京沪两地举办了首届中美经济学家学术交流系列活动,PIIE 派出了自其成立以来规模最大的代表团,成员包括即将出任所长的亚当·波森(Adam Posen)、研究中国问题的知名学者尼古拉斯·拉迪(Nicholas Lardy)等经济学家。此后迄今,金融四十人论坛与 PIIE 已连续七年在北京、纽约、华盛顿等地每年举办中美经济学家学术交流会,得到了中美双方专家的广泛参与,取得了一系列重要成果。

近年来,CF40 加快国际合作与交流的步伐。在与 PIIE 合作的基础上,论坛与国际顶尖智库、政府部门和国际组织形成了稳定而富有成果的交流机制,除了 PIIE 外还包括国际货币基金组织、布鲁金斯、EURO 50、CIGI、NRI、美联储、美国财政部、英国金融行为监管局、新加坡金管局等。与此同时,金融四十人论坛还成为国际知名政要和学者演讲、交流的重要平台,其中包括克里斯蒂娜·拉加德(Christine Lagarde)、亨利·保尔森(Henry Paulson)、保罗·沃尔克(Paul Volcker)、杰罗姆·鲍威尔(Jerome Powell)、约瑟夫·斯蒂格利茨、迈克尔·斯宾塞等。

曾经参与金融四十人论坛国际学术交流活动的学者如此评价:"在官方的沟通交流管道之外,国内国外的学者和独立研究人员、卸任高官以及市场参与者都需要一个兼具包容性和代表性的民间沟通管道。中国金融四十人论坛牵头开展的一系列国际学术交流活动恰好弥补了这一空白,做出了开创性的工作。”

三、活 力

从2007年筹备期的管涛、钟伟、陆磊三位,到2008年成立之初的40位创始成员,论坛的研究平台上聚集了金融界体制内外各类机构308位成员、学术顾问和理事。截至2018年4月,论坛及相关机构的理事单位和会员单位共142家,不仅为论坛的发展提供了宝贵的财务基础,也为论坛形成了良好的智库生态。

中国金融四十人论坛的一个显著特征是具有非同一般的活力,特别是青年研究者的活力。这是金融四十人论坛有别于国内其他论坛的重要特征。十年前开始组织这个论坛时,论坛的主体成员是四十岁左右的研究人员。在这些年中,在保留资深人员的同时,论坛大力吸纳年轻研究者,还特别组织青年论坛等活动。

论坛能够保持活力,其中非常重要的原因,也是其他类似组织不具备的,是论坛《章程》中有成员竞争和流动机制的规定,论坛参与人对这个机制的认同,以及论坛学术委员会的严格执行。学术委员会的重要职责是根据《章程》考核成员,对所有成员的贡献定期做出评估,对不活跃或未能提供高质量研究成果的成员实行流动。这是论坛始终保持活力的重要因素。

论坛《章程》规定成员分为正式成员、特邀成员两种。如果不符合参会要求(至少一年一次)和提交论文要求(至少一年一篇),或连续两年没有参会,正式成员就被降为特邀成员。如果特邀成员不符合参会要求(至少一年一次)和提交论文要求(至少一年一篇),就会被要求退出论坛。来自商业机构的正式成员还需要同时满足作为理事单位交纳会费的要求,不然也要被降级甚至被要求退出论坛。正式成员如果年龄超过六十岁,必须退出正式成员,或成为学术顾问,或成为资深研究员。理事单位或会员单位如果没有按时交纳会费,也会被要求退出论坛。学术委员会也有退出机制:如果一年内两次缺席会议,将会被要求退出学术委员会。自 2017 年起,论坛学术顾问也有聘期,每届聘期为三年,每三年续聘一次。对于目前任期已满三年的学术顾问,学术委员会将在下次会议讨论续聘事宜。这个流动机制的严格执行是保证论坛保持活力的重要原因。

十年来,学术委员会严格执行这些规定。根据学术委员会会议记录,在过去十年的 30 次会议中,共有 29 人次被从正式成员降为特邀成员,有 43 人次被退出论坛。到论坛成立十周年时,仅有 14 位创始成员在列正式成员。

学术委员会也根据《章程》接纳新的正式成员。根据《章程》规定,在通常情况下,在成为正式成员之前要先成为特邀成员,并根据表现转为正式成员。在过去十年中,在 2008 年 40 位正式成员的基础上,共有 45 人次被接受为正式成员,有 84 人次被接受为特邀成员。

论坛能够实现这种程度的流动,是非常不容易的。中国是一个人情社会,特别是在金融领域,圈子很小,参与论坛的人员之间的关系都很近。特别是还有不少参与者是政府官员,有的官位很高。能否一律执行流动规则,是一项挑战性非常大的工作。一些其他类似组织,虽然也有规定,但是很难落实到位。金融四十人论坛能够坚持严格的流动机制,有三个原因。首先是秘书处的执行力,为学术委员会安排日程并提供准确信息。二是学术委员会的原则性,坚决按照制度办事。三是常务理事会、监事会对学术委员会和秘书处的有力支持。这是论坛能够充满活力的根本保证。

* * *

从 2008 年到 2018 年,中国金融四十人论坛走过了第一个十年。十年的时间并不长,但是论坛在十年中的成长历程值得我们回忆和总结。在我看来,制度、包容、活力这三条是值得我们这个论坛自豪的三个特点,也是论坛的三个优势。在中国金融四十人论坛步入第二个十年之际,我提出这三条来与同仁们共勉。

致　谢

我首先感谢我在本书第二编介绍的十九位经济学家中我所认识的十八位，他们是阿克洛夫（George Akerlof）、青木昌彦（Masahiko Aoki）、阿罗（Kenneth Arrow）、科斯（Ronald Coase）、哈特（Oliver Hart）、霍姆斯特罗姆（Bengt Holmstrom）、科尔奈（János Kornai）、克鲁格（Ann Krueger）、拉丰（Jean-Jacque Laffont）、马斯金（Eric Maskin）、麦金农（Ronald Mckinnon）、米尔格罗姆（Paul Milgrom）、诺思（Douglass North）、罗伯茨（John Roberts）、斯宾塞（Michael Spence）、斯蒂格利茨（Joseph Stiglitz）、威廉姆森（Oliver Williamson）和吴敬琏。我能够直接受益于他们的教诲，从他们那里学到现代经济学的精髓，是我的幸运和福分。他们都是我在学习和研究现代经济学征途上的老师，这其中科尔奈和马斯金还是我在哈佛大学的博士论文导师。

在我的经济学研究的职业生涯中我与多位经济学家合作并发表论文。我要感谢我的合作者青木昌彦、白重恩、曹远征、车嘉华、朱敬一（Cyrus Chu）、谢长泰（Chang-Tai Hsieh）、金和辉、科尔奈、拉丰、李稻葵、利特瓦克（John Litwack）、刘遵义、马斯金、米尔格罗姆、罗伯茨、罗兰（Gérard Roland）、斯蒂格利茨、王一江、温加斯特（Barry Weingast）、吴敬琏和许成钢，这其中许成钢是在1984年与我同时入读哈佛大学经济学博士的同学。在我们合作研究的过程中，我与这些合作者不仅共同研究现代经济学，而且也探索现代意义下的社会科学。

我要感谢《经济社会体制比较》《比较》《财经》《财新》杂志，它们发表了我多篇有关现代经济学的文章。

最后，我要感谢东方出版中心的郑纳新总编，是他最初建议我编辑出版我的有关现代经济学的论文集，并在编辑过程中给予了不懈的支持。